JN193950

中東を読み解く

東大駒場 連続セミナー

思想・文化・信仰の遺産

Toward a Better
Understanding
of the Middle East

Lecture at Komaba Campus,
University of Tokyo

編 | 高橋英海
鈴木啓之
宇田川彩

TAKAHASHI Hidemi／SUZUKI Hiroyuki／UDAGAWA Aya

東京大学出版会

Toward a Better Understanding of the Middle East:
Lecture at Komaba Campus, University of Tokyo

TAKAHASHI Hidemi and SUZUKI Hiroyuki, UDAGAWA Aya, Editors

University of Tokyo Press, 2024
ISBN978-4-13-030213-5

はじめに

　中東地域を訪れるたびにそこで出会う有形、無形の過去の「遺産」に圧倒される。それは、一つには、文明発祥の地である中東地域が、歴史的な遺産が、可視的、不可視的なかたちで、世界で最も重層的に蓄積された土地だからである。目に見える遺産だけで見ても、カイロやカイラワーン、イスタンブールの市街を歩けば、千年以上の時を経たモスクや教会にそこここで遭遇し、イラクやエジプトを旅すれば、五千年の時を経た建造物の遺構と対面し、アレッポやエルビルでは、有史以前からの人々の営みによって形成された巨大な丘が都市の中心にそびえ立っているのを目にする。

　中東地域で「遺産」が重要な役割を担っているもう一つの理由として、多数の民族や宗教集団が混在する土地で、それぞれの集団がアイデンティティーを維持するために、その歴史や伝統を強く意識し、継承していく必要があったという事情もある。私自身が研究対象とする集団に引きつけて見ても、千年以上に及ぶイスラーム教徒による支配と 20 世紀初頭のオスマン帝国治下での大虐殺を経てトルコ南東部にわずかながら残るキリスト教徒たちは、ローマ時代の神殿跡に建てられた教会で二千年弱前とほぼ変わらぬ言葉で典礼を行い、紀元四、五世紀に生きた聖人たちについて親戚についてのように語り、百年前に曾祖父母が逃げ隠れた洞窟を明確に記憶している。

　本書は、2021 年度に東京大学中東地域研究センターが主催した連続講演会の記録である。「遺産」というテーマでの連続講演会を企画した宇田川彩さんと鈴木啓之さんの着眼点に敬意を表するとともに、実際に講演を行い、原稿にまとめていただいた講演者の皆さまにこの場を借りて厚く御礼を申し上げる。そして、読者の皆さまにとって、「遺産」をキーワードとして中東地域の様々な側面を紹介する本書が中東地域の多種多様な文化と伝統に関心を抱き、理解を深めるための一助となることを願う。

高橋英海

中東を読み解く　東大駒場連続セミナー
思想・文化・信仰の遺産
目　次

目次

中東を読み解く　東大駒場連続セミナー

思想・文化・信仰の遺産

I　つなぎ、紡ぐ

「アレッポ人」と「ダマスカス人」からセファルディ系へ

——中東から南米に移住したユダヤ人

宇田川　彩

宇田川　彩（うだがわ　あや）
1984 年生まれ。東京大学総合文化研究科博士課程修了。文化人類学を専門とし、博士課程ではアルゼンチン・ブエノスアイレスにてユダヤ共同体にかんする長期調査に従事。日本学術振興会特別研究員（PD）としてテルアビブ大学で在外研究を行う。東京大学中東地域研究センター特任助教を経て、現在、東京理科大学教養教育研究院講師。著書に『それでもなおユダヤ人であること——ブエノスアイレスに生きる〈記憶の民〉』（世界思想社、2020）、『アルゼンチンのユダヤ人——食から見た暮らしと文化』（風響社、2015）。

はじめに——シリアから南米に渡ったユダヤ人

　パレスチナ自治区のラマッラを歩いていた折、道端の家族連れの男性に突然スペイン語で話しかけられたことがある。英語やヘブライ語で一言二言交わした後に、驚かせようと冗談交じりでスペイン語を付け加えたのだろうが、チリに暮らしていたということだった。ベツレヘム近郊のベイト・ジャラ地区では、中南米で人気の「鳥の丸焼き」のスペイン語看板を見かけて驚いた。キリスト教徒が多く暮らすベツレヘム、特にベイト・ジャラ地区は、ラテンアメリカ諸国との往還が多いことが知られている[1]。あるいはシリアの一地域には、マテという喫茶文化の一種が南米からもたらされて定着している。シリアはアルゼンチンをはじめとするマテ生産国からの有数の輸入国である。残念ながら実際に見聞したことはないが、現地で撮影された動画を見ると砂糖を入れて茶葉を混ぜたり、茶器が中東風のものであったりと多少現地化しているようだ。

　本章では、「中東」という土地を飛び出し、移民として南米へ渡った人びとの「遺産」について扱う。本書冒頭に置かれた本章は、さまざまな意味で中東にまつわるステレオタイプを打破することになるだろう。（イスラエルを除く）中東では少数派であり消えゆく宗教共同体となりつつあるユダヤ教徒について扱う点、そして地理的には主要な舞台が南米・アルゼンチンへと移る点は、多くの読者にとって「中東」という言葉から想像されないことだろう。シリアのアレッポやダマスカスからアルゼンチンに移住したユダヤ人は、アルゼンチン社会全体から見ても、またアルゼンチンのユダヤ社会から見ても少数派であった。彼らがいかに同郷意識（アレッポ・ダマスカス）、後述するセファルディとしてのユダヤ人意識、そしてアルゼンチン人としての意識を交渉させながら集団形成を行ってきたのか、複数の層にわたる意識の変遷を本章では追っていきたい。

1　「トルコ人」とセファルディのラテンアメリカ

　大きな視点からみれば、中東から北南米への移住はけっして珍しいわけ

でも、新しいわけでもない。歴史的に見たとき、シリア・レバノン地域は移民送出大国であった。オスマン帝国期から続くアレッポ州とダマスカス州があわせてシリアという国家として独立するのは1946年、マロン派キリスト教徒を多数派とするレバノン山地がレバノンという国家として独立するのは1943年のことである。独立以前の19世紀末から第一次世界大戦期までにこの地域から移出した移民の数は、その末裔も含めて中南米地域に858万人、北米地域に257万人と言われる。彼らは世界中で「トルコ人」という通称で呼ばれてきた。「トルコ人」とはすなわち、かつてのオスマン朝トルコ臣民を意味し、1923年以降トルコ共和国として国境に切り取られている地域の人びととは異なる。宗教的にはマロン派キリスト教徒、シリア正教徒、スンニ派、シーア派、アラウィー派、ユダヤ教徒を含む。日本でもよく知られるスティーブ・ジョブズ（父親がシリア生まれ）や、カルロス・ゴーン（祖父がレバノンからブラジルへ移住し、自身はブラジルに生まれてレバノンとフランスで育った）もこうした移民の末裔である。

ラテンアメリカの国々の中でも、「トルコ人（スペイン語では turco）」の主な出身地域は異なる。メキシコではレバノン系、アルゼンチンなどではシリア・レバノン系、チリや中米ではパレスチナ系といった自己意識が目立つ[2]。こうしたトルコ人のモザイク模様については、飯島みどり（2021）の研究を参照されたい。宗派の違いを除いた場合、アルゼンチンにおけるアラブ地域からの移住者は1887年から1913年までの間に約13万1千人に上った。第一次世界大戦勃発以降は、移動が困難になったことやアラブの政治的独立への希望から、移住者は減少した[3]。飯島が引用する1912年の史料によれば、このうち8割がキリスト教徒、15パーセントがムスリム、残る5パーセントがユダヤ教徒である[4]。

このモザイク模様の一部を成す「ユダヤ人」という存在もまた、内実は多様である。本章では「セファルディ」という単語がしばしば登場する。セファルディとはセファラド（スペイン地方）という聖書ヘブライ語の地名に由来する。ラインラント地方を意味し、東欧系のユダヤ人を意味する「アシュケナジ」との対概念として使用され、前者はイスラーム圏、後者はキリスト教圏のユダヤ教徒に大別される。1492年にスペインにおいてユダヤ教徒の追放令が施行されたことで、イベリア半島から地中海沿岸地域

や、のちに述べるようにアメリカ大陸にも広まっていった。セファルディ系の言語としては、文法や発音がスペイン語によく似たラディーノが取り上げられるが、本章で論じるシリアのユダヤ教徒のようにアラビア語話者もいる。ただし、共通する唯一の「セファルディ性」というものが存在するわけではない。イディッシュ語や、言語を基盤とする文化活動を通して集団としての「アシュケナジ／イディッシュ性」を実体化しようとしたアシュケナジ系とは対照的に、セファルディは離散的な文化であり続けた[5]。

　本章で焦点を当てるシリア地方のユダヤ教徒は、アルゼンチンでの他称は「トルコ人（turco）」であったが、自称としては「アレッポ人（スペイン語で aleppino）」と「ダマスカス人（damasceno）」が用いられていた。アレッポやダマスカスのユダヤ人は、元来イベリア半島に起源をもっているわけでもなければ、アラビア語を母語としラディーノを解したわけでもない。その意味では、大まかにイスラーム圏のユダヤ教徒と大別されるとはいえ、ラディーノ話者であるトルコ、ロードス島、イタリア、ブルガリア、バルカン出身者や、スペイン語話者であるモロッコのテトゥアンやタンジェのユダヤ人との間には共通点より相違点の方が大きかったと言える。

シリアからラテンアメリカへ

　文明の結節点であるシリア地方においては、世界でも最も古層のユダヤ史を見ることができる。ごく簡潔にその概要をまとめておこう。シリアがイスラーム化される 7 世紀以前からすでに、シリア各都市にはラビが指導する共同体が形成されていた。イスラーム支配下でも、ユダヤ教徒は啓典の民、ジンミー（庇護民）としての自治を許され豊かな共同体が形成された。920 年から 930 年頃に成立したとされる最古の聖書写本の一つである「アレッポ写本」も、この時代のものである。この写本は 1947 年アレッポのシナゴーグの焼き討ちにより部分的に焼失したものの、現在はエルサレムにある死海文書博物館で見ることができる。

　続くオスマン帝国時代のシリア地方では、ミレット制により宗教集団ごとの自治が許されていた。こうした宗教的寛容を背景として、1492 年のスペインからのユダヤ人大追放以降、オスマン帝国の多くの都市にセファルディ（この場合はスペイン）系が到着した。近世になってからは、ヨーロッ

写真1 ダマスカス旧市街には、旧シナゴーグを改装したホテルやカフェがある

https://youtu.be/KAQ0PzO42KM

パで頻発していた儀式殺人の嫌疑が波及し、1840年のダマスカス事件を
はじめとするユダヤ迫害が起こった。アメリカ大陸やパレスチナにユダヤ
教徒が移住し始めるのもこの時期である。シリアがフランスの委任統治領
から独立した1946年以降は、シナゴーグの略奪等の反ユダヤ主義による
事件が頻発した。出国が認められた1970年代以降からユダヤ人口は減少
し、現在ではほとんど残っていない。

　他方でラテンアメリカにおけるユダヤ人の最初の足跡は、イベリア半島
を起源とするセファルディ系から始まるが、中東と比較すれば新しい。
1492年、アメリカ大陸に初めて上陸したクリストファー・コロンブス率
いる船の乗組員には、数は特定できないが多くのコンベルソ（ユダヤ教か
ら強制的に改宗させられたキリスト教徒）が含まれていたという。また、プ
ロテスタント国のオランダ統治下では信仰の自由が許されており、17世
紀前半にはブラジル（レシフェやペルナンブコ）、後にスリナムやキュラソ
ー等に共同体が形成された。産業の中心に惹きつけられるようにして新大
陸のユダヤ共同体は広がっていき、キュラソーは19世紀初めの経済的停
滞により、周辺国へ流出し次第に同化するまで「新世界のユダヤ共同体の
母」とも呼ばれた。ただしスペインからの独立以前のユダヤ人は、ほとん
どが現地社会に同化したと言われている。異端審問の影響もありユダヤ性
は隠されるものでこそあれ、ラテンアメリカの正統的な遺産とみなされる

ことはなかった。

　現在に直接引き継がれるラテンアメリカのセファルディ共同体の起源と考えられているのは、19世紀末から20世紀に入ってからの移民である。当時ラテンアメリカ諸国は移民受け入れを進めていた。特にアルゼンチンは歴史的な移民受け入れ大国である。1871年から1914年の間に定着した移民数は310万人を数え、1914年の人口調査では総人口780万人のうち三分の一が外国生まれであった。西欧からの移民を迎えようとする国家の思惑とは裏腹に、これらの移民のうち多くは南欧系（イタリア・スペイン）であり、アラブ系、ユダヤ系移民もこの波に加わった。

　20世紀のラテンアメリカのユダヤ移民全体から見たとき、アシュケナジ系に対してセファルディ系はつねに少数派であった[6]。1901年から1914年までの間に移住したユダヤ移民は、11万5600人ほどがアルゼンチンへ、9000人ほどがブラジルへ、3000人ほどがその他のラテンアメリカ諸国へ入国した。これらのユダヤ移民全体の8割ほどがアシュケナジ系のユダヤ人である。またユダヤ移民全体のうちのセファルディを数える統計としては1936年に25万3242人のうち4万3228人、1940年には30万のうち約3万5000人という推計があり[7]、全体の10%から20%程度に当たる。

　セファルディ系最初の移民は、1900年頃からのゴムブームに引き寄せられたモロッコ（スペイン領タンジェやテトゥアン）からのユダヤ人で、ブラジル北東部ベレンからアマゾン川沿いにイキトスまで拡大した。次にダマスカスとアレッポからは、1910年代から20年代までの間に移住者が到着している。彼らは交易、特に絹と生地交易を生業とし、マンチェスターのシリアコミュニティ（ユダヤ人とは限らない）との間に密接な商業ネットワークを有していた。そしてバルカン半島、イタリア、フランスからは第二次世界大戦のファシズム体制下の移民が多く到来した。

　これらの出身地域や移住時期の違いは、異なる「われわれ意識」を生み出した。ブエノスアイレスにおける集住地区を見ると、モロッコ系はサンテルモ、コンセプシオン、モンセラートの各地区、ラディーノ話者はビジャ・クレスポとフローレスの各地区、ロードス島系はコレヒアーレス地区、アレッポ系はオンセ、フローレス、リニエルスの各地区、ダマスカス系はフローレス、バラカスの各地区というように分散している[8]。また慈善団

体、祈りや社交の場であるシナゴーグ、墓地といった相互扶助により成立する共同体の核も、出身地域ごとに整備された。

　アレッポ系の共同体形成初期にいくつものユダヤ系団体の立ち上げに関与した人物として、エズラ・テウバル（1886–1976）がいる。アレッポに生まれたテウバルは、フランス系ユダヤ教育機関である全イスラエル同盟（Alliance Israélite Universelle）で世俗教育を受け、1903 年にブエノスアイレスへ移住した。中東からの移民のほとんどが雑貨の行商人として身を立てていた中で、テウバル兄弟社として起こした織物布地事業は当時のアルゼンチン織物産業を代表する一社までに上り詰め、バラカス地区に当時最先端の大工場を有した。テウバルは共同体形成期にいくつものユダヤ系の団体への寄付を行っていた。ヘブライ語で「真の慈善」を意味するヘセド・シェル・エメットというアレッポ人のための葬儀互助団体では、1924 年から 1930 年までの間テウバルは初代会長を務めた。これは後に「アルゼンチン・セファルディ・ユダヤ協会（Asociación Israelita Sefaradi Argentina）」と名を変え、現在まで継続する。またシオニズム運動にも関心を寄せ、1918 年、セファルディ系初のシオニズム団体となるゲウラット・シオン（Geulat Sion）の設立に携わり初代会長を勤めた。テウバルのように実業界から共同体の核を成した存在がいた一方で、次節で述べるように少し時代が下ると、宗教的側面から共同体を興した人物も出現する。

2　「ダマスカス人」と「アレッポ人」から「セファルディ系ユダヤ人」へ

　アルゼンチンでは「アレッポ人」と「ダマスカス人」の同郷者意識が比較的長期間続いた。その理由の一つは、単純ではあるがラテンアメリカ随一の規模を誇るユダヤ人口だろう。モンテビデオ、サンティアゴ、リマ、ハバナなどのユダヤ人口が少ない他都市においては、セファルディの名を冠する団体はアシュケナジ系以外をすべて傘下に集めるものになる。もう一つの理由は、本節で述べるように宗教回帰現象の担い手となった重要なラビたちが、シリアのユダヤ教徒としてのアイデンティティを明確に打ち出したことが考えられる。

写真2 現在のオンセ地区。正統派の多いユダヤ人地区として知られている

筆者撮影

(1) 宗教回帰の担い手としてのアレッポ人

　セファルディはアシュケナジに比べて伝統を重視している、あるいは閉鎖的なコミュニティを形成しているといったステレオタイプは、自身がセファルディ系であるかアシュケナジ系であるかを問わず筆者もよく耳にした。1950年代以降にシリア、特にアレッポ系のシナゴーグが厳格な宗教性を強めていったことが、こうしたイメージを強める一因となっていた。アレッポ系はこの時代もオンセ、パレルモ、フローレスという比較的近隣の地区に集住し、組織間の意思決定が互いに影響されやすい傾向があった。他方でダマスカス系はこの時代にすでに人口が地理的に拡散し、また聖職者ではなく世俗の人物が共同体の中心を担ったところに違いが現れた[9]。

　まず前提として、アルゼンチンのユダヤ教においては、20世紀後半からいくつかの異なる方向性が見出されていたことを指摘したい。一つは1960年代に米国から導入された保守派ユダヤ教である。保守派は宗教戒律の柔軟な解釈によって近代生活との両立を可能にしながらも、キャンプや補習校などを通じた社交の場を提供して若い世代のユダヤ人としてのアイデンティティを育もうとした。またラビ養成セミナーを通してアルゼンチン生まれのラビを輩出していった。前述したアレッポ生まれの実業家テウバルは、正統派へ傾倒するシリア系シナゴーグからは距離を取り、保守派シナゴーグへの支援についた。

他方では、宗教回帰現象（ヘブライ語でテシュヴァ）を通して、より厳格な規律生活に道を見出す若者もいた。この中で、シリア系のラビたちによる宗教回帰運動は、比較的よく知られるアシュケナジ系の宗教回帰の担い手（ハバッド・ルバヴィッチやサトマル・ハシディズム）とは一線を画し、むしろ意識的に対抗するものであった。その始まりは、世俗化により宗教は根絶されるとまで考えられていた 1950 年代と早く、また移民二、三世代目がアレッポやダマスカスに対する強い帰属意識とともに培ったものとして独自である。

　ここではスサナ・ブラウネル・ロジャース（2002）の研究に従い、いくつかのシナゴーグに焦点を当ててまとめておこう[10]。

　イェソド・ハダットは、ラビ・シャウル・セットン・ダッバ（1850-1930）によって 1920 年に創設されたオンセ地区のシナゴーグである。元来はアレッポのラビ職についていたセットン・ダッバは、1912 年にブエノスアイレスの息子たちのもとを訪れた際、世俗的な環境に生きるアレッポのユダヤ人を回心させることを決心したという。彼の名を有名にしたのは、1928 年に国内でのユダヤ教への改宗を禁止し、エルサレムでのみ改宗の有効性を認めた布告である。この布告は今も（ブエ）スアイレスを含むラテンアメリカの一部のシナゴーグで有効とされている。

　イェソド・ハダットを引き継いだ同じくアレッポ生まれのラビ・イサーク・チェヘバル（1912-1990）は、とりわけ 1950 年代から影響力を強めた。チェヘバルもアレッポ系としてアシュケナジ系と異なる独自のユダヤ教を育成する意識が高かったが、特に 1970 年代以降には厳しい宗教性へ傾倒し、新たなアイデンティティのよりどころとしてシリア系ユダヤ人の若者世代を惹きつけた。

　シュバ・イスラエル（イスラエルへの回帰）は、アレッポ系シナゴーグでありながらアシュケナジ系のラビによって指導され、1940 年代半ばから先陣を切って宗教回帰を呼びかけた。ラジオや、世俗的で有害な小説や雑誌を禁止する厳格な宗教性に引き寄せられたシリア系の若者にとっては、当時のラビ・イサーク・チェヘバルの宗教性は物足りなく映った。

　このようにして、1970 年代から 80 年代半ばにはアルゼンチンに生まれ育ったラビたちが宗教教育の機会を充実させ、影響力は最盛期を迎えるこ

写真3 オンセ地区・ラバジェ通り
にあるイェソド・ハダート

写真4 ラビ・イサーク・チェヘバ
ル

https://aisa.org.ar/instituciones/

https://commons.wikimedia.org/wiki/
File:Jajam_Isaac_Chehebar.jpg

ととなった。アレッポ系のアブラハム・セルーヤらによって1985年に組織された「視点（Perspectivas）」には、毎回150人から300人が参加し、セミナーやキャンプ等を通して宗教的に敬虔なユダヤ人としての生き方を浸透させていった。「視点」の影響はアルゼンチン内陸部や他のラテンアメリカ諸国にも及んだ。本来はユダヤ人全体への影響力の波及を目指していたが、ハバッド・ルバヴィッチがアシュケナジ系の共同体に浸透するとともに、結果的にはセファルディ系を中心とした限定的なものになった。

　宗教的アイデンティティがシリア系ユダヤ人という民族性と強固に一致したとき、その独自性や閉鎖性は外部からは際立ったものと見えたに違いない。ブラウネル・ロジャースは、宗教と経済、コミュニティ政治における動員力が結びついた勢いは1990年代に最高潮を迎えたとみている。五月銀行（Banco Mayo）総裁であったアレッポ系のルベン・ベラハが、1991年にユダヤ共同体を代表するアルゼンチン・ユダヤ協会代表機関（Delegación de Asociaciones Israelitas Argentinas、略称DAIA）総裁に着任したことがその最たる例である。しかし1998年に五月銀行が破綻すると、こうした90年代までの結びつきが瓦解する。

(2) アシュケナジ系でも、アラブ人でもなく

セファルディ系内部の多様性についてはすでに述べたが、20世紀初頭時点においてはイディッシュ語を話すアシュケナジ系と、ラディーノやアラビア語を話すセファルディ系との間には、さらに社交関係が生まれにくい状況にあった。ブエノスアイレス在住のダマスカス移民の子世代は移住当時を振り返り、「自分がセファルディ系であることを明かしてアシュケナジ系のユダヤ人に近づこうとしたが、彼らはすぐには受け入れてくれなかった。それよりも、セファルディ系だけでなく、ユダヤ人ではないシリア・レバノン系の中で温かく迎えられた」[11]と述べている。シリア・レバノン系が多く住む地区でセファルディ系ユダヤ人の営むカフェに、アルメニア移民が常連として通う[12]——こうした中東地域出身者の社交空間は、移住初期には特に当たり前の光景として見受けられた。

こうした社交関係には、名づけやカテゴリー化が必要ない。他方で、集合的な自己認識とはあくまでも、他者からの名指しや他集団との境界線意識の間で交渉されて揺れ動くものである。前節で述べたように宗教回帰現象が「アレッポ人」の境界を強固なものにする一端を担っていたとすれば、他方で多様なルーツを「セファルディ」の名のもとに一本化しようとする動きも現れた。アレッポ、ダマスカス、テトゥアン、タンジェという都市のトランスナショナルな紐帯は、やがて「セファルディ系」という一つのカテゴリーに融解し「アシュケナジ系」との差別化の動きも並行して生じていく。これは「トルコ人」の中から、事後的に「アラブ人（arabe）」というカテゴリーが析出されるのと同じ過程で進んでいった。

スペイン語話者（テトゥアンやタンジェ）や、スペイン語に近いラディーノ話者は、アルゼンチンにおいても、中東地域の他のユダヤ人とは異なる優越意識を抱いていた。それは、言語的な優位性という実用的な価値のみならず、スペイン性という南米大陸の文化的起源の誇示でもあった。彼らは他の中東地域出身のユダヤ人と自らを戦略的に差別化するために、「セファルディ化」を企図していった。トルコ、ロードス島、イタリア、ブルガリア、バルカン出身のラディーノ話者が合同で「セファルディ友愛組合」を創設したのは1914年のことである。これは1919年に「ブエノスアイレス・セファルディ・ユダヤ共同体」へと名を変え、1940年代には傘

下に五つのシナゴーグを擁するようになった。繰り返しとはなるが、元来スペインを意味するセファルディという単語を、これらラディーノ語話者が特権意識の表れとして使用したのである。しかしこの「セファルディ化」という戦略は、また別の文脈から他中東地域のユダヤ人にも拡張的に用いられるようになる[13]。

　セファルディというカテゴリーがより広範なものとして析出される過程においては、一方でユダヤ人内部でのシオニズム運動の影響、他方でアルゼンチン国内のアラブ系組織との交渉関係の影響が指摘されている。

　その一つが、アシュケナジ系とは別個に「アルゼンチンのセファルディ系ユダヤ人」を代表するシオニズム組織を形成しようとする動きであった[14]。セファルディ系のシオニズム組織にとって、パレスチナへ入植するユダヤ人の中でセファルディが占める率は少なくないにもかかわらず、シオニズムがアシュケナジ系の運動として代表され、便宜が図られないことが不満の種となっていた。1904年から1920年代にかけては、ユダヤ民族基金（JNF）に対抗し、世界セファルディユダヤ連合（WUSJ）が結成された。世界のセファルディ系からの寄付がJNFではなくWUSJに集まり、セファルディ系によるセファルディ系のためのシオニズムが望まれたのである。アルゼンチンにおいては、1930年代から40年代にかけて、セファルディシオニストセンターの結成（1932）や、JNFのセファルディ支部結成（1945）を通し、「アルゼンチンのセファルディ系」としての（ユダヤ世界での）自己認識が強まっていった。

　もう一方で、ダマスカス人、アレッポ人、テトゥアン人……と出身地により細分化されていたユダヤ人の間に次第に「アラブ人」と相対する「セファルディ系」という集団アイデンティティが立ち上がっていく。たとえば組織レベルでは、前述したアレッポ人のための葬儀互助団体ヘセド・シェル・エメットが、1940年代から50年代にかけ段階を経て「アルゼンチン・セファルディ・ユダヤ協会（AISA: Asociación Israelita Sefardí Argentina）」に統合された。この統合に際して、①コミュニティサービスを統合し、「セファルディ化」させること、②集合的アイデンティティを「セファルディ化」し、移住期にみられたシリア系ユダヤ人の「アラブ的な野蛮な性格」から脱すること、③世俗化したアシュケナジ系と差異化を図り、

正統派の宗教実践を守ること、という三つの目的が宣言されたという[15]。こうしたことからも、「セファルディ化」の過程が一方ではアルゼンチンの「アラブ人」、他方では「アシュケナジ系ユダヤ人」との交渉の場の中で析出されてきたことが見て取れる。

さらに1970年代になると、シリア・レバノン系はアラブ連盟や汎アラブ主義の影響の下で、ナショナリティを超えアラブ民族としての集合意識を高めていった。1972年に設立されたアルゼンチン・アラブ共同体連合 (Fearab: Federación de Entidades árabes de la República Argentina) は、イスラームとキリスト教諸派を含む超宗派、文化、商業など多様な活動を包含するアルゼンチンのアラブ共同体を代表する組織である[16]。あたかも追随するかのようにアルゼンチン・セファルディ調整機関 (el Ente Coordinador Sefardí Argentino) が設立されたのが1974年のことである。シリア系ユダヤ人の組織は、セファルディ化、シオニズム化、ヘブライ語化の過程を辿り、アラブの起源から遠ざかっていくとともにアルゼンチン化していった。他方でシリア・レバノン系の組織は、ここで「アラブ・汎アラブ」としての再エスニック化の道を辿り始め、アルゼンチン国民としてのアイデンティティ形成との交渉が始まっていく[17]。

おわりに

アレッポ人としての際立った閉鎖性と、セファルディとしてのユダヤ性の一本化は、一見すると正反対の事象に見えるが、どちらも20世紀後半に並行して進んでいたことに注目したい。アレッポ人、ユダヤ人、セファルディ、といった複数のアイデンティティは、それぞれが鏡として参照し合い、名づけ合うことによって成立する。その実体と見えるものは、世俗との対比で語られる宗教性であったり、「アラブ」に対抗する民族性であったり、スペインにルーツをもつことを価値づけるためのセファルディであったりと様相を変える。

本章では組織やシナゴーグの流れを追うことで、セファルディという集団意識の変容をまとめたが、諸個人がこうした集団意識の変遷にどのように共感していたか、あるいは無縁であったのかについては論じることはで

きなかった。1492年から500年を期して、1992年にスペイン政府は正式に「大追放」への謝罪を公開した。さらに2015年にはセファルディ系のユダヤ人に対してスペイン国籍を付与する法律が制定された。2010年代初頭に筆者が接したアルゼンチンのユダヤ人の間でも、こうした歴史的な契機は話題に上っており、「セファルディ」意識に影響を及ぼしていることは間違いない。

　本章の終わりで取り上げるのは、ダマスカスに起源をもち、アルゼンチン内陸の古都コルドバでユダヤ共同体形成の中心となったハラク家である。筆者がハラク家の末裔である20代の女性と知り合ったのは、イスラエル・テルアビブでの在外研究中の2019年だった。彼女は遡ること数年前にコルドバからイスラエルへ移住し、現在はイスラエル市民として暮らす。イスラエルでは「オリーム・ハダシーム」、新帰還者と呼ばれる一員である。

　彼女の姓、ハラク（Halac）からは興味深い歴史が語られる[18]。ハラクとは床屋を意味するアラビア語の姓であり、宗教や宗派にかかわらず用いられている。彼女から見て四世代遡った高祖母に当たる女性は若くして夫を亡くし、「ベイト・ハラク」つまりヘブライ語でハラクの家と呼ばれていた私設の慈善施設に子どもたちとともに身を寄せた。彼女は感謝の念から苗字を改姓し、ハラクを名乗るようになったという。この女性から生まれたハラク家の三兄弟がそれぞれコルドバとトゥクマンに移住したことで、アルゼンチンでのハラク家の基礎が築かれた。三兄弟のひとりホセから生まれた異母兄弟であるレオン・ハラクとエリアス・ハラクの二人は、コルドバのユダヤ系団体と、宗教を問わないシリア・レバノン系の団体の双方で中心的な役割を担っていた。1930年代には、彼女の祖父となる男性がダマスカスからパレスチナを経てアルゼンチンへと移住してきた。祖母となる女性との縁談のためであった。「二人のセファルディがいる」となれば互いの面識がなくとも縁談が舞い込んできた時代のことである。

　こうした移動の時代に、親族ネットワークと商業ネットワークを通じてユダヤ人は共同体を形成していった。20世紀を通じ、反ユダヤ主義やホロコースト、イスラエル建国、中東紛争といったいくつもの歴史的出来事は、世界のユダヤ人があたかも一つの歴史を共有する運命共同体であるかのようなナラティブをも作り上げた。他方で、ハラク家の軌跡を簡単に辿

るだけでも、中東に起源をもつユダヤ人が親族ネットワークを通じて移動を繰り返してきた歴史が垣間見える。家族史の中には数世代を経てダマスカス、コルドバ、ブエノスアイレス、テルアビブといった都市が現れては消えていく。第一部のタイトルにあるように、都市の間を「つなぎ・紡ぐ」ように生きることが当たり前の営為として繰り返されてきたのである。

　ハラク家の末裔にとって、ダマスカスのユダヤ人としての遺産は何なのだろうか。彼女はコルドバに住んでいたときは、ユダヤ系のコミュニティ活動や社交クラブには参加していなかったが、同じアパートに住んでいた祖父母とのかかわりの中でセファルディ系のユダヤ人としての伝統を感じていたという。具体的には、音楽や、祖父が祈禱する際のセファルディ独自の節回し、祖母の作っていたセファルディ風料理などである。ただし、彼女自身の母親はイタリア系でユダヤ人ではなく、自身はキリスト教とユダヤ教のいずれにも宗教的アイデンティティを抱いていたわけでもないと振り返る。現在では、ユダヤ人と非ユダヤ人、ましてセファルディ系とアシュケナジ系の間の結婚はまったく珍しくない。個々人にとってはセファルディであること、ダマスカス人やアレッポ人であることの意味は断片化し、また別のものと組み合わさって現れるモザイク模様の一つなのかもしれない。

【注】

1) Rubinstein, Hagai "Constructing a Transnational Identity: the Three Phases of Palestinian Immigration to Chile, 1900-1950", In Raanan Rein, Stefan Rinke and David Sheinin (eds.) *Migrants, Refugees, and Asylum Seekers in Latin America (Jewish Latin America)*, Leiden: Brill.

2) 「シリア・レバノン人（sirio-libanés）」という語がアルゼンチンにおいて一般化し、学校やクラブ、銀行などの複数の組織名に冠されるようになるのは 1920 年代からである。

3) Civantos, Christina. *Between Argentines and Arabs: Argentine Orientalism, Arab Immigrants, and the Writing of Identity,* SUNY Press. 2006. 111.

4) 飯島みどり『「トルコ人」たちの百五十年——中東とラテンアメリカを結ぶ』影出版、2021 年、150 頁。

5) Stein, Sarah Abrevaya. "Asymmetric Fates: Secular Yiddish and Ladino

Culture in Comparison", *Jewish Quarterly Review* 96, no. 4. 2006. 498-509.

6) とりわけアルゼンチン社会においては、ユダヤ人の歴史や文化として代表して語られるのはほとんどの場合アシュケナジ系であり、セファルディについての表象は過少と言うことができる。これは1920年代までの間に農業入植地への集団入植を行ったアシュケナジ系ユダヤ人が、大地に根付いたオーセンティックなアルゼンチン人像を文学的、象徴的な形で提示するのに成功したことや、アシュケナジ系ユダヤ知識人が文化活動を通し、アルゼンチンの都市文化に積極的な寄与をしたこととも関連しているだろう。

7) Brodsky. Adriana M. Sephardi, *Jewish, Argentine: Community and National Identity, 1880-1960*. Bloomington: Indiana University Press, 2016.14.

8) Senkman, Leonardo "Identidad y asociacionismo de sirios, libaneses y 'jálabies' en Argentina", en Raanan Rein (ed.), *Arabes y Judíos en Iberoamérica*, Sevilla-Fundacion Tres Culturas. 2008. 181-222, 196.

9) なお、ダマスカス系の中心となった二つのシナゴーグ、ベネ・エメットとアグダット・ドディームについてはMaría Cherro de Azar y Walter Duer "Judíos de Damasco en Argentina: Una historia de más de 100 años", *Diversidad*, JUNIO 2014 #8, AÑO 5 を参照。

10) Brauner Rodgers, Susana "Los judíos sirios en Buenos Aires: entre la revitalización de la religiosidad y la ultraortodoxia (1953-90)", *Anuario IEHS* 17, 2002. 217-237.

11) Bejarano Margalit, "Los turcos en Iberoamérica: el legado del millet", en Raanan Rein (ed.), *Arabes y Judíos en Iberoamérica*, Sevilla-Fundacion Tres Culturas. 2008. 50. ただし、セファルディとアシュケナジという自己意識が当時からなされていたわけではなく、あくまでもインタビュイーが2000年代に回想した折に使用したカテゴリーであることには注意を向ける必要があるだろう。

12) Zenner, Walter P. *A Global Community: The Jews from Aleppo, Syria (Raphael Patai Series in Jewish Folklore and Anthropology)* Detroit: Wayne State University Press. 2000. 110.

13) Senkman, Leonardo "Identidad y asociacionismo de sirios, libaneses y 'jálabies' en Argentina", en Raanan Rein (ed.), *Arabes y Judíos en Iberoamérica*, Sevilla- Fundacion Tres Culturas. 2008. 194.

14) Brodsky. Adriana M. Sephardi, *Jewish, Argentine: Community and National Identity, 1880-1960*. Bloomington: Indiana University Press, 2016. 113-139.

15) Senkman, Leonardo "Identidad y asociacionismo de sirios, libaneses y 'jálabies' en Argentina", en Raanan Rein (ed.), *Arabes y Judíos en Iberoamérica*, Sevilla-Fundacion Tres Culturas. 2008. 217.

16) https://www.fearabarg.org/

17) Senkman, Leonardo "Identidad y asociacionismo de sirios, libaneses y 'jálabies' en Argentina", en Raanan Rein (ed.), *Arabes y Judíos en Iberoamérica*, Sevilla-Fundacion Tres Culturas. 2008. 218.

18) 本節で引用するハラク家にかんするインタビューは、2021年6月20日にZoomを用いたオンライン形式で行われた。

「飛び去ったもの」の記憶
——2011 年以降出国シリア人作家の表現

柳谷あゆみ

柳谷あゆみ（やなぎや　あゆみ）

1972 年生まれ。慶應義塾大学文学研究科東洋史学専攻後期博士課程単位取得退学。（公財）東洋文庫研究員・上智大学アジア文化研究所共同研究員。主な著訳書にザカリーヤー・ターミル（著）；柳谷あゆみ（訳）『酸っぱいブドウ／はりねずみ』（白水社、2018 年）、サマル・ヤズベク（著）；柳谷あゆみ（訳）『無の国の門——引き裂かれた祖国シリアへの旅』（白水社、2020 年）、守川知子（編）『都市からひもとく西アジア　歴史・社会・文化』（アジア遊学 264）（分担執筆・勉誠出版、2021 年）など。

はじめに──ザカリーヤー・ターミルの投稿「飛び去ったもの」

　2018 年 1 月 25 日、シリアの作家ザカリーヤー・ターミルは、自身の Facebook のアカウントである「拍車」に次の短文を投稿した。

　　飛び去ったもの

　　ダマスカスの人、アッバース・ブン・フィルナースは祖国をとても愛していた。
　　言葉では語りつくせないほど愛していた。
　　街を、村を、山を、川を、廣野を愛していた。
　　街区を、小路を、通りを、家並みを愛していた。
　　カフェを、食堂を愛していた。
　　野菜を、果物を、ジャスミンを、すみれを、水仙を愛していた。
　　川も、夜も、太陽も、月も、星々も愛していた。
　　猫たちや小鳥たちを愛していた。
　　しかし、はやぶさや鷹のように空を飛べる翼を発明すると、彼はすぐさまその翼を使って逃げ出した。
　　彼が愛する祖国、彼が崇拝してやまない、聖なるものたちをあとに残して[1]。

　ザカリーヤー・ターミルは「拍車」のアカウントを 2012 年に開設した。当時 81 歳の彼（1931 年生まれ）は、インタビューに答えて、シリアで改革要求・反体制運動に立ち上がった若い世代に感銘を受け、駆け馬のような自由な魂を後押ししたいという気持ちから、Facebook を始めたと語っている[2]。アッバース・ブン・フィルナースは中世アンダルスの知識人で、9 世紀に史上初の飛行実験を行った人として知られる。「飛び去ったもの」で、シリアの首都ダマスカスのアッバース・ブン・フィルナースは見事に飛行を成功させるが、それは愛する祖国から逃げ出すためだった。自由な飛翔を希求した愛国者の出国を記したターミルの心情は、愛惜とも慨嘆と

も受け取れる。

　アラブ諸国に波及した民主化・改革要求運動「アラブの春」の影響を受け、シリアでも「自由と公正」をスローガンに掲げ、2011年3月からバッシャール・アサド政権に対する「シリア革命」と銘打った改革要求運動が始まった。翌4月からこの運動の主流は政権打倒を訴える反体制運動へと転換し、アサド政権はこの動きに強硬な弾圧で応じた。そして、当初非暴力で進められていた「シリア革命」の参加者にも武装闘争に転じる者が増加していき（全体が武装闘争化したのではない点には留意が必要である）[3]、シリア国外からの外来勢力も参入するに至って、騒乱と暴力はシリア全土に拡大した。事実上の内戦状態に陥ったシリアでは、2021年時点で少なくとも35万2000人以上が死亡[4]、累計で680万人以上が居住地を失った国内避難民となり、また680万人が国外に脱出した[5]。

　この膨大な数の出国者には、執筆活動や演劇などに携わる知識人・文化人も多数含まれている。半世紀以上にわたって非常事態法及びその代替法が施行され、厳しい言論・思想統制が敷かれてきたシリアでは、以前から知識人・文化人が国外に拠点を移す例が少なからずあった。前出のターミルも1981年以降は英国オックスフォードに居を構えている。しかし、2011年以降のかつてない規模の出国ラッシュはシリア人作家による文芸や演劇・映像制作のシーンを大きく変えたと言える。本章では、これまでのシリア人作家全般の表現活動を取り巻く状況を踏まえたうえで、2011年以降の出国シリア人作家の特色と現況を概観する。

1　シリア人作家の表現活動——検閲と表現

　現代シリアの表現活動を考えるうえでまず認識しなければならないのは、政権・政体に反する行動・思想を禁じた非常事態法（1963年より発効。2011年に廃止されたが、直後に代替法が施行された）と、それに基づく言論・思想統制の存在である。

　検閲による統制の裏返しであるかのように、シリアでの表現活動には、現状を無批判に肯定する全体主義への抵抗として、負の側面も含んだ現状認識と個々の自立した思考を促す啓蒙的な役割が強く意識されてきた。現

代シリア文学の主題に、抑圧を受ける側である政治犯や女性が多く採り上げられていることもこの傾向を裏づける。

しかし厳しい制限がかけられている中でこうした問題提起を直截・具体的に行えば、作品の公開禁止や作者自身への制限や危険といった事態を招きかねない。このような困難を回避する策として、シリア人の作家たちが採用したのが、場所・時代・個人を特定せず、メタファーや抽象表現・曖昧表現を多用し、いわば「どこかの誰かの奇妙な話」として語る手法である[6]。ザカリーヤー・タールミルは、この手法によって新たな味わいを作品に加えながら社会や国家への絶望を突きつけた作家の代表格と言える。

彼の短篇「灰色の日」は以下の奇妙な文章で始まる。

シュクリー・ムブヤッドは獄中で仲間たちと、健康を保つ少しばかり力ずくのトレーニングをしたところ、身体に無数の打撲傷と嚙み傷と創傷を負った[7]。

主人公の獄中での拷問死を日常生活上の事故のように表現し、その不自然さとグロテスクさを際立たせた一篇である。また同様の手法を用いた作品として、短篇作家イブラーヒーム・サムーイール（1951年生まれ）の「低い入口のある家」[8]も挙げられる。本作は低い入口に頭をぶつけ続け、痛みに耐えかねて頭を下げて家の入口をくぐる癖がついた主人公が、転居して頭をぶつける心配がなくなった後もその癖が染みついてしまったという、一見他愛のない話ではあるが、その強迫観念の漂う書きぶりからは、理不尽な逮捕拘束や投獄などを経験した人間に残る恐怖の記憶の根深さを読み取ることができる。

このような、場所・時代・個人を特定せず、メタファーを駆使して生み出された作品には、背景を共有しない読者にも独自の解釈ができるという思いがけない自由さがある。彼らの作品が、シリアのみならず国際的に評価されたのは、抑圧を潜り抜ける卓越した構成力と表現ゆえと言えるだろう。

他方で、シリアを描いた作品には含意を読み解くためのキーコードとなる定番の構図も複数存在する。例えば「故人となった権威的な人間と、こ

の故人を偲び称える人間、故人を断罪する弱者」という三者が登場する構図は、それぞれ故ハーフェズ・アサド大統領、バッシャール・アサド現大統領、シリア国民を示すものとして、2000年以降（さらに言えば2011年以降も）映画や戯曲で形を変えて繰り返し用いられており、場面そのものがハーフェズ・アサド大統領死後のシリアの批評となっている。

2　2011年以降出国シリア人作家の特色——アサド政権下シリアとの決別

(1) 当事者性と具体性

2011年以降のシリア人の大量出国は、表現活動という観点からも一大画期をもたらした。2011年以降の出国シリア人には「シリア革命」に関わり、アサド政権との折り合いを断念した者が多数含まれる。その結果として、アサド政権との断絶を決意した作家による意志と覚悟を示す作品が多く発表されるようになった。これらの作品の特徴として挙げられるのは、まずその当事者性と具体性の高さである。作家自身が、シリア人としていかなる立場に立ち（政権支持／不支持、非暴力／武力闘争容認など）何を表現したいのかを、誰が見てもわかる形で直截的に表明している。

音楽界では2013年にシリアを出国し、欧州に亡命する過程で2015年にライブツアーを敢行したロックバンド「ヘベズッダウレ」（フブズッダウラとも。バンド名の意味は「国家のパン」＝国が最低限保証すべき生活）が耳目を集めた[9]。彼らの代表曲の一つ「建てる」には「闇の中では犠牲者と獄の番人しか生きていない／自由な魂が祖国を建てる」という歌詞が繰り返され[10]、「自由と公正」を掲げた初期の「シリア革命」に通じる志を読み取ることができる。

2010年代には出国シリア人監督による優れたドキュメンタリー映画も多く公開された。レバノンで働くシリア人難民の絶望を描いた映画「セメントの記憶」（2017年）で30以上の賞を獲得したズィアド・クルスーム監督（1981年生まれ）は、2013年に徴兵軍曹として従軍していたシリア国軍を離脱・出国した。出国直後の2013年にクルスームが発表した作品が「不滅の軍曹」である。本作は、2012年当時クルスームが軍役として職務につ

いたシリア国軍管理施設の内部と勤務後に参加していた映画制作現場の人々を記録したドキュメンタリー映画で、その最後に、シリア国軍を離脱し（反体制の自由シリア軍を含め）いかなる戦闘集団にも属さず、カメラのみを武器とする＝非暴力を貫く、というクルスーム自身の覚悟が宣言されている。

　混迷の状態にあるシリアを扱った映画や戯曲は非シリア人作家によっても製作されているが、その多くは「不滅の軍曹」に端的に示された製作者・監督の当事者としての自己認識の有無という点で根本的に作りが異なる。非シリア人作家による作品が、非当事者としての客観性を維持したまま、暴力と悲劇の象徴としてシリアを描いた（もしくはそう描かざるを得ない）のに対し、出国シリア人作家の作品は、まさに製作者自身の主観の表れであり、証言となっている。

(2) シリアの証言──負の側面を明らかにする

　イブラーヒーム・サムーイール「低い入口のある家」の言い換えにも見て取ることができるが、国の負の側面について、特に政権の暴力に関しては、被害を受けた当事者までが後難を恐れ、敢えて明言せず沈黙を守る傾向にある。この事象を指摘したのがザカリーヤー・ターミル「黙る人々」（2000 年）及びラフィーク・シャーミー「怖がらせ屋が怖がるとき」（1993年）で[11]、二人は同じ問題を対照的な書きぶりで提示している。政権の暴力とその被害者を描く際に、シリア国内にも流通するアラビア語で執筆するターミルが暗喩を駆使したのに対し、ドイツ語で執筆するシャーミーは被害者の沈黙として明瞭に表現したのである。両者の作風は単純に比較できるものではないが、上記二作は流通する範囲、ひいては読者層への意図の差がはっきりと表れた例と言えるだろう。アサド政権下シリアの負の部分や政権の暴力を真正面から採り上げるには、シリア国内での作品の流通を断念し、作家自身もアサド政権との折り合いを放棄する覚悟を持つ必要があった。

　2011 年以降、現大統領の父であるハーフェズ・アサド政権（1971-2000年）以来の政権の暴力について、具体的に証言・告発する作品が増加したことも、アサド政権と決別した出国シリア人作家が現状に至る経緯を改め

て直視し、評価しようとした動きの表れと言える。

　アルフォーズ・タンジュール監督「カーキ色の記憶」（2016 年）は、1982 年のハマーの虐殺（ムスリム同胞団の蜂起をきっかけとして政権軍がハマーを封鎖し、数万人を虐殺した事件）の目撃者や、投獄経験者、逃亡者など四人が政権の抑圧・暴力について証言した作品で、2012 年に出国したイブラーヒーム・サムーイールも自らの投獄体験を語っている。2011 年以降のシリアについては「それでも僕は帰る——シリア　若者たちが求め続けたふるさと」（タラール・デルキ監督。2013 年）、「娘は戦場で生まれた」（ワアド・アルカティーブ、エドワード・カッツ監督。2019 年）など、凄惨な国内状況を追ったドキュメンタリー映画が製作・公開され、日本でも上映された。

　書籍の刊行も続いた。ヤシーン・ハージュ・サーレハは、自らの投獄と出獄後の体験を詳細に記した論考『シリア獄中獄外』[12]を著した。2013 年からハッサン・アッバースらによって編集・刊行された「シリアの証言」シリーズ（全 30 巻）は、2011 年以降のシリアの混乱を目撃した書き手による作品集である。第 1 巻にあたるアブドゥルワッハーブ・アッザーウィー『包囲のモザイク』（2013 年）[13]は、2012 年 6 月にアサド政権軍が実施した第二次デリゾール包囲の体験談で、本件に関する日時・場所まで明確に記されている。最初の著書刊行が本シリーズであったという作家も複数おり、「シリアの証言」シリーズは出国シリア人の作家活動のきっかけとしても機能した。

　『炎の下の女たち——シリア人女性たちの手記』は、2014 年に刊行されたシリア人女性たちの証言集である[14]。本書の巻末には武装勢力の拉致（シリア国内の暴力はアサド政権のみが行ったものではない）によって消息を絶った二人の女性社会活動家ラザーン・ザイトゥーナとサミーラ・ハリールに関する言説とザイトゥーナ自身による短文が収められているが、そのほかの執筆者・証言者は匿名もあり、シリア各地の（いわゆる文筆業にはない）市井の婦人たちの証言も収集されている。本書には編者・出版者の記載がなく、巻頭言はバディーアという名のみ付された人物が執筆している。おそらく証言者の特定を懸念する状況があったのだろうと推察されるが、本書の刊行には困難と恐怖を押してでも現状を広く伝えようとする意

志をみることができる。

　2011 年以降の出国シリア人の表現活動の特徴として、政権による「公式の」情報・見解に拠ってのみ表明されてきたハーフェズ・アサド政権以降の事績を、当事者の証言によって、負の側面も含めた具体性ある情報として明らかにしてきたことが挙げられる。2010 年代の出国シリア人による表現活動にドキュメンタリー色の強い作品が目立ったことも、当事者による証言と記録を重視する傾向を示すものと言えるだろう。

3　出国シリア人作家が直面する課題、読者の問題

　2010 年代に出国シリア人作家によるドキュメンタリー映画や証言の公表が続いたことは、彼らの表現活動が新たな段階に踏み出した証ではあったが、同時に彼らが直面した危機の表れでもあった。これは、2011 年以来、自国において創造力を剝ぎ取られるほどの暴力と迷走を目の当たりにした作家たちが、ただ何を見たか、知ったかを記録するしかなかったという事態をも示しているからである。前出のイブラーヒーム・サムーイールは現在休筆状態にあり、2017 年 6 月のインタビューでは「このあまりに巨大な悲劇の前に、短篇小説を書くことは極めて困難です。深く、無数の痛みを伴い、死をともない、破壊をともない、破滅をともなう悲劇。独裁、さらに国際的に擁護された独裁による悲劇なのです。このような悲劇の中で、どのように、そして何を書くことができるでしょうか」[15]とシリアの悲劇に対する絶望が、休筆の原因であることを明言した。

　現在ベルリン在住の劇作家ムハンマド・アッタール（1980 年生まれ）は出国後精力的に作品を発表している。その彼も「僕自身、絶望と落胆には抗えません。今、ほとんどのシリア人はただ落胆しています。絶望や落胆と戦っている強いシリア人は少ししかいないでしょう。身近にひどいことがありすぎて、前に進めなくなっています。僕も含めて」[16]と 2017 年 5 月のインタビューに率直に答えている。彼は自身のジャンルである演劇を、完全な解答を与えるものではなく、対話し議論するための問いを引き出す場であると位置づけており、演劇は醜悪で痛ましい現状に抗い身を守る術で、かつ自分自身とシリアにこの先何が起きるのかを予見するためのもの

であると語った[17]。結論を急がず、過程を重視するジャンルに立ったことが、未来が見えにくい状況にあっても彼のモチベーションを維持することに資したと言えるだろう。アッタールの戯曲「ダマスカス While I was waiting」（オマル・アブーサアダ演出）は、2015 年のダマスカスで、暴力により意識不明の重態に陥った二人の青年を主人公とした舞台を、（出番ではない者を含め）出演者全員が取り囲む形で進められる。個々の現状を共有し、解きほぐしていくことで相互理解の糸口を探っていきたいという意図が明確に感じられる演出である。

　アッタールが、完全な解答を持たず観客や演技者を巻き込む形で展開していく、いわば開けた表現である演劇を持ち場としたことで、現状の共有が未来に結びつくという実感を得ようとしているのに対し、小説の場合は基本的には作家個人が一切を背負い、完結させていく形になる。一人で立ち向かうには現況はあまりに厳しく圧倒的であった。

　「シリア革命」に非暴力の抵抗として最初期から関わり、2011 年のシリア出国後も女性と子どもの支援活動を継続している作家サマル・ヤズベク（1970 年生まれ）は、2011 年以降のシリアを描いた小説『交戦』（2012 年）及び『無の国の門——引き裂かれた祖国シリアへの旅』（2015 年）では従来の作品とは異なる「文学的な語り」（literary narrative）という形を採った。彼女はこれら二作について「政権側のメディアがひどい歪曲や嘘つきを続ける中で、私は作家として真実の一部を担う義務があると決意しました」と語っており[18]、証言という認識が強かったことが読み取れる。すでに複数の（創作）小説で高い評価を得ていた彼女でさえ、2011 年以降は情報量の多い記録・証言という形でのみ作品を執筆してきた。ヤズベクがフィクショナルな小説としてシリアの現実の出来事を描き出すようになったのは、シリアへの帰国を断念し、物理的に距離を取れるようになってから数年経った後である。

　では、出国シリア人作家が必死の思いで伝えようとしている苛酷な負の体験、絶望の記憶は、外の世界、すなわち私たちにどれだけ伝わっただろうか。私たちはこれらの情報を真摯に受け止められただろうか。ヤズベクは『無の国の門』で自身を含むシリアの市民活動家たちが、被害や現況を示すデータを作成し、発信していることを報じながら、外の世界に冷めた

まなざしを向けている。

　　世界中の人が見つめていても、"今、シリアで起こっていること"は、救いになるものを自身の目で見たいというそれぞれの願望でしかない。（中略）こんなことは人類の歴史上、何も新しい話ではない。これまでも長い間起きてきたことだ。しかし今は、それが私たちが直に見ている前で公然と起こっているのだ[19]。

　情報伝達技術の発展によって、私たちはシリアの現状をほぼ同時的に知ることができる。しかしどれだけ伝達に力を尽くそうとも、外の世界の私たちは直に経験していない事柄について、経験した人々に完全には共感できない。むしろその現状に慣れてしまう方が早い。共感や対話に結びつくより早く、事態の視認と看過が「同時に」起き、貴重な証言に対しても望まれたレスポンスが得られない状況にヤズベクは失望を隠さない。

　他方、フィクショナルでかつ優れた作品であれば文学としての評価を獲得できるのかというと、そこにもまだ憂慮すべき問題が残っている。ヤズベクは非アラビア語圏の読者について次のような厳しい指摘も行っている。

　　「思うに現在に到るまで、欧米でも世界中のどこでも、文学者として読まれているアラブの作家は一人もいません。ナギーブ・マフフーズでさえ、ノーベル文学賞を受賞したのに文学者として読まれていません。地域の政治的状況について知るための観察の対象として読んでいるのです」[20]

　現代アラブ文学は総じて文学としての価値より、情報としての価値によって読まれているという彼女の言葉は、現況の記録の性質が強かった前出二作が、小説として書かれた他の作品よりも翻訳市場で売れ行きが良いという事実にも裏づけられている。今世紀最大規模の難民を生み出したシリア危機を背景として、シリア人の表現活動全般に対し、創造性や思索よりも記録・情報が求められる傾向は一層高まっていると言えるだろう。

　出国シリア人作家は、アサド政権による統制を脱することで、自立的な

創作環境を手に入れたと言えるかもしれない。だが、暴力と絶望を目撃・経験し、自分たちが主体となるシリアの未来を見出しがたい現況で、シリアから隔たった異郷にある彼らは、シリアについて、またシリア人である自身について、何を書いていくのだろうか。そして、その言葉や映像や表現は、どれだけの人の耳目を集め、受け入れられるだろうか。2011 年以降、シリアの激動と惨劇を目の当たりにした彼らは、不安定な祖国と自身をまず自らの中にどのように位置づけていくか、さらに今や自らが生活していく場となった外の世界にそれをどのように打ち出していくか、創造性と胆力を試されている段階にある。

4 遠景・幻影のシリア——文学の二例から

サマル・ヤズベクの文学が情報として受け取られているという指摘を私たちは重く受け止めるべきだろう。現在進行中の、先の見えない微妙な状況にある当事者の語りはもとより慎重に聞き取らねばならない話であり、何より「出国シリア人であれば、シリアの現状を具体的かつ正確に語ってくれるはずだ」という無意識の前提のもと、作中に描かれる「事実」のみを無批判に追い求めようとすれば、作品の全体像を捉え損ね、創作者である作家の特質を見誤る危険性がある。文学や映像は証言を含むことはあっても、必ずしも証言そのものとはならない。また「シリア革命」の始まりから 10 年以上を経て、異郷に暮らす出国シリア人作家はすでに「シリアの現状」からは物理的に隔たっている。

情報としての価値以外にも豊かな味わいを含む、1980 年代生まれの二人の出国シリア人作家を事例として挙げておきたい。二人の最初の刊行書は「シリアの証言」シリーズであるが、それ以前からインターネットや新聞に作品を投稿しており、活動の場を着々と広げている。

(1) ムスタファー・タージュッディーン・ムーサー Muṣṭafā Tāj al-Dīn Mūsā

ムスタファー・タージュッディーン・ムーサーは 1981 年イドリブ県生まれ。現在はトルコ在住の作家である。2011 年以降の混乱と暴力に揺れるシリアを舞台とした幻想的な短篇小説を多く発表しており、短篇「なんて

いい人たち」は、マイサ・タンジュール＆アリス・ホルトゥムによる英訳が2021年にARABLIT&ARABLIT QUARTERYによるアラブ文学翻訳賞（短篇部門）を受賞した。日本では森晋太郎が「なんていい人たち」を含め[21]、彼の作品を精力的に日本語に翻訳している。

　ムーサーの作品は奇想という点ではザカリーヤー・ターミルとも共通性はあるが、その土台と構造はまったく異なる。どれだけの奇想を含もうともターミルの作品の根底には観察に基づく現実の把握がある。対して、ムーサーの作品は、シリアの壮絶な現状を描写したようではあるが、よく見るとリアルから乖離した設定が随所にみられる。例えば短篇「虐殺の花束」[22]の幼児が腕を何本も拾ってくるという場面は、爆撃や爆発現場での直後の対応（救助・記録・清掃）を考えれば、かなり無理のある設定である。鮮烈な描写ではあるが、そこに実際を見ようとすれば読み手は理解を誤ることになる。本作の価値はそこにはない。私は、彼の作品は、自国という身近な世界において、人間性が損なわれる事態に直面し、その衝撃から噴出した彼の中のファンタジーが、情報そのものを追い越して成長した結果であると思う。だから彼の作品から得られる「シリアの情報」は、遠景としての役割を担い、ファンタジーに覆いつくされた粗い像でしかない。ムーサー作品の根底にシリア人としてのアイデンティティと経験があるのは明らかであるが、そこに情報としてのシリアを汲み取ろうとするのは決して有効ではない。評価すべきは彼が受けた衝撃をいかに切実に、また類型に陥らず、巧みに創作として成立させたかという点であり、その成否はむしろシリア性を超えられるかどうかにかかっている。「なんていい人たち」に寄せられた高評価は、理不尽かつ残虐な暴力と、被害者である主人公の度を越えた現実肯定と、静謐な光景との対比の妙に与えられたものである。

(2) オダイ・ズウビー 'Udai al-Zuʻbī (Odai al-Zoubi)

　1981年ダマスカス生まれのオダイ・ズウビーは、「シリア革命」に関与したため国外に脱出し、現在はスウェーデン在住である。英国で哲学の学位を取得している彼は、短篇作家としてだけではなく、バートランド・ラッセルの翻訳者としても知られる。2016年に「シリアの証言」シリーズから最初の短篇集『失われたウンム・ハーシムの吊りランプ』が刊行され、

2019 年には短篇「寒い北の試練」の英訳が、アジア短篇小説傑作集に選出された。

　彼の短篇「挽歌」は、シリアを出国した作者自身と重なる主人公による、祖母の死と祖国喪失を重ね合わせた作品である。かつて「自由と公正」を掲げて立ち上がり、その後出国を余儀なくされた主人公は、戦闘の流れ弾によって娘を亡くした伯父から「これが、お前やお前の仲間たちが欲しがってる自由って奴だ。これが自由、違うか？」という悲嘆の声を浴びせられ、言葉を失う[23]。すでに反体制運動の一線を退いている彼は諦念と失望の中にあり、「シリア革命」参加者という当事者性は明らかに薄らいでいる。「挽歌」は以下の文章で締めくくられる。

　　　僕は一人、バルコニーでダマスカスを見つめ続けた。愛してやまない、懐かしきダマスカス。燃えるダマスカス。おそらく、二度と帰ることのないダマスカスを[24]。

　彼が見つめるのは実景ではない。記憶に残る幻影としての首都ダマスカスであり、愛着と喪失の象徴である。英国留学中の（おそらく「挽歌」と同一の）主人公を描いた短篇「熱望する蚤たち」「蝶の影」では、シリアでの経験が主人公の心情の奥底に息づいていることは実感できるが、それは回想としてしか現れない。「熱望する蚤たち」では、冒頭に子どもの頃の猫にまつわる記憶として、シリアの描写が登場する。しかし、より痛切に彼の中のシリアを思わされるのは、次の記述である。

　　　「わたしたちはまず自分の心配をしなくちゃ。世界の変革は選挙で選んだ政治家たちに任せるべきよ。個々人じゃ世界を変えるなんてできないんだから」
　　　彼女は自信満々で、だからこそストレートに僕に訊いてくる。「そう思わない？」
　　　僕は口ごもりながら、一概には言えない話ですね、と答える[25]。

　主人公は「個々人じゃ世界を変えるなんてできない」という言葉に全面

的に同意はできない。だが「一概には言えない」という弱い否定しかできない。「シリア革命」に立ち上がり、国外脱出を余儀なくされたシリア人の少なからぬ数が、むしろこの彼の挫折感と後悔、そしてまだ消えてはいない希望の入り混じった感覚を共有しているのではないだろうか。

　オダイ・ズウビーの作品において、シリアは主人公の奥底に絶えず存在し、幾度も意識に浮上してくる。しかし、それはいつまでも主人公ひとりのうちにとどまり、声高に他者に訴えられることはない。さらに外側からは、伯父の言葉や、ガールフレンドの母親の言葉、アラビア語を教わる生徒の何気ない質問として、主人公がシリアという母国とどう結びついているのかが、たびたび問いかけられていく。幻影としてしか接することができないシリアと、成就しなかった革命への悔いと失望を抱えたまま異郷で平穏な生活の中にある主人公は、短篇「蝶の影」ではヴィスワヴァ・シンボルスカの詩の一節「私にはもはや怪しい／大切なものは大切ではないものより／もっと大切だということが」を思い起こしつつ、現況に安定しきれない自分を噛みしめる[26]。

　ズウビーの作品は、異郷に定着しつつある出国シリア人の離人症的な心象を繊細に描き出している。「シリアにいないシリア人」に焦点を当てた彼の作品に「シリアの現在の情報」を求めようとするのは明らかに見当違いである。シリアに思いを寄せながら、異国に定住していく出国シリア人たちは、いずれ当地のシリア系住民としてアイデンティティを獲得していくかもしれない。ズウビーが見据えるのは出国後の世界のリアルである。

おわりに

　2011 年以降、祖国から「飛び去った」シリア人たちの現況は千差万別である。出国後、安住の地を求めて移動を重ねる者もあれば、最終的にはシリアに帰国した者もいる。残念ながら、ほとんどの人に共通するのは失望と不安であろう。シリア国内での暴力や虐殺についての告発・証言は現在も続けられている。

　シリアにおいて、2021 年 5 月の大統領選挙でバッシャール・アサド大統領は四選を果たしたが、10 年前と比して実効支配領域は縮小し、他国の支

援への依存を余儀なくされている。この大統領選挙に際しては、反体制派の人々の分裂状態もまた浮き彫りにされた。

　出国シリア人作家たちの作品もまた個々の状況と意思を反映しながら、多様性を増し、そして変化していくだろう。「出国シリア人作家」というカテゴリー自体が意味をなさなくなる可能性もある。祖国と物理的な距離を有する彼らが、いかなるアイデンティティを構築していくかによって、その表現活動における祖国シリアの存在感は変動していく。

【注】

1) "Alladhī ṭāra hāriban" URL: https://www.facebook.com/permalink.php?story_fbid=pfbid0sbpYCRK7zLwytYtAfpiuk43RbVs1srFGD2wzZSSs75Z8ASUBv7hMCdFmNWEhZ6Jnl&id=222667394486441

2) Ziad Majed, "A Dialogue with Zakaria Tamer" in Free Syrian Translators. URL: https://freesyriantranslators.net/2012/07/22/a-dialogue-with-zakaria-tamer-2/

3) サマル・ヤズベク（著）；柳谷あゆみ（訳）『無の国の門――引き裂かれた祖国シリアへの旅』東京：白水社、2020年、デルフィーヌ・ミヌーイ（著）；藤田真利子（訳）『戦場の希望の図書館：瓦礫から取り出した本で図書館を作った人々』東京：創元社（創元ライブラリ：レミ1-1）2021年。

4) 2021年9月24日の国際連合人権高等弁務官事務所（OHCHR）ミシェル・バチェレ高等弁務官による報告に基づく数値。URL: https://news.un.org/en/story/2021/09/1101162

5) 2021年国連難民高等弁務官事務所統計による数値。URL: https://www.unhcr.org/refugee-statistics/download/?url=dSM9V6

6) 柳谷あゆみ「どこかの誰かの奇妙な話／自分たちの国の話」中東現代文学研究会（編）『シンポジウム「《文学》からシリアを考える」』（中東現代文学リブレット；3）2018年、48-53頁。

7) ザカリーヤー・ターミル（著）；柳谷あゆみ（訳）『酸っぱいブドウ／はりねずみ』東京：白水社、2018年、28頁。

8) Samū'īl, I., "al-Bayt dhu al-madkhal al-wāṭi'" in *Manzil dhu al-madkhal al-waṭi'*, Bayrūt: al-Mu'assasat al-'arabīyah li-l-dirāsāt wa al-nashr, 2002, 97-103.

9) 「難民ロックバンド、思いがけない「欧州亡命ツアー」」AFP通信2015年9月28日付報道。URL: https://www.afpbb.com/articles/-/3061466

10) ヘベズッダウラの公式サイトは2022年現在閉鎖されているが「建てる」の歌詞は以下のサイトから閲覧可能。URL: https://lyricstranslate.com/en/khebez-dawle-lyrics.html

11） 「黙る人々」「怖がらせ屋が怖がるとき」ともに日本語訳がある。ザカリーヤー・ターミル『酸っぱいブドウ／はりねずみ』64-65 頁；ラフィク・シャミ（著）；酒寄進一（訳）『蠅の乳しぼり』東京：西村書店、1995 年、45-61 頁。

12） Al-Ḥajj Ṣāliḥ, Yāsīn: *Bi-al-khalāṣ Yā Shabāb!, Sitta 'ashara 'āman fi al-sujūn al-Sūrīya*, Bayrūt: Dāral-sāqī, 2012/2017；ヤシーン・ハージュ・サーレハ（著）；岡崎弘樹（訳）『シリア獄中獄外』みすず書房、2020 年。

13） 'Abd al-Wahhāb 'Azzāwī: *Mūzāyīk al-ḥiṣār*, Dimashq: Bayt al-Muwāṭin (Silsila shahadat Sūrīya; 1) 2013.

14） [Anonymous]: *Nisā' taḥta al-nār: qiṣaṣ bi-aqlām nisā' Sūrīyāt*, s.l.: s.n., 2014.

15） 『シンポジウム「《文学》からシリアを考える」』94 頁。

16） 『シンポジウム「《文学》からシリアを考える」』89 頁。

17） 『シンポジウム「《文学》からシリアを考える」』89 頁。

18） 山本薫（編）『シリア知識人との対話──ヤシーン・ハージュ・サーレハとサマル・ヤズベク』グローバル関係学事務局（グローバル関係学 Online Book Launch）2021 年、92 頁。

19） 『無の国の門』280 頁。

20） 『シリア知識人との対話』95 頁。

21） ムスタファー・タージュッディーン・ムーサー（著）；森晋太郎（訳）「なんていい人たち」中東現代文学研究会（編）；岡真理（責任編集）『中東現代文学選 2016』215-219 頁。

22） Mūsā, Muṣṭafā Tāj al-Dīn: *Mazharīya min majzara*, Dimashq: Bayt al-muwāṭin, 2014, pp. 21-22；ムスタファー・タージュッディーン・ムーサー（著）；森晋太郎（訳）「虐殺の花束」中東現代文学研究会（編）『シンポジウム「現代世界──欧州・中東──を《文学》から考える」』（中東現代文学リブレット；2）2018 年、39-40 頁。

23） オダイ・ズウビー（著）；柳谷あゆみ（訳）「挽歌」中東現代文学研究会（編）；岡真理（責任編集）『中東現代文学選 2021』、262-263 頁。

24） 前掲書、266 頁。

25） オダイ・ズウビー（著）；柳谷あゆみ（訳）「熱望する蚤たち」『すばる』44 巻 3 号（2022）、177-178 頁。

26） Al-Zoubi, Odai: *Zilla al-farāsha*；オダイ・ズウビー（著）；柳谷あゆみ（訳）「蝶の影」The Babel Review of Translations: Specimen. URL: http://www.specimen. press/articles/%d8%b8%d9%84-%d8%a7%d9%84%d9%81%d8%b1%d8%a7%d8%b4%d8%a9/?language=Japanese

第3講

ムスリム知識人が問う
アラブ世界の近代
──イスラーム諸学の復興とヒューマニズムをめぐる挑戦

黒田彩加

黒田彩加（くろだ　あやか）
1989 年生まれ。京都大学大学院アジア・アフリカ地域研究研究科准教授。博士（地域研究）。
専門は政治思想を中心とする現代イスラーム思想研究、エジプト研究。
著書に『イスラーム中道派の構想力──現代エジプトの社会・政治変動のなかで』（ナカニシヤ出版、2019 年）、論文に "Modern Statehood, Democracy, and Women's Political Rights: Reconstruction of Political Thought in Egyptian Moderate Islamic Trend" (*Orient: Journal of the Society for Near Eastern Studies in Japan*, 56, pp. 121-140, 2021), "Rethinking Discussions on "Islam" and "State" in Contemporary Egypt: The Community-Based Approach in Ṭāriq al-Bishrī's Political and Legal Thought" (*Annals of Japan Association for Middle East Studies* 34(2), pp. 1-34, 2019) など。

はじめに

　かつて 19 世紀末のアラブ世界では、伝統的な宗教教育を受けた知識人たちの中から、初期イスラームの理想への回帰、西洋文明の技術の吸収、科学と両立する啓典の現代的再解釈などを求めるイスラーム改革運動が生まれた。その問題意識の背景にあったのは西洋の軍事面・精神面での脅威であり、改革志向の知識人たちは、ムスリム自身の宗教実践を改めることで、欧化主義とも伝統主義とも異なる方法で近代化への対応を実現しようとした。こうした改革運動は世俗的な近代教育出身の人びとにも広まったが、その潮流の一部は、イスラームを政治的ヴィジョンを含むものとしてとらえ、その原則に基づく政治秩序の樹立を求める運動に発展し、一部はイスラーム改革運動の理性主義を継承しつつも、世俗的要素の強い近代主義的な思想に発展していった。

　20 世紀半ばになり、植民地から独立した国民国家群が次々に誕生する中で、イスラーム思想やそれに根ざす運動は、社会主義やナショナリズムのような世俗主義的なイデオロギーに圧倒され、一時は退潮したと考えられていた。世界的に見ても、当時は世俗化を近代化の必要条件と考える「近代化論」が学術界で自明視されており、世俗化が進むアラブの事例もそのひとつとみなされてきた。

　しかし、1960 年代末から 70 年代初頭にグローバルな次元で展開しはじめた宗教復興は、イスラーム世界の場合、宗派対立や宗教間対立、宗教と表現の自由、イスラームと民主主義の関係といった宗教と近代性の関係をめぐる新たな問題群をもたらした。「宗教としてのイスラームへの信仰を思想的基盤とし、公的領域におけるイスラーム的価値の実現を求める政治的なイデオロギー[1]」であるイスラーム主義運動が再び活性化したのも、宗教復興の時代のことである。既存の政治秩序に挑戦するために暴力的手段もいとわない過激派の台頭、宗教的不寛容の広がり、既存の西洋法に代わる法体系としてイスラーム法を導入することの是非といった問題もこの時期に顕在化し、現在に至るまで重要な問題であり続けている。

　宗教復興期に再び脚光を浴びることとなった各国のムスリム知識人たち

は、自らの言論活動を通じてこうした問題群の克服をめざした。彼らの思想運動は、「世俗的近代」の自明性に疑問を呈し、イスラームと近代性の両立に苦闘する、時には世俗的近代に代わるいわば「イスラーム的近代」の構築をめざす動きとみることができる。

宗教復興のおこりから約半世紀となる現在では、こうした問題群に加えて、西洋社会との共生やイスラモフォビアといったグローバル化の時代特有の課題も生まれている。

本章が念頭に置いているのは、アラブ・イスラーム思想の中心地のひとつとも言われるエジプトの事例である。エジプトはオスマン帝国の属州下にあった 19 世紀初めに近代化に着手し、1840 年代に国民国家として成立した。しかし、近代化の過程で財政破綻に陥り、事実上イギリスの支配下におかれ、1922 年の独立以降も旧宗主国との関係に長く苦しんだ。1952 年に軍政の共和制が成立すると、植民地主義からの解放やアラブ民族の統一をうたう社会主義政権のもとで、国家による宗教の管理が進むとともに、イスラーム主義運動を含む政治・社会運動の多くが抑圧されてきた。転機となったのは 1967 年の第三次中東戦争である。この戦争で、エジプト、シリア、ヨルダンを中心とするアラブ諸国がイスラエルに大敗したことが、人びとが社会主義や世俗的ナショナリズムの自明性を問い直し、社会現象としてイスラームへの回帰が進む契機になったと考えられている。2011 年にはいわゆる「アラブの春」と呼ばれる民主化運動を通じて、約 30 年にわたり大統領の地位に就いてきた軍出身のムバーラクが退陣した。一時はイスラーム主義勢力が政権を獲得したが、政権運営の失敗などから支持が低下し、現在は再び軍事政権に回帰している。

こうした政治と社会の混乱の中、エジプト、ひいてはアラブにおける近代とは何であったか、植民地主義の遺産をどのように乗り越えるべきか、伝統と近代——あるいは宗教と近代の関係はいかにあるべきかといった問いは、今なお知識人たちにとって重要な課題となっている。

本章はこうした問題意識に照らして、現代イスラーム世界を代表する改革派の知識人であるハーリド・アブルファドル（Khaled Abou El Fadl）の言論を紹介し、その特色や意義を考察するものである。現在はアメリカで活躍するアブルファドルは、彼がルーツを持つエジプトをはじめとするア

写真1 ハーリド・アブルファドル

（出典）ウスーリー・インスティテュート、公式 Facebook。

ラブ諸国の近代史や、イスラーム諸学の状況に対する省察に基づいて、現代のムスリム社会が抱える諸問題について興味深い発言を行っている。

　彼の思想は、近代以降のイスラーム思想のあゆみを振り返り、アラブとエジプトの近代を総括するとともに、今後のムスリム社会がめざすべき方向を示すものといえる。それと同時に、グローバル化にともなって浮上した、多文化共生やイスラモフォビアといった新たな問題群にも解決策を提示しようとするものでもある。

1　ハーリド・アブルファドルによる「アラブ世界の近代」批判

(1)　アブルファドルの経歴と問題意識

　アブルファドルは1963年に、クウェート在住のエジプト人の家庭に生まれた。彼の父は、エジプト最大のイスラーム主義運動であったムスリム同胞団で活動していた時期があり、ナセル政権時代に収監を経験したのちクウェートに移住していた。

　アブルファドルは世俗的な近代教育を受けるかたわら、クウェートとエ

写真2　ウスーリー・インスティテュートでのハラカの様子

（出典）ウスーリー・インスティテュート、公式 Facebook。

ジプトのそれぞれで、インフォーマルな宗教教育の場である「ハラカ」を
通じて、イスラーム諸学の集中的なトレーニングを受けた。ハラカとはア
ラビア語で「環」を意味する言葉であり、教師を中心に生徒が車座となっ
て学ぶ教育システムのことを指す。この場で受けたイスラーム諸学のトレ
ーニングがその後の彼の活動の基礎となっており、彼は国家から独立した
教育システムとして、その存在を高く評価している。

　彼は1982年にアメリカにわたり、イェール大学で学んだのち、ペンシ
ルヴァニア大学とプリンストン大学でそれぞれ法学修士号、イスラーム学
の博士号を取得した。1998年からはカリフォルニア大学ロサンゼルス校で
教鞭を執り、法学や人権に関する講義を担当している。

　そのかたわら、ウスーリー・インスティテュート（Usuli Institute）とい
う団体を設立し、イスラーム教育と研究を推進している。イスラームの集
団礼拝の日である毎週金曜日には説教（フトバ）も行っており、その模様
はオンラインでも配信されている。オンラインでアップロードされている
動画の中には、自身の十代の息子と対話する企画もあり、アメリカに生き
る若いムスリムの存在も意識していることがうかがえる。アメリカに活動
の拠点を移して久しいが、エジプトのムバーラク政権が退陣した後の2011

年夏には、当地を訪れて革命後の状況を目の当たりにし、アズハル総長のアフマド・タイイブや前国家ムフティーのアリー・ジュムアの歓待もあり、学生に講義を行う機会を得ている。

アブルファドルはこれまで、イスラーム法、女性の権利、民主主義などのテーマを扱った著作を主に英語で発表してきた。聖典の字句主義的な解釈で知られるサラフィー主義（宗教的厳格派）を批判していることでも知られており、多くのサラフィー主義者を支援してきたサウディアラビア政府をとりわけ強く批判している。現在では、彼の著作の多くは、彼の母語であるアラビア語にも訳されているが、かつてはその論調ゆえに一部の国で著作が発禁となり、翻訳プロジェクトが頓挫したこともあった。イスラーム諸学のみならず、西洋の宗教学や解釈学に親しんだ彼の著作には難解なものも多いが、英語圏の非ムスリムも読者に想定したと思われる一般向けの著作もあり、邦訳も刊行されている[2]。

イスラーム思想の改革を訴える現代の論者の中には、聖典クルアーンの章句を比喩的に解釈する手法をとる者もいるが、アブルファドルは、緻密な方法論に基づくイスラーム諸学に比重を置きつつ、人間の良心や理性、道徳的価値を重視するアプローチをとる。彼はイスラーム諸学に精通したウラマーのなかでも、エジプトの穏健派の代表格として知られるムハンマド・ガザーリー（1996 年没）の問題意識を高く評価している。反知性主義に抗し、根拠薄弱なハディースを批判するアブルファドルの論調には、ガザーリーの影響が強く見てとれる。ただし、イスラーム諸学の遺産を重視する一方、女性差別的な論点を含むハディースを扱った代表作で、「初期イスラームにおいて、女性が果たしていた公的な役割に対する男性の抵抗として、反女性的な伝統の大半が生み出された可能性[3]」を指摘するなど、ラディカルな発言もいとわない思想家でもある。

(2) イスラーム的学知の困難に向き合う

アブルファドルは思想家として、(1) アラブ諸国の近代化や植民地化の過程でもたらされたイスラーム諸学の地位の低下、(2) ムスリムの間での反知性主義の蔓延、(3) 20 世紀後半以降のサラフィー主義の影響力の増大といった事象を問題視し、その解決を訴えている。彼はこうした反知性

主義的な状況を打開するため、啓示を通じて下された神の命令であり、道徳や信仰実践、社会生活などムスリムの生活のあらゆる領域に関わる規範の体系であるシャリーア（イスラーム法）を理性に基づいて理解すること、イスラームの思想的伝統を批判的に再検討することを訴えている。

　この主張をより理解するために、彼が念頭に置いていると思われる、近代エジプトにおけるイスラーム諸学の地位の低下をめぐるプロセスの一部を、ここで概観しておきたい。

　近代以前のイスラーム世界において、ウラマーは教育と司法を伝統的な職域としてきた。特に「ワクフ」と呼ばれる寄進財産が、モスクやマドラサ（学校）の運営の原資となり、ウラマーの独立した経済的基盤として機能していた。しかし、近代化と西洋化を通じて、スンナ派の国の多くでは国家によるワクフの接収が進み、ウラマーは国家の管理下に置かれ、そこから俸給を受ける存在となった。

　エジプトの場合、10 世紀に首都カイロにアズハル・モスクが建設され、伝統的な宗教教育・研究の拠点として発展してきたが、19 世紀のムハンマド・アリー朝以降に前述のような制度改革が進んだ。従来の師弟関係を中心とする教育制度に代わって、カリキュラムや卒業要件が法で定められ、学生や教員は学外での政治活動への参加を禁じられるようになった[4]。互選による総長の選出権は既に王制期に喪失していたが、共和制下で定められた 1961 年の法令によって、アズハルは完全に宗教省の管轄下に置かれ、財源も政府を通じて配分されることになった人事権と財政の独立を失ったアズハルは、その後も組織の権威の確立を模索し続ける一方で、政府の決定に「お墨付き」を与える機関としての役割を期待されることになった。

　アズハルは近代教育との競合にも苦しんだ。1820 年代以降、近代的な諸科学を教える工学校や医学校、さらに世俗的な法教育を前提とする法学校など、近代的な大学の前身となる諸学校が設立され、伝統的な宗教学校であるアズハルに競合する存在として台頭した。いわゆる師範学校であるダール・アル＝ウルーム（「知識の家」の意）も、当初はアズハル卒業生をアラビア語教員として養成することを目的として設立されたが、のちにアズハル出身のウラマーと競合するような文筆家・運動家を輩出することになった。1928 年にイスラーム主義組織であるムスリム同胞団を設立したハサ

ン・バンナーや、世俗的な文芸評論家として活躍したのちムスリム同胞団のイデオローグとなり、最後はナセル政権下で政治犯として処刑されたサイイド・クトゥブなどである。また、20世紀前半には、同名の私立大学を前身とするエジプト大学の開校（1925年、現カイロ大学）を皮切りに、国内の主要都市に次々と国立大学が設立され、アズハルの立場はますます苦しいものとなった[5]。

　さらに、イスラーム法に代わって西洋法の導入が進んだことも、ウラマーの地位低下を招いた。エジプトでは1875年に外国人に関する裁判を扱う混合裁判所が設立され、同時にフランス法が導入された。伝統的な法廷であるシャリーア裁判所は、19世紀はじめは民事・刑事・行政事件をひろく管轄していたが、世俗的な裁判所に徐々にその管轄を移され、1956年に完全に廃止された[6]。1949年に施行されたエジプト民法典も、法規定の大半は西洋法からの輸入であり、イスラーム法の諸規定は、現行の法体系のもとでは主に家族法にのみ生き残ることになった。この西洋法中心の法体系への不満を背景に、1970年代から社会全体の宗教回帰が進むなか、ムスリム同胞団を筆頭とするイスラーム主義勢力が、国法としてのイスラーム法の採用を強く求める事態に至った。

　アブルファドルが近代以降のウラマーの地位低下を憂える一方、実際には、宗教復興によって民衆の間で再びイスラームの学知への需要が高まった結果、ウラマーが専門家として宗教的なメディアや文化活動に参入するようになったとも言われる[7]。しかしウラマーは近代以前のように、イスラームをめぐる学知を独占しているわけではない。近代教育によるリテラシーの向上や各種メディアの発展によって、誰もが聖典や関連する宗教的なリソースに直接アクセスし、自らテクストを読んで解釈することができるようになった。その結果、医師、エンジニア、文筆家、イスラーム運動の指導者など、伝統的なイスラーム教育を受けていない人びとが、穏健なものであれ急進的なものであれ、各々のイスラーム解釈を唱え、支持者を獲得する時代が到来したのである。情報技術の発展によって、イスラームをめぐる学知はますます混沌のさなかにある。近年では、オンラインでのファトワー（イスラーム法学上の見解）の請求も容易となったが、メディアを通じて出所が曖昧な厳格な解釈が流布することも珍しくない。

アブルファドルもこうした状況を熟知しており、このことは彼の著作の論調にもあらわれている。彼が批判するのは、ムスリムのテロリズムや過激な行為だけではなく、アメリカのムスリム社会の内部やエジプトで彼が目にしてきた不寛容や反知性主義、誤った法解釈の蔓延である。彼は実際に自分が経験した事例として、ムスリムの青年キャンプで「音楽はハラーム（禁忌）だ」と主張し、音楽を流すことを禁じようとする大人がいたことや、彼が講師として招かれたセミナーで、女性の聴講者が教室の後方に隔離されていたことなどを挙げ、これらが実際にはイスラーム法の誤った理解によるものだと論じる[8]。

ここにアブルファドルは、現代におけるサラフィー主義者の強い影響力を見いだすが、その原因の一端は、アラブ世界の近代の経験に帰せられるものである。彼によれば、植民地主義やその後に成立した国民国家の強大な権力のもとで、道徳をめぐる人びとの主体性が失われてしまったという。道徳に基づく判断を行い、それによって行動することは、迫害のリスクをはらむ行為であったためである。中東諸国の権威主義体制のもとでの政治犯の弾圧、植民地主義の経験、イスラエルによるパレスチナの占領、それに対して無力なアラブの各国政府がもたらす政治や社会不安の感覚、西洋の偏見といった様々な要素によって、多くのムスリムが無力感にさらされている。人びとが無力な存在となっているこの状況に入り込んで、個人の判断を否定し、聖典のテクストにすべての道徳的判断を委ねるような思考体系を広めているのが、宗教的厳格派であるサラフィー主義者なのである[9]。そして、オイル・マネーの力によってサラフィー主義者に力を与えている存在として、サウディアラビア政府が批判の対象となっている。

アブルファドルの思想の根底には、植民地主義の問題を克服することができず、その遺産として成立した権威主義体制に苦しみ、宗教教育が力を失ったもとで、イスラーム法を表面的にしか理解していないアラブ・ムスリムの存在という問題意識がある。

彼はこの状況を憂慮し、ウラマーが国家からの独立を取り戻して人びとの間で信頼を回復することが、近代アラブの問題に向き合うための解決策のひとつだと強く信じている。オイル・マネーによる支援を受けられるサラフィー主義者らに比して、穏健派に足りないのは資金力であるとして、

ワクフ制度の復活を提案し、彼らに対抗する研究・出版のための資金とすべきと主張している点は興味深い[10]。近代国家によるワクフの接収を市民社会の解体と結びつける発想そのものは他のムスリム知識人にも見られるが、これをサラフィー主義の隆盛の遠因とみるのは、アブルファドルに特有の発想といえるだろう。また、彼の思想からは、ムスリムの道徳的主体性の回復のためには、中東の権威主義的な政治体制そのものが改められねばならないことが明らかになる。これは後の節で詳説するような、アブルファドルの民主主義の論客としての側面につながっている。

(3) イスラーム改革への道

　アブルファドルは、シャリーアは完全なものであるが、イスラーム法学を通じて導出された法規定は、人間の営みが介在する以上、無謬ではないと考える。もっとも、神が授けた法であるシャリーアそのものと、人間がそれを理解する営みであるイスラーム法学（およびそれを通じて導出された法規定）を峻別する発想は、近現代のイスラーム改革思想の中では決して珍しいものではない。むしろ、イスラーム改革思想を支持する論者たちは、両者の峻別を前提としてイスラーム法学の刷新（イジュティハード）を訴え続けてきた。

　イジュティハードとは、イスラーム諸学、とりわけ法学で未知の問題に対して、個人の思索と知識を動員して答えを導き出すことを指す。近代のイスラーム改革思想の隆盛の中で、その重要性はウラマーや知識人の間で広く認識されるようになった。ただ、古典理論では学識ある限られたウラマーにのみ許される行為だが、現代ではイジュティハードがイスラーム改革のための有力な手段として世俗教育出身者の間でも広く認識される中で、その実践の方法が新たな問題の焦点となっている。

　アブルファドルの思想の特色は、イスラームの思想改革の必要性を訴えながらも、このイジュティハードの濫用に抑制的な態度をとる点である。彼は、イスラーム法学の専門的な知識を持たない者が、イジュティハードの名のもとに、改革志向であろうと結果ありきで厳密な方法論を欠く法解釈を行うことを批判している。サラフィー主義者の台頭を含む現代イスラーム思想の諸問題は、専門知を欠く人びとによるイジュティハードの濫用

ではなく、「誠実かつ批判的にイスラームの遺産と関わり、これを尊重するとともに、イスラームの名の下に行われているあらゆる過激な醜い行為に対しても、誠実かつ批判的に対峙する」知的なコミットメントと活動によってのみ対処しうるものなのである[11]。イスラーム法解釈の見直しは時代状況に応じて常に行われるべきだが、それは国家からの独立を取り戻したウラマーが、シャリーアの道徳的価値に通じた信頼のおける存在として、市民社会における調停者という役割を果たすことによってはじめて可能となる[12]。

　反知性主義や過激派への対抗といった問題に関連して、アメリカに生きるムスリム知識人としての彼の言論にもごく簡単に触れておきたい。彼は欧米に蔓延するオリエンタリズムやイスラモフォビアも当然問題視しており、サラフィー主義者とオリエンタリストが、歴史への無関心や本質主義的な態度を同じくしていること、イスラモフォビア的な論調の欧米の著作がアラビア語に翻訳され、過激派の反西洋的な世界観を正当化するのに用いられていることも指摘してきた[13]。

　こうしたイスラモフォビアやオリエンタリズム、反知性主義と向き合い、憎悪が連鎖する構造を断つための彼の提案は、一見単純である。それは、(1) 他者と共感的に関わること、(2) 言説の透明性と誠実さを心がけること、(3) 自己批判を絶やさないこと、などからなる道徳的な企てに携わることであり、これはクルアーンに記された「互いに知り合うこと（タアールフ）」という理念に通じるものである[14]。彼によれば、共感的な相互理解を呼びかけることは、一見ナイーヴでむなしい試みに見えるが、「長期的に見れば他に道徳的なオルタナティヴはない」ものであり[15]、最終的にはヒューマニズムへの信頼に基づいて、この問題の解決をめざしていることが見てとれる。その意味で、ポスト植民地主義の問題や反知性主義、過激派の問題を乗り越えるという課題を、ムスリム自身の責任として引き受けつつ、宗教を超えてともに取り組みうる問題としてもとらえているのである。

2 イスラーム主義を乗り越える

　植民地化や西洋法中心の法体系に対する不満を背景として、イスラーム主義運動が盛んとなったことは前節で触れたが、アブルファドルはこれに対しても批判的な視座に立つ。

　アブルファドルはイスラームと民主主義の関係をめぐる論客としても知られている。彼はイスラームの究極の目的を「正義」と考える。人類は神の「地上における代理人」であり、人類そしてムスリムは、正義の実現にむけて、善を勧め悪を禁じる義務を負う[16]。しかし、具体的な政治体制のレベルにおいては、立憲民主主義に基づく政体のみが人間の権利や法の支配、アカウンタビリティといった価値を保障し、国家による不正をただす機関へのアクセスを保障しうると考えている[17]。

　かつて 20 世紀のイスラーム政治思想では、民主主義を人民主権が前提の外来の思想とみなし、これとクルアーンに示された「神の大権」が矛盾するのではないかといった、イスラームと民主主義の両立可能性に否定的な議論もみられた。しかし現在では、アラブの各国でイスラーム主義政党が結成され、合法的な政治参加を模索する流れも一般的となり、イスラームと民主主義の両立を自明のこととする著作が数多く出版されている。こうした著作の中では、クルアーンにも登場する「諮問・協議」を意味するアラビア語である「シューラー」がしばしば引き合いに出された。「イスラーム的民主主義」で知られるイスラーム主義の論客の代表格に、チュニジアのナフダ党の指導者であるラーシド・ガンヌーシー（1941-）や、かつて穏健派ウラマーの代表格として世界的に有名な存在となったユースフ・カラダーウィー（2022 年没）などがいる。

　しかしアブルファドルは、イスラームと民主主義をうたう論者たちの多くが、イスラーム諸学への知識を欠くか、民主主義の理論に対してきわめて表面的な理解しか行っていないと批判する。ムスリムが人口の多数派を占める国において、ムスリムであることを政治的な多数派と同一視するような発想や、民主主義を単に多数派による意思決定とみなすような論調に、彼はきわめて批判的である。

彼は、権利より義務を強調するような思想に疑問を呈するとともに、神と、その存在に個人として向き合うムスリムという関係論的認識に基づいて、集団の権利より個人の権利の方がイスラーム的伝統においては正当化しやすいと論じている[18]。「シューラー」という概念ひとつをとっても、これを安易に援用すればよいわけではなく、その結果が正しいとは限らないからこそ、個人の権利に関する言説を充実させることが必要なのである[19]。特定の集団ではなく個人の保護に重点を置き、民主主義の精神や営みに対して絶え間ない関わりを求めていくという点で、彼の思想はウラマーに対しても、世俗教育を受けた知識人に対しても、厳しい要請を行っている。

アブルファドルは、イスラーム主義そのものを一概に否定しているわけではない。たとえば 2010 年代初頭のいわゆる「アラブの春」については、一部の地域でイスラーム主義勢力が躍進した事実はあるものの、イスラーム主義者も一枚岩ではないという認識のもと、革命そのものは、真にその土地に根ざしたムスリム自身の伝統とかつての植民者たちの伝統の融和を構想する最初の機会となりえたはずだと論じる。イスラーム主義か世俗主義かという選択自体は彼にとっては本質的なものではなく、その政治体制を通じていかなる道徳的価値が実現されるかが問題なのである[20]。彼はイスラーム主義に与さないが、イスラーム思想の伝統の中にある語彙を用いて、民主主義に関する理論が蓄積されていくこと自体は、高く評価している。

しかし根本的には、神意を理解しようとする人間の営みが、無謬ではない不完全なものである以上、特定のイスラーム法解釈を強制するようなイスラーム国家の樹立は不可能であると論じる。こうした人間の不完全さと、近代国家が持つ権力の強大さに照らして、アブルファドルは、シャリーアはイスラーム諸国における自然法として認知されるべきものであるとして、イスラーム的な政治体制において、これを具体的な法として採用することは否定する。彼にとって、公共圏におけるシャリーアはあくまで「共同体のシステムの中でいかに善きムスリムであるべきかに関する現在進行形の言説、人類社会において善き人間であるためのメタ的なナラティヴ[21]」として機能すべきものである。シャリーアは究極の目的として、平和や平安

といった価値を含み、市民の間で道徳や神の性質をめぐる基準となるものである。そしてこうした価値は、正義、調和、愛情、他者へのケアといったものなしには存立しえないと彼は述べる[22]。

彼は国家権力に対して慎重な態度をとるものの、共同体の中で道徳的な価値の実現に向けた取り組みが行われること自体は重要であるという立場をとっており、他者の権利が守られるという前提のもと、政府がこうしたシャリーアをめぐる言説の促進を支援することも否定していない[23]。

ここで重要な役割を果たしているのが、「シャリーアの目的論」と呼ばれる理論である。「シャリーアの目的論」では、イスラーム法が保護しようとしている法益や価値に焦点をあてる。理論として洗練されたのは14世紀に遡るが、近代のイスラーム改革思想のなかで注目を集めるようになった。具体的には「宗教・生命・理性・子孫・財産」、あるいは「子孫」にかわって、もしくはそれに加えて「名誉」の五種または六種の価値を指すとする見解が一般的である。アブルファドルの場合、「宗教の保護」は「信教の自由」へと拡張されるべきといった、イスラームの古典理論では一般的ではない発言も行っている[24]。ここに、西欧的なリベラリズムに通じる可能性を持った主張が見いだせる。

かつてイスラーム主義者の間で見られた、イスラームと民主主義の両立を時に安易にうたう論調を超えて、ヒューマニズム的な理想とイスラーム諸学の緻密な方法論が共存している点に、アブルファドルの思想のユニークさがあるといえる。

一方、イスラーム諸学の方法論を重視する彼のこうした議論は、イスラームに関する専門知を持たないムスリムはどのように生きるべきなのかという問題をはらんでいる。しかし、彼が政治の目的と考える「正義の実現」、問題意識の根底にあるアラブ・ムスリムの「道徳的主体性の回復」という課題は、決して一般のムスリムとも無縁ではない。専門家の支援を受けることを前提としているものの、共同体の中で善きムスリムとして生きるということは、一人一人のムスリムの良心が問われるということでもある。彼の思想は、イスラーム法の規定の遵守を求めるものというよりは、ムスリムとして生きる、神に個人として服従するという概念をポジティヴに提示しなおすことによって、宗教の差異も超えて、人類全体での善や正

義の実現をめざしてゆくものなのである。

おわりに

　本章では、エジプトにルーツを持ち、現在はアメリカで活動するムスリム知識人であるハーリド・アブルファドルに注目し、彼の言論を通じて、近代以降のアラブ・イスラーム思想が置かれた状況や課題を叙述することを試みてきた。

　イスラームの名のもとに行われる暴力や不寛容への対処は、現代イスラーム世界にとって深刻な問題であり、これまで多くの知識人やウラマーが、問題の解決をめざして過激派を非難・論難する著作を執筆してきた。アブルファドルもこうした「反過激派」の知識人に位置づけることができるが、その議論は単に過激派を非難し、彼の考えるイスラームの精神を提示する次元にとどまるものではない。

　彼は宗教的暴力や不寛容を、市井のムスリムの間に蔓延する反知性主義という身近な問題としてとらえる一方で、アラブの近代化をめぐる困難の結果という、アラブ・ムスリムの歴史に関わる大きな問題意識に位置づけて理解しようとする。過激派や宗教的厳格派の台頭は、植民地政府あるいはそこからの解放をうたうポスト植民地国家がはらむ暴力のもとで、アラブ・ムスリムの道徳的主体性が喪われたことや、宗教教育が瓦解し、シャリーアをめぐる倫理的な営みが喪われたことと関係している。彼はこうした状況を解決すべく、イスラーム教育の復興をめざすとともに、ムスリム一人一人がイスラーム思想の伝統に向き合い、善を追求する主体として生きることを要請している。

　また、アブルファドルの思想は、「世俗的近代」に対する問題意識から出発した政治的イデオロギーであるイスラーム主義に対しても、批判的な視座を提示するものである。彼は、かつてムスリムの間で自然法として機能してきたシャリーアが、近代以降にその地位を喪っていることを指摘するが、こうしたシャリーアの地位低下という問題意識自体は、多くのイスラーム主義者にも共通するものである。しかし、国家が持つ権力に対する慎重な態度と、神意を完全に理解することは不可能であるという考えから、

彼はイスラーム主義者が唱えるような、シャリーアを国法として採用する思想に同意しない。そうではなく、シャリーアを自然法として参照しながら、善きムスリムとして生きることをめぐる公共の言説を充実させていくこと、イスラーム思想の伝統を批判的に再解釈しながら民主主義の理論を蓄積すること、これらを通じて世界における正義の実現をめざすことに、彼の思想の主眼がある。

　いわゆる「アラブの春」を経験したものの、民主化の後退が進むアラブ諸国の多くでは、イスラーム主義勢力も後退状況にある。こうした状況にあって、イスラーム主義とは異なる方法論でシャリーアと現代社会の新たな関係性を模索する彼の思想は、今後のアラブ諸国のみならず、西洋の公共圏におけるイスラームの位置づけや、宗教や文化的背景の異なる市民の共生を実現するうえでも重要な指針になりうるだろう。

　アブルファドルはヒューマニズムの精神に基づいて、道徳的な価値へのコミットメントを強く示すことによって、イスラーム諸学の伝統に依拠しながらも、新たな改革主義の道を拓こうとしている。その言論は、21 世紀のイスラーム思想の新たな展開のひとつと位置づけうるものである。

【注】

1)　末近浩太『イスラーム主義──もう一つの近代を構想する』岩波書店、2018 年、3 頁。

2)　一般読者向けの著作として、以下のものがある。Khaled Abou El Fadl, *The Great Theft: Wrestling Islam from the Extremists,* paperback edition, New York, HarperCollins, 2007（邦訳はカリード・アブ・エル・ファドル『イスラームへの誤解を超えて──世界の平和と融和のために』米谷敬一訳、日本教文社、2008 年）.

3)　Khaled Abou El Fadl, *Speaking in God's Name: Islamic Law, Authority and Women,* London, One World, 2001, p. 230.

4)　Bayard Dodge, *al-Azhar: A Millenium of Muslim Learning*, Washington, D. C., The Middle East institute, 1961, pp. 132-142. この点については、八木久美子『グローバル化とイスラム──エジプトの「俗人」説教師たち』世界思想社、2011 年、48-52 頁も参照。

5)　アズハル卒業者の就職市場での不利に対処するために、1961 年の改革以降、アズハルが従来擁していたシャリーア学部、アラビア語学部、神学部の三学部に加えて、

新たに薬学、医学、工学などの自然科学や社会科学系の科目が学べるようになったほ
か、アズハルで初等・中東教育を受けていない者に対しても、一定の条件のもと門戸
が開かれた。しかし、これらの教育改革や拡大政策の結果として、アズハルの学生数
は増加することとなったものの、むしろ、近代的な学校入試に失敗した者が流入する
など、学生の質の低下も目立つこととなり、根本的な近代教育の優位を覆す結果とは
ならなかった。Malika Zeghal, "Religion and Politics in Egypt: The Ulema of al-
Azhar, Radical Islam, and the State (1952-94)", *International Journal of Middle
East Studies*, 31 (3), 1999, pp. 376-378.

6) 堀井聡江『イスラーム法通史』山川出版社. 2004 年、212 頁。

7) 小杉泰「ウラマー」大塚和夫ほか編『岩波イスラーム辞典』、2002 年、205 頁。八
木久美子『グローバル化とイスラム』、52-56 頁。

8) Khaled Abou El Fadl, *Reasoning with God: Reclaiming Shari'ah in the
Modern Age,* Lanham, Rowman & Littlefield, 2014, pp. 39-43, 75-76.

9) Khaled Abou El Fadl, *Reasoning with God*, pp. 276-278.

10) Khaled Abou El Fadl, *The Great Theft*, pp. 285-286. この点をはじめ、アブル
ファドルの思想の特色については、筆者が過去に発表した研究報告で既に論じている。
本章の議論の一部は、以下の報告を発展させたものである。黒田彩加「アラブ革命以
降のイスラーム政治思想の新動向：ハーリド・アブルファドルにおける『イスラーム
民主主義』批判と『シャリーアの目的論』の連関を手がかりに」『立命館アジア・日
本研究学術年報』第 3 号、2022 年、124-132 頁。

11) Khaled Abou El Fadl, *Reasoning with God*, p. 281.

12) Khaled Abou El Fadl, "Islam and the Challenge of Democracy", In *Islam and
the Challenge of Demovracy: A Boston Review Book*, ed. Joshua Cohen and
Deborah Chasman, Princeton, Prinston University Press, 2004, p. 46.

13) Khaled Abou El Fadl, *The Great Theft*, pp. 286-287.

14) Khaled Abou El Fadl, *Reasoning with God*, pp. 159-160. たとえばクルアーン
の「部屋章」第 13 節に「人びとよ、われは一人の男と一人の女からあなたがたを創
り、種族と部族に分けた。これはあなたがたを、互いに知り合うようにさせるためで
ある」という記述がある。イスラーム思想において多元主義を論じる際にしばしば引
用される章句だが、「互いに知り合うこと（タアールフ）」は、これを前提とした記述
と考えられる。

15) Khaled Abou El Fadl, *Reasoning with God*, p. 159.

16) Khaled Abou El Fadl, "Reply", in *Islam and the Challenge of Democracy*,
p. 113.「善を勧め悪を禁じる」とは、クルアーンの「イムラーン家章」103 節「また、
あなたがたは一団となり、（人びとを）善いことに招き、公正なことを命じ、邪悪な
ことを禁じるようにしなさい」に関連する教えである。この章句から発展した勧善懲
悪の監督制度を「ヒスバ」と呼ぶ。歴史的には、主に市場の公正な取引を監督する監

督官の制度として発展してきたが、一部の地域では、いわゆる宗教警察の導入にもつながってきた。

17) Khaled Abou El Fadl, *The Great Theft*, p. 187.

18) Khaled Abou El Fadl, "Islam and the Challenge of Democracy", pp. 28-29.

19) Khaled Abou El Fadl, "Islam and the Challenge of Democracy", p. 18.

20) Khaled Abou El Fadl, *Reasoning with God*, pp. 102-103.

21) Khaled Abou El Fadl, *Reasoning with God*, p. 326.

22) Khaled Abou El Fadl, *Reasoning with God*, p. 326.

23) Khaled Abou El Fadl, *Reasoning with God*, p. 327.

24) Khaled Abou El Fadl, "Islam and the Challenge of Democracy", p. 41.

Ⅱ 過去の地層を巡る

中東のキリスト教遺産

——古代とイスラームのはざまの聖墓崇敬

辻　明日香

辻明日香（つじ　あすか）

1979 年生まれ。東京大学大学院人文社会系研究科博士課程修了。博士（文学）。現在、川村学園女子大学教授。

著書に Asuka Tsuji, "The Depiction of Muslims in the Miracles of Anba Barsauma al-'Uryan," in *Studies in Coptic Culture: Transmission and Interaction*, ed. Mariam Ayad, Cairo: The American University in Cairo Press, 2016. 辻明日香『コプト聖人伝にみる十四世紀エジプト社会』（山川出版社、2016）、辻明日香「イスラーム支配下のコプト教会」大黒俊二、林佳世子編『ヨーロッパと西アジアの変容　11 〜 15 世紀』（岩波講座 世界歴史 9、岩波書店、2022）。

はじめに

　エジプトに対するイメージ、と尋ねられた場合、何が思い浮かぶだろう
か。多くの場合、ピラミッドなど古代エジプトの文化遺産ではないだろう
か。中東社会に関心のある方ならば、イスラミック・カイロを想起される
かもしれない。この質問に対して、古代エジプト時代の終焉からイスラー
ム期が始まるまでのおよそ700年間の時期、すなわちローマ〜ビザンツ期、
美術史では一般にコプト期として知られる時代の文化遺産を思い浮かべる
方はどれほどいるだろうか。イスラーム期前夜、東地中海の大半はキリス
ト教化していた。彼らの遺産はどれほど残っているのであろうか。

　文化遺産とは、その文化を共有する集団の歴史、伝統、風習などを集約
した象徴的な存在として定義される。本章においては、「遺産」といって
も、「残っているように見える」ものについて考えてみたい。「残っている
ように見える」ものでも、実際に連綿と受け継がれてきたものなのか、あ
るいは断絶ののちに発見されたものなのか、はたまた「創造」されたもの
なのか、様々な形が想定される。もう一点考えたいのは、「誰の」文化な
のか、という問題である。異なる複数の文化が重なりあう「文化遺産（記
念物／建造物群／文化的景観）」を目にした場合、これは彼らが「共有」す
る、あるいは「融合」したものであると考えたくなる。確かに、「共有」
されたものも、「（文化が）融合」したものもあるだろう。と同時に、実は
かつてその文化を有していた集団から「奪った」ものであったりもする。

　ここで想定されるのは、2017年に世界遺産として登録されたパレスチナ
自治区の都市ヘブロンのアルハリル旧市街である。ここにはマクペラの洞
穴と呼ばれる、アブラハムをはじめとする「民族の父母」の墓がある。ユ
ダヤ教とイスラームの文化遺産でありながら、20世紀末にここでムスリム
が銃殺されるという痛ましい事件があった。実はここにビザンツ期から十
字軍期にかけ、教会があったことはどれほど認識されているだろうか。

　中東におけるキリスト教文化の遺産をどのように認知できるか。同じ社
会に二つ以上の宗教文化が存在する場合、何が起きるのか。共存か、対抗
か、融合（シンクレティズム）か。文化の抹殺は起こりうるのか、その場

合のメカニズムはどのようなものか、といった問題を考えてみたい。

1　拮抗する宗教文化

　本節では西アジアにおいて二つの宗教文化が拮抗し、片方が消えていった時代について取りあげる。ある程度そのプロセスがわかっている事例としては、一つは古代ローマ〜ビザンツ期エジプトである。3世紀以降、エジプトはキリスト教化していくが、アスワンのイシス神殿は6世紀までは機能していた。古代エジプトの多神教社会とキリスト教社会という二つの重なりあう信仰社会を研究したD. フランクフルターは、古代末期のエジプトでは古代エジプトの信仰がキリスト教の中に混淆していった、すなわちシンクレティズムが起きていたことを示した[1]。

　もう一つは13-15世紀の東地中海沿岸地域、すなわち十字軍撤退後のパレスチナとシリア、ひいてはエジプトである。この時代、上述した地域では社会の「イスラーム化」が最も進展した[2]。「イスラーム化」とは様々な要素を含みながらも、最終的には改宗が進展した現象として定義される。逆説的に、13世紀頃までエジプトをはじめとする東地中海沿岸地域において、人口のある程度はいまだキリスト教徒であったのである。

　この「イスラーム化」の過程を「二つの重なりあう信仰社会」としてどのようにとらえるか、という問題に関しては、12-16世紀のアナトリア半島におけるスーフィー（イスラーム神秘主義者）による改宗活動とキリスト教文化の衰退に関する研究が興味深い。20世紀前半、考古学者のF. ハズラックはスーフィーの信仰をキリスト教とイスラームとのシンクレティズムとしてとらえ、両宗教に属する人々が崇敬する墓所などを「共有される空間」として定義した[3]。2010年代にT. カースティックはハズラックの学説の批判と再考を行ってシンクレティズム説を否定し、地元の人々が崇敬する空間にてスーフィーによる奪取が起きていたという見解を示した[4]。

　もちろん、すべてのスーフィーがいつの時代もこのような活動をしているわけではない。スーフィー（あるいは彼らが所属する教団）の活動については、その地域性や時代性も考慮に入れる必要がある。13-15世紀の東地中海沿岸地域では、アナトリア半島同様、各地でスーフィーによる「聖な

る空間を奪取」する行動、言い換えれば「イスラーム化」を推進するような活動が行われていた。例えば 14 世紀半ばのパレスチナにおいては、あるスーフィーが弟子たちを連れてエルサレム南方のキリスト教徒の村に移り住み、数年間にわたりキリスト教徒住民に嫌がらせをしたところ、キリスト教徒の一部は改宗し、一部は村を去ったという逸話が伝わっている[5]。

2　対抗する聖人——コプト聖人バルスーマーを例に

　スーフィーたちを権威づけたのは彼らのカリスマであり、多くの場合それは彼らの奇跡を起こす能力に由来するものであった。マムルーク朝期（1250-1517 年）エジプトやシリアでは、このような奇跡を起こすムスリム聖者への崇敬が興隆した。ムスリム聖者（広義にはスーフィー）はしばしば「イスラーム以前からの土着の信仰や儀礼が色濃く反映」していたと説明されるが[6]、エジプトやシリアは古代末期にほぼ完全にキリスト教化しており、「土着の信仰」とは何を指しているのか、という疑問がわく。

　このような状況に対抗するためか、例えば 14 世紀のエジプトでは地元のキリスト教会であるコプト教会の聖人の活躍が目立つようになった。ここで 13 世紀後半から 14 世紀前半に生きた、コプト教会の聖人「裸の」バルスーマー（あるいはバルサウマー）を紹介したい。『バルスーマー伝』によると、バルスーマーはカイロの官僚の家に生まれたものの、10 代のときに両親をなくし、叔父に財産を騙し取られたこともあり、俗世を捨てたという。厳しい修行の後、腰布一枚でフスタートの教会の梁の上で暮らし、1301 年のズィンミー取締り令に抗議し、投獄された。釈放後はカイロ郊外のシャフラーン修道院に移り、修道院の屋根の上で修行した[7]。

　バルスーマーの屋根の上での修行は、誰を意識しているのだろうか。古代からの伝統としては、5 世紀にシリア北東部（アンティオキアの後背地）で活躍した、柱頭行者シメオン（459 年没）の存在を指摘できる。シメオンのような、柱の上で修行する隠遁者の姿はビザンツ世界から広くはジョージアやガリア地方まで伝わり、その存在と崇敬は現在まで続いている。この時代に特有、とするならば、バルスーマーが活動したのは 14 世紀初頭であることを考えると、それに先行して屋根の上で修行していたスーフ

ィー聖者、アフマド・アルバダウィー（1276年没）の影響が思い浮かぶ。

　バルスーマーの奇跡譚には蛇が度々登場する。蛇の調伏はバルスーマー
が暮らしたシャフラーン修道院周辺に蛇が出るからかもしれない。同時に、
これは「聖なる人」が果たすべき役割として、古代エジプト以来の伝統を
指摘できる。蛇の調伏は古代エジプトの神官が担っていた役割であったも
のの、古代末期にキリスト教の聖人が担うようになったものの一つであっ
た。上述した柱頭行者シメオンも、蛇の調伏で知られている。ムスリム聖
者への対抗という意味においては、エジプトのスーフィー教団の一部は蛇
の調伏にて有名である。すなわち、このような奇跡譚が記録された背景に
は、上記のような風土的理由もあるかもしれないが、伝記作者がキリスト
教の伝統やムスリム聖者の存在を意識していたゆえ、という可能性も指摘
できる。

　このように、バルスーマーのような14世紀のコプト聖人は古代末期以
降、連綿として活動するキリスト教的隠者の末裔としてとらえることもで
き、またこの時代特有の存在としてとらえることもできる。前者であれば、
彼らは古代エジプトの神官の機能を受け継いだ、あるいは奪取した存在で
ある。後者であるならば、上述したアフマド・アルバダウィーとその弟子
たちの他に、13世紀以降、東地中海地域に進出したスーフィー教団である
カランダリー教団など、奇異な風体で放浪し、施しを求め動物を馴らすこ
となどで有名なスーフィーたちの存在も考慮に入れるべきかもしれない[8]。

　今日のエジプトにおいてもスーフィー文化は生き続けており、アフマ
ド・アルバダウィーの墓廟は彼のマウリド（生誕祭）の際に膨大な数の参
詣者を集める。と同時に、コプト聖人バルスーマーも人気のある聖人であ
る。本節を締めくくるにあたり、二つの信仰社会が重なりあう時代におい
ては、劣勢な方も全く抵抗なしに消えていったわけではないことを強調し
ておきたい。中東の歴史やその遺産を考える際に、「土着の信仰」という
ややもすれば差別的な言葉で先行する文化を矮小化せずに、その存在と今
日への影響を認知してほしいと考える次第である。

3　聖墓参詣をめぐる議論

　バルスーマーの墓所は参詣の対象となった。『バルスーマー伝』は、その墓にてバルスーマーへ執りなしを願う人々について伝えている。「墓にて執りなしを願う」とは、マムルーク朝期に盛んになったイスラームの聖墓参詣の慣習を想起させる。聖墓参詣の慣習はイスラームにおいても長い歴史をもつが、15世紀の歴史家マクリーズィーによると、13世紀前半から集団参詣が行われるようになったという[9]。

　この聖墓参詣とそこで行われる儀礼は13世紀末から14世紀初頭にかけイブン・タイミーヤ（1328年没）が「キリスト教徒（や多神教徒）の習慣」として批判したものである。イブン・タイミーヤはダマスクスとカイロを行き来したその後半生において、聖墓参詣を批判する100以上のファトワーや論考を著したことで知られる。その中で彼はキリスト教徒や多神教徒の（ものとして分類される）異端（ビドア）の聖墓参詣（ズィヤーラ）と、シャリーアに則した聖墓参詣を区別している。

　前者には「墓にて執りなしを願う」ことも含まれている。イブン・タイミーヤは「墓のそばで長居したり、墓石に触れたり口づけしたり、墓地で祈ったりすることは、多神教の慣習に由来する」と批判している[10]。このような崇敬は「キリスト教徒や多神教徒のやり方を真似たものであり、（創造主ではなく）被造物を崇拝することになる」と警告し、墓で祈ることが有効だと一般的に考えられていることに対して反証を加えている。

　イブン・タイミーヤの聖墓参詣に対する強い批判は、当時、一般のムスリムだけでなく、知識人であるウラマーにも受け入れられずにいた。それほど聖墓参詣の慣習は社会に浸透していたということであろう。イブン・タイミーヤの批判は神学論争的な側面からとらえられがちであるが、本節冒頭に取りあげたコプト聖人バルスーマーの墓にての執りなし祈願を考慮に入れると、この批判はあながち実態から外れたものではない可能性を指摘できる。イブン・タイミーヤの論考執筆の背景には、カイロにてもダマスクスにても、聖墓参詣をするムスリムのすぐ横に似た慣行を保持するキリスト教徒（とユダヤ教徒）がいたことを考慮に入れるべきであろう[11]。

　ところで、エジプトのキリスト教徒における「墓にて執りなしを願う」慣習は、古代の教父たちに「エジプト人の習慣」として批判されたものである。ローマ期以降のキリスト教世界では聖人の墓を訪れ奇跡を期待する習慣が見られたが、これは古代エジプトの神殿参籠の慣習を継承した「異教的」な慣習であるとして、アレクサンドリア主教アタナシオス（373年没）や教父シェヌーテ（465年没）が批判している。

　聖アントニオス（356年没）は死後このような崇敬を受けることを忌避して、誰にもわからない砂漠の墓に埋葬されることを選んだとされる。上述したアタナシオスが著した『アントニオス伝』によると、アントニオスは弟子たちに別れを告げる際、「私の（遺）体をエジプトに運ぶことを誰にも許さないように。彼ら（エジプト人）が（アントニオスの遺体を）自分たちの家に置くことがないよう」と述べたと記されている。コプト史研究者の D. ブラッケは、アントニオスの最期の描写はアタナシオスの当時の聖墓崇敬に対する態度が強く反映されている、と解釈している[12]。

　『アントニオス伝』では、アントニオスは「エジプト人」の「高貴な人、とりわけ殉教者の遺体を亜麻布につつみ家の中に安置する習慣」を忌避した、とされる。この「エジプト人」という表現は、アタナシオスの頭の中では遺体の保存がエジプトの伝統的宗教や文化、すなわち「異教」と結びついていることを示唆している[13]（批判していることで、逆説的にそのような慣行が継承されていたことが窺われるのである）。

　このような批判にもかかわらず、例えば（伝説上の）殉教者メナスの墓廟は4世紀後半以降地中海一帯から幅広く参詣者を集めることとなった。S. ルベンソンは、古代エジプトの死生観、とりわけ来世のために死体を保存する習慣は上述した4-5世紀の議論に間違いなく影響を与えたとし、ミイラづくりの習慣は6世紀頃まで続いたことも指摘している[14]。

　聖人の遺体を安置する習慣は、さらに長く続いていたかもしれない。13世紀初頭に著されたコプト教会の書『教会と修道院の歴史』は、祭りの際に教会から聖人の遺体を運び出して祝う風習を複数伝えており、20世紀初頭にワーディー・ナトルーンの聖マカリオス修道院を訪れたイギリス人女性は、古い棺台の上に安置された聖人の三遺体（うち一体はアントニオスの弟子とされる）について伝えている[15]。

　現代においても、コプトは教会にて聖遺物に願掛けをしたり、その近くで寝たりすることでその力（バラカ）を授かろうとしたりする。菅瀬晶子が「コプト正教に顕著にみられる特徴として、もっとも特異なのは聖遺物、ことに聖人の遺体への熱狂的な崇拝であろう」と述べているように[16]、菅瀬のような中東のキリスト教徒研究者からも、コプトの聖遺物崇敬はやや奇異にうつるようである。古代エジプトの、遺体に神聖な価値を見出す伝統がコプト教会の殉教者崇拝の確立に多大な影響を与えたことは多くの研究者が同意するところである。イスラーム期においてコプト教会の聖人／聖墓崇敬がどのように展開したか（ムスリムとの相互作用もあったことと思われる[17]）は今後の課題としたいが、ここではまず、イブン・タイミーヤが聖墓参詣に対して行った批判には一定の裏付けがあること、現代も展開するムスリムの聖墓参詣の慣習には、少なくとも東地中海沿岸地域においてはキリスト教徒の慣習が影響を与えているであろうこと、そのような形で中東のキリスト教の文化遺産が継承されているであろうことを指摘しておきたい。

4　奪われた遺産

　J. メリは、中東の聖墓参詣について、「奉納品、ろうそく、拝礼、接吻などの基本的な儀礼は、ユダヤ教徒、キリスト教徒、イスラム教徒のいずれにも属さない。中東の環境の中で、その実践には自然な類似性が存在していた。カルメル山のエリヤの洞窟、イラクのエゼキエルの祠、エルサレム郊外のサムエルの墓など、イスラム教徒、ユダヤ教徒、キリスト教徒が一緒になって礼拝した祠があることからも、預言者への崇拝は普遍的なものであったことがわかる」と述べている[18]。聖墓参詣のあり方や預言者への崇敬は確かにそれは普遍的なものであるかもしれないが、その墓が誰のものであるか、ということは現代においてもしばしば紛争の種となっている。

　また、歴史の中においてもメリが述べたような環境は必ずしも通時的に保証されているものではない。「はじめに」にて言及した、伝統の奪取か、継続かという問題に関しては、パレスチナのヘブロンにおけるアブラハム

の墓（通称マクペラの洞穴）の歴史的利用について述べておきたい。ヘブロンにおけるアブラハムの墓の起源は明らかでない。ヘロデ王による建造物があったと言われるが、確固たる証拠はない。ビザンツ期に、ここにバシリカが建立され、キリスト教徒やユダヤ教徒による参詣が始まった。イスラーム期に入ると「アブラハムのモスク」に建て替えられたものの、十字軍がこの地を支配下に置くと教会に戻った。このとき、十字軍によってアブラハムらの聖遺物が発見されている。十字軍期も異教徒の参詣は可能だったようであり、ユダヤ教徒であるマイモニデスらの参詣記録が残されている。1188 年サラディンがエルサレムを奪還すると再びモスクになるが、異教徒の参詣は継続していた[19]。

　状況が大きく変わるのは、1265 年にマムルーク朝のスルタン・バイバルス（在位 1260-77 年）がエルサレムに入城した後のことである。この頃バイバルスは大シリア地方、エジプト、ヒジャーズにおけるイスラームの預言者、教友、聖者にまつわる聖廟の修復や再建を始めており、ヘブロンのアブラハムの墓では、墓とその周辺に改修が施され、キリスト教徒とユダヤ教徒の立ち入りが禁止された[20]。13 世紀後半、アブラハムの墓は実質的にムスリムのみのものとされたのである（15 世紀にはユダヤ教徒も参詣できるようになっていたようではある）。

　さらに、エルサレムからエリコに通じる道には、モーセの墓廟がつくられた。旧約聖書には「誰も彼（モーセ）が葬られた場所を知らない（申命記 34.6)」とあるため、奇妙な話ではあるが、12 世紀頃にはこの地にモーセの墓として知られるものが存在していたようである。モーセ（アラビア語ではムーサー）は『クルアーン』において諸預言者の中で最も言及が多い預言者である。墓廟を建立することにより、バイバルスは言い伝えを事実へと転換させ、新たな崇敬地を創設したのである[21]。

　このとき近隣に位置するギリシア正教会のマール・サバス修道院の一部が破壊され、その石材がモーセの墓廟に使われたという。この墓廟にはこの他にもエルサレム周辺の教会や修道院の遺構が廃材として再利用されているようであるが、これは十字軍からムスリムへの権力と権威の移譲を象徴的に示すものであるのかもしれない[22]。

　キリスト教の伝統では、エルサレムからエリコへの道は、洗礼者ヨハネ

がヨルダン川で洗礼を受けるために通った道とされており、十字軍期、聖地巡礼の主要なルートの一つであった。モーセの墓廟の建立はエルサレムからエリコまでの領域をキリスト教徒から「再征服」し、「イスラーム化」させる意図もあったのであろう。モーセの墓廟の祭りは20世紀初頭までギリシア正教会の暦に合わせて行われていたとのことである。これは墓廟の場所がエルサレム周辺で最大規模のギリシア正教会の修道院付近であることを考えると、当然のことであるのかもしれない。

ところで、前節で取りあげたイブン・タイミーヤは、ヘブロンにあるアブラハムの墓といった預言者たちの墓に参詣すること（だけを目的とした旅）については推奨されていないと述べている。また、ノアやアブラハムといった旧約聖書の預言者たちの墓として誤って帰せられている墓があるとも指摘している[23]。イブン・タイミーヤはこれらをファーティマ朝期の過ちとしているが、実はこのような「誤って帰せられている」墓はバイバルスの政策に基づいた意図的なものである場合もある。

バイバルスは十字軍の拠点を征服／奪還する過程において、十字軍が建立した教会を破壊し、その跡地にモスクを建立している[24]。これらはバイバルスを聖地の守護者として位置付け、支配の正統性をはかることを目的としていたと考えられるが、彼のもと、（サラディン以降推進されていた）エルサレムとその周辺の「イスラーム化」が急速に進展することとなった。その極端な例として、バイバルスも崇敬したスーフィーの一人がエルサレム郊外にあったグルジア正教会の修道院に侵入し、修道院長を殺害し、修道院をハーンカー（スーフィーの道場）に変えたという逸話がある[25]。

ヘブロンへのムスリムの参詣は古くから行われていたようであるが、ヘブロンにあるアブラハムの墓への参詣が慣習化したのは、サラディンがパレスチナの大部分を再征服した後のようである[26]。このように、イスラームの伝統におけるヘブロンとアブラハムの墓への崇敬はイスラーム史上比較的新しいものであったが、バイバルスは伝統の確立と永続のために、墓廟で働く人々やその周辺に住む人々、訪問する人々のための費用として、財産を寄進（イスラーム法においては、ワクフを設定）している。このバイバルスがワクフとして設定した近隣の村の一部は、十字軍期に聖墳墓教会などに寄進された財産の一部であった[27]。

　もちろん、キリスト教徒もローマ期のエルサレムにて同じことをしていることは指摘しておかねばならない。また、イスラーム期の東地中海沿岸のムスリム、キリスト教徒、ユダヤ教徒による聖墓参詣には相互影響の部分が大きいであろう。聖地の設置は地域の文化に後進の宗教文化を定着させ、既存の社会的ネットワークに同化させる機会を提供するものである。また、先行する宗教文化は新しい宗教文化に取り込まれることで保全され、再構築されるという側面もある。しかし、その社会について学ぶ／研究する立場にある我々は、その背後にある歴史、そこで「消えたもの、消されたもの」に対しても注意を払うべきではないだろうか。

おわりに

　以上、中東における、二つの宗教文化が重なりあい、一つの文化が消えていく過程について、聖人／聖者崇敬と聖墓崇敬という二つの事象から考えてみた。現存する聖墓の多くは12世紀から13世紀にかけて出現したものであり、その一部はかつてキリスト教やユダヤ教の墓であった。本章の冒頭において「残っているように見える」遺産について述べた。中東の文化遺産、とりわけムスリムの聖墓参詣に関連するものについて考える際、その歴史的背景にも注意を払うべきであろう。現代の感覚からは聖人崇敬や聖墓参詣における文化の共存や融合、残存を強調したいが、当時の現場としては文化の奪取が起きていたのである。そして、近年ヘブロンにおいてはユダヤ人入植者によるパレスチナ人への嫌がらせが先鋭化しており、まさに「土地と文化の奪取」が起きているのである。

　本章の「はじめに」に戻ると、その地域の「遺産」のうち、何をユネスコの世界遺産に登録したいか、それを誰のものとするか、という問題はしばしば政治的な問題となる。今日においては小数派となっているコミュニティの「遺産」を可視化し、その国／地域の「遺産」として位置付けることは、そのコミュニティにとってはエンパワーメントになる。エジプトのコプト教会に関しては、その外郭団体が彼らの文化遺産の記録に熱心に取り組んでいる。彼らの努力が何らかの形で実ることを願う次第である。

本章は科研費 22H00709、13J08962 の成果である。

【注】

1) David Frankfurter, *Christianizing Egypt: Syncretism and Local Worlds in Late Antiquity*, Princeton: Princeton University Press, 2018.

2) E.g. Thomas A. Carlson, "When Did the Middle East Become Muslim? Trends in the Study of Islam's 'Age of Conversions'," *History Compass* 16, no. 10 (October 2018): e12494. https://doi.org/10.1111/hic3.12494.

3) Fredrick W. Hasluck, *Christianity and Islam under the Sultans,* ed. M. Hasluck, 2 vols., Oxford: Oxford University Press, 1929.

4) Tijana Krstic, "The Ambiguous Politics of 'Ambiguous Sanctuaries': F. Hasluck and Historiography on Syncretism and Conversion to Islam in l5th- and l6th Century Rumeli," in *Archaeology, Anthropology and Heritage in the Balkans and Anatolia: The Life and Times of F. W. Hasluck*, ed. David Shankland, Vol. 3, Istanbul: Isis Press, 2013, pp. 247-262.

5) Nimrod Luz, "Aspects of Islamization of Space and Society in Mamluk Jerusalem and its Hinterland," *Mamluk Studies Review* 6 (2002), pp. 145–149.

6) 例として「アフマド・アルバダウィー」『岩波イスラーム辞典』など。

7) 詳しくは辻明日香『コプト聖人伝にみる十四世紀エジプト社会』山川出版社、2016 年を参照。

8) Ahmet T. Karamustafa, *God's Unruly Friends: Dervish Groups in the Islamic Middle Period 1200-1550*, New edition, Oxford: Oneworld Publications, 2006, pp. 52-53. カランダリー教団は 13 世紀にはシリアのダマスクスで活動しており、1325 年までにはエジプトのカイロやダミエッタにおける活動も確認されている。

9) Christopher S. Taylor, *In the Vicinity of the Righteous: Ziyāra and the Veneration of Muslim Saints in Late Medieval Egypt*, Leiden: Brill, 1999, p. 63.

10) Ibn Taymiyya (d. 1328), *Majmū'at al-Fatāwā*, ed. 'Āmir al-Jazzār and Anwar al-Bāz, Mansura: Dār al-Wafā', 1997, Vol. 27, pp. 22, 48.

11) 聖墓参詣の慣行はエジプトのユダヤ教徒（ラッバン派）にも共有されており、10 世紀のラッバン派の人々は墓地で夜をあかしたり、死者に執りなしを求めたりしていたようである。Leon Nemoy, *Karaite Anthology: Excerpts from the Early Literature*, New Haven: Yale University Press, 1952, pp. 115-116.

12) Vita Antonii 91.6 (Athanasius, *The Life of The Life of Anthony: The Coptic Life and the Greek Life*, translated by Tim Vivian et al., Kalamazoo, Mich.: Cistercian Publications 2003.); David Brakke, "'Outside the Places, Within the

Truth': Athanasius of Alexandria and the Localization of the Holy," in *Pilgrimage and Holy Space in Late Antique Egypt, 445-481*, ed. David Frankfurter, Leiden: Brill, 1998, pp. 445, 454.

13) *Vita Antonii* 90.1. 一般に、これはヘロドトスが伝える、死んだ家族をめぐるエジプトの伝統的な風習で、エジプトのキリスト教徒はこれらの習慣を続けていたと解釈されている。Herodotus, *Histories* II, 85-90（松平千秋訳『ヘロドト　歴史』上、岩波書店、2008 年、244-246 頁）; Brakke, "'Outside the Places, Within the Truth,'" pp. 455-456.

14) Samuel Rubenson (ed.), *The Letters of St. Antony: Monasticism and the Making of a Saint*, Minneapolis: Fortress Press, 1995, p. 101.

15) *Tārīkh al-Kanā'is*, Munich, MS Cod. arab. 2570; Agnes Smith Lewis, "Hidden Egypt," *The Century Illustrated Monthly Magazine* 68 (1904), p. 755.

16) 菅瀬晶子『新月の夜も十字架は輝く――中東のキリスト教徒』山川出版社、2010 年、13 頁。

17) この部分に関しては大稔哲也『エジプト死者の街と聖墓参詣――ムスリムと非ムスリムのエジプト社会史』山川出版社、2018 年を参照。

18) Meri, *The Cult of Saints*, p. 140.

19) Nancy Miller, "Patriarchal Burial Site Explored for First Time in 700 Years," *Biblical Archaeology Society* 11-3 (May – June 1985), pp. 26-43.

20) Ibn Shaddād (d. 1285), *Ta'rīkh al-Malik al-Ẓāhir*, ed. Ahmad Ḥutayt, Wiesbaden: Franz Steiner, 1983, p. 350; Yehoshu'a Frenkel, "Baybars and the Sacred Geography of the Bilād al-Shām: A Chapter in the Islamization of Syria's Landscape," *Jerusalem Studies on Arabic and Islam* 25 (2001), p. 158.

21) Hana Taragan, "Holy Place in the Making: Maqām al-Nabī Mūsa in the Early Mamlūk Period," *ARAM Periodical* 19 (2007), p. 629.

22) al-Ulaymī (d. d. ca. 522), *al-Uns al-Jalīl bi-Tarīkh al-Quds wal-Khalīl*, ed. Muḥammad Mūsā al-Muḥtasib, Amman: Maktabat al-Muḥtasib, 1973, Vol. 2, p. 153; Taragan, "Holy Place in the Making," p. 625.

23) Ibn Taymiyya, *Majmū'at al-Fatāwā*, Vol. 27, pp. 16, 113-114 など。

24) al-Ulaymī, *al-Uns al-Jalīl*, p. 153.

25) Ibn Shaddād, *Ta'rīkh al-Malik al-Ẓāhir*, pp. 273-274; P. M. Holt, "An Early Source on Shaykh Khaḍir Al-Mihrānī," *Bulletin of the School of Oriental and African Studies* 46-1 (February 1983), pp. 33–37.

26) Daniella Talmon-Heller, *Islamic Piety in Medieval Syria: Mosques, Cemeteries and Sermons under the Zangids and Ayyūbids (1146-1260)*, Leiden: Brill, 2007, p. 201. 13 世紀になって初めて、アル・ハリール（イスラームにおけるアブラハムの呼称）がヘブロンの名称として登場する。

27) Ibn Shaddād, *Ta'rīkh al-Malik al-Ẓāhir*, p. 351; Taragan, "Holy Place in the Making," p. 626; Frenkel, "Baybars and the Sacred Geography of the Bilād al-Shām," pp. 160-161.

中世イスラムの食卓

尾崎貴久子

尾崎貴久子（おざき　きくこ）
1969 年生まれ。1991 年東京外国語大学アラビア語学科卒業、1996 年東京外国語大学大学院地域文化研究科後期博士課程修了、博士（学術）。現在、防衛大学校教授。著書・論文に「中世イスラーム世界の大麦と大麦食品」（『オリエント』58（2），2015）、「中世イスラーム世界のレモン利用と伝播に関する一考察——なぜ 12 世紀に『レモンの書』は編纂されたのか」（『地中海学研究』41，2018）、「中世イスラム医学の焼灼と『回回薬方』の焼灼—イスラム医学の東アジアへの伝播についての一考察—」（大形徹・武田時昌ほか編『東アジア伝統医療文化の多角的考察』臨川書店、2024）など。

はじめに

『千夜一夜物語』には、市場、宴会や結婚式、そして恋人たちの逢瀬の
なかで、数々のごちそう料理や菓子、色とりどりの果物、甘い飲料などを
味わう場面がある。その一例は、商売のために訪れた町で一目惚れした女
性と若者の逢瀬の場面である。

> やがてあのひとは数かずの贅沢な料理をのせた食卓を持ち出しました。
> それは酢で料理した肉（シクバージュ）だとか、肉まんじゅうを油で
> 揚げて蜂蜜をかけたもの、鶏にいろいろのものをつめた料理などなど
> で、わたしはあのひとと食べ、おなかいっぱいになりました。そこへ
> 家人が洗盤と水瓶をもって来てくれたので、わたしは手を洗いました。
> （『千夜一夜物語』第 26 夜[1]）

この情景は、現在の中東のそれとあまり変わらない。もてなしは自宅で、
料理は全て食卓の上に並べられ、それを分け合って食べる、おなかいっぱ
いに客に食べさせることが一番のもてなし、である。伝統的な食べ方では
手から直接食べるため、食事の最後には客が座ったまま手を洗うことがで
きるよう、洗盤と水の入った手水瓶が召使いによって卓を回る。
　肉料理がごちそうであった。肉は主に鍋で煮込まれた。オーブン調理も
なされた。甘味挽肉の「肉まんじゅう」もごちそうである。「酢で料理し
た肉」は、最も人々に好かれた羊肉煮込みである。
　そして中世という時代は、『千夜一夜物語』に描かれるようなこれらの
食べ物の味や香りを聞き手や読み手が思い浮かべることができた、だいた
い 9 世紀から 16 世紀の時期といえる。この時代には、料理や菓子のレシ
ピが、食作法や食養生の知恵と一緒に“料理書”として纏められ、連綿と
受け継がれていった。イスラム世界の料理文化の礎となったのは、作法や
料理においてはペルシャ地域のものであり、食養生法においては古代ギリ
シャの医学であった。ところでヨーロッパ地域で料理書なるものが登場す
るのは 14 世紀以降であるが、それらにはアラビア語料理名が散見される

ことから、イスラム地域の料理は当時のヨーロッパの人々においてもごちそうの類として受け入れられていたといえよう。

さて、中世と現在の食卓には大きく異なる点が1つある。それは味付けである。現在の中東の大半の料理の味付けはトマト味であるが、トマトは中世には存在しない。同じくアメリカ大陸原産のジャガイモ、ピーマンもない。中世の食卓の味付けはどのようなものだったかを知るに最も有効な手がかりが“料理書”である。そのレシピは、人々の嗜好や高級料理の味と風味のヴァリエーションと調理技術を、そして食選択の根拠を伝えてくれる。さらに、1つの食材の利用法や1つのレシピの内容を時代に沿って眺めていくと、砂糖やコメ、レモン類の利用や、十字軍やモンゴルとの接触といった時代の流れのなかで起きた食の変化を我々に示してくれる。

本章では、第1節では、古代および中世の料理書から実際の材料や味付けについて、第2節では、選択の指針としてのイスラムの教えとイスラム医学の食養生法をみる。第3節においては、13・14世紀の料理書や記録にみられる時代に沿った食の変化を取り上げる。

1　何を食べていたのか

(1) 古代から中東の高級料理は肉煮込み

古代メソポタミアの時代、いまからおよそ3500年前の、紀元前17世紀に書かれた楔形文字3枚のタブレットの世界最古のレシピ集、料理書といえるものがイェール大学に所蔵されている。この料理書にはおよそ40の料理レシピが記載されている[2]。

レシピは全て、1つの鍋に肉や野菜を数種入れ、脂身を加えた煮込みである。古代から中東の豪奢な料理は、「1つの鍋で煮込む」調理法で作られた。美味しさを深めるコツとして、鍋に脂身をたっぷり入れる、最後に穀物でとろみづけ、の2つがあった。

煮込みの味付けは、古代メソポタミアにおいては基本、塩味であった。そこにニンニク、タマネギ、ポロネギといった香味を加えることも多用された。塩味に加えて、乳製品やビール、葡萄酒も添加し、変化を加えた皿もあった。また小麦やバッタ類などを発酵させた塩味発酵調味料もあった。

ところで、古代メソポタミアの料理書には焼き物レシピがない一方、供物奉納の儀式の際に祭司が唱えた以下の文言がある。

　……私は、御身の神性にふさわしい完全無欠な子山羊を選り抜き捧げております。私は心臓を取り出し、御心に適うように丸焼きにしました。昔の人々がしていたと同様に。（『最古の料理』76頁）

宗教祭儀において取り入れられた直火焼き調理は、懐古的な傾向としての内臓嗜好とあわせて、太古からある古臭い調理法とみなされた。

(2) アッバース朝宮廷の料理──種類・味・名前

現存する最古のアラビア語料理書は、10世紀バグダードのワッラークという人物によるもので、アッバース朝歴代カリフ（イスラム世界の盟主）の好んだ料理や菓子のレシピが600あまり掲載された（以下、『ワッラーク料理書』とする）。レシピ配列は、前菜類16章、温かな料理29章、オーブン・丸焼き肉5章、菓子13章、最後に飲料類となっている。この章立ては、卓に供する順番である。以下に当時の宮廷の食卓の品々をみてみたい。

料理は前菜の「冷たい料理」と主菜の「温かい料理」に大別された。まず前菜をつまみながら歓談や音楽を楽しみ、食事はゆっくり始まる。温かい料理は出来上がりとともに、食卓にもたらされる。主菜は肉料理で、とりわけ煮込み料理が多い。ほかに、粥や魚、肉のオーブン料理もあった。全ての料理が並べられた横には小麦パンが必ず置かれた。発酵種入りあるいは種なしパン、揚げパン、シート状の薄いパンが好まれていた。

いかなる料理があったのであろうか。前菜としては、腸詰めや挽肉団子、焼肉をパンで挟んだもの、サモサ、焼肉の香味ソース漬け、羊や仔牛のゼリー寄せ、茹で肉や野菜の各種ソース添え（ヨーグルト、ハーブドレッシング、マスタードソースなど）、オムレツ、グリル魚のソース添えや、ピクルス、オリーブの実があった。

メインは肉料理で、圧倒的にレシピ数が多い煮込みに加えて揚げ肉（油を多めに入れて水分を飛ばし加熱する法）やオーブン料理、例えば、鳥の丸焼き、羊肉の詰め物、魚のオーブン焼き、肉パイ、もあった。なお『ワッ

ラーク料理書』における炙り肉料理はオーブン調理であって直火焼きはない（第3節（3）参照）。

　肉は、子羊・羊肉が最も好まれた。鶏、牛、山羊、ラクダ、馬、羚羊、アイベックス、アヒル・ガチョウの家禽類などが食用対象だったことは古代から変化はない。一皿の肉の煮込みには3、4種類から10種類程度の調味・香味料が選び合わせて用いられた。そこにタマネギ、ニンニクや、ヨーグルト・チーズ、砂糖・蜂蜜、そして果汁類のいずれかを加え、皿を特徴ある味に仕立てた。

　古代メソポタミアにはない新しい味として、甘酸っぱい味が登場する。これは当時、最も好まれた味付けであった。酢や果物（ブドウ・ザクロ・シトロン果肉・リンゴ・桜桃など）や砂糖で味を調えた。「庭園の皿」と名付けられた梨と桃入りの肉煮込みもあった。

　古代から続く塩味の肉煮込みは、中世では「簡素な味の皿」と呼ばれた。「小麦の」、「ホウレンソウの」、「インゲンマメの」、「タマネギの」、と肉とともにいれる主な具材の名で呼ばれた。ヨーグルトやチーズを入れた乳製品塩味の皿もあった。油脂類をたっぷり入れた肉入り小麦粥も人気のある皿であった。古代と同様に、大麦や小麦を主原料とした塩味発酵調味料類もよく使用された。

　菓子は多種類あるが、柔らかな練り飴菓子（蜂蜜、ゴマ油、デンプン粉を加え煮詰めたもの）は、最も人々に好まれた。米粉やアーモンド粉のミルクプディング類や焼き菓子、揚げパンのシロップ漬けなどがあった。

　食後の飲料としては、甘い飲み物が供された。ブドウ、リンゴ、マルメロ、ザクロ、梨、プラム、桃などの果汁を砂糖水で割り、スパイスを加えた甘味飲料シャラーブや、果物を発酵させてからアルコール成分を飛ばした飲料[3]、乳酸飲料（ラクダ乳・羊乳・牛乳に砂糖を加えたもの）などが出された。

　いずれの品も、風味や香りをより豊かにするために、スパイスやハーブ類が加えられた（表1参照）。それらの多くは、インドや東南アジアのもので、インド洋で展開された交易活動によってバグダードにもたらされた産品であった。

　料理名からは、この宮廷料理の出自がみえてくる。酢で肉を煮込んだ料

表1 『ワッラーク料理書』における調味料・香味料（抜粋）

種類	食材名
香料	麝香、竜涎香、バラ水、サフラン、シナモン、ガランカ、クローブ、乳香、ナツメグ、カルダモン、メース
乾燥果実類	ナツメヤシの実、レーズン、アーモンド、クルミ、ヘーゼルナッツ、ピスタチオ、マツの実
新鮮な果物	甘ザクロ、酸ザクロ、酸リンゴ、ルバーブ、未熟ブドウ、黒プラム、バナナ、東地中海産リンゴ、メロン、アプリコット
甘味料	砂糖と蜂蜜、赤砂糖、糖蜜
発酵調味料	ムッリーとブン、オリーブの実、発酵オリーブ汁
粒類	コメ、レンズマメ、ヒヨコマメ、ソラマメ、ガラスマメ、ヤエナリ
野菜	タマネギ、ニンニク、リーキ、クレソン、ラディッシュ、フダンソウ、ヘンルーダ、ヤマホレンソウ、アスパラガス、ディル、ナス、スベリヒユ、ニンジン、カブ、キャベツ、ホウレンソウ、オオグルマ、タイム、カリフラワー
スパイス	コショウ、コリアンダーシード、キャラウェイ、クミン、ショウガ、ヒハツ、ラビジ、アサフォエディダの根と葉、塩、油、酢、未熟ブドウ汁
乳製品類	生乳・ヨーグルト類・チーズ類

『ワッラーク料理書』第3章「鍋料理を美味にする香料とスパイス類」より筆者作成

理シクバージュのように、最も人気があった皿や菓子名はペルシャ語名であった。彼らが導入したのはササン朝ペルシャの宮廷料理で、食事法も模倣された。

　一方、ブドウ果汁やレモン果汁の甘酸っぱい肉煮込みは、ヨーロッパの料理書にはアラビア語名のままレシピが書き留められていった[4]。果物の汁による甘酸っぱい味付けは、イスラム世界出自のものとしてヨーロッパに伝播した。

(3) 庶民の食

　庶民、富裕層かかわらず、常食はパンであった。小麦パンが最上で、手が届かない人々のパンは、大麦粉や豆粉、米粉であった[5]。肉は庶民にとっては滅多に食べられるものではなく、彼らにとって肉とは、穀物の粥や豆の煮込みに、脂とともに入っている端切れであった。オーブンやかまどなど火力設備をもつ台所は、都市では富裕層の邸宅に限られるものだった。庶民は、常設のオーブン屋に自宅でこねたパン生地を持ち込み、焼いても

らった。風呂屋の窯には、豆煮込みのスープ大鍋がかけられていた[6]。

　市場には小売り店が軒を連ねていた。パン、甘揚げパン、肉入り小麦粥、ナツメヤシ入り小麦粥、薄切り焼き肉、腸詰め、羊頭スープ、ソラマメ煮、揚げ魚、塩漬け魚などを持ち帰ったり、店の軒先で食べることができた。持ち帰り容器には、安い素焼きの皿鍋やバナナの葉が用いられた。

　ところで安価な代替品・劣化した食材の使用（例えば、砂糖の代わりにナツメヤシのペーストを、羊肉の代わりに山羊肉やロバ肉を使用）などの不正は数多くあった。市場の活況のため、健全な商業取引と良質な公衆衛生の維持は欠かせない。不正の取り締まりを施政者らは行政官である市場監督官に命じた。彼らの手引書にはあらゆる業種の不正行為と見破る術が記録された。注目は、市場で販売される料理の「正しい」材料の配合率と調理法が定められていたことである。例えば外食で一番人気の肉入り小麦粥においては、小麦と肉の割合は1対1と規定された。料理のレシピは、行政側の市場管理に欠かせない知識の1つであったといえる。市場での食事は、高貴で洗練された人々はすべきではないとされ、いわば外食はいわゆる腹すかしのためのものであった。今でも中東の美味なるごちそうは家庭にある。

　肉入り小麦粥は、商いや宗教的な集まりで大鍋で振る舞われる、会食の定番であった。ワースィト（イラクの都市）の川岸にはナツメヤシの取引会場に集まった商人のため、2階建てのハリーサ食堂が臨時設営された。10世紀の地理学者ムカッダスィーは現地調査の思い出として、スーフィーたちと肉入り小麦粥を、キリスト教修道僧らとはパン粥を、漁民たちとはナツメヤシ入り甘い小麦粥を一緒に食したと書いている。大勢の会食には、どこでも粥が振る舞われたことがわかる。

　都市には、貧者や旅行者などに無料の食事が振る舞われる場所があった。モスク、スーフィーの修道場など宗教施設、そしてマドラサ（高等教育機関）である。これらの施設には台所が設営された。例えば14世紀エジプトのモスクでは学生や孤児に毎日食事が振る舞われ、木曜には小さなパンや羊や米、蜂蜜などが振る舞われた[7]。14世紀旅行家イブン・バットゥータは、ワースィトの修道場では、日没後の祈りの後に、米粉パン・魚・ヨーグルト・ナツメヤシが信者らに振る舞われたことを伝えている[8]。

2 いかに食べるか、何を選ぶか──食をめぐる指針

(1) イスラム社会の食──イスラムの教えとイスラム共同体の食

　イスラム教徒にとって、神の意思に拠って生きるその指針は、預言者ム
ハンマドへの啓示をまとめた『コーラン』にある。より具体的な指針は、
預言者の行いや言葉の記録ハディースにある。さらに都市に生活するウラ
マーたちは、食行動について指針をしばしば書に記した。これらに書かれ
た食指針は、地域、時代を問わずイスラム共同体の食の根底にある。

　周知の通り『コーラン』には、禁忌食品、禁酒、動物の屠り方の規定、
そして断食の義務に関する記述がある。禁忌食品は豚肉やハラール肉以外
の肉であり、酒については、『コーラン』や伝承からは、段階的に禁止と
されていったことがわかる[9]。最初は酩酊して礼拝に赴くことが禁じられ、
次に飲酒は益もあるが害のほうが大きいとされ、最終的に酒は全面的に禁
止された。断食とは、ヒジュラ暦（イスラーム暦）ラマダーン月の１ヶ月
間、明け方から日が暮れるまで、飲食を控えることである[10]。

　個人の食行動について『コーラン』の言をみていく。美味しいものを食
べることについて『コーラン』では次のように記されている。

　　これ、信徒の者よ、我ら（アッラー自称）が特に汝らのために備えて
　　やったおいしい物を沢山（たくさん）食べるがよいぞ。そしてアッラ
　　ーに感謝せよ。もし汝らが本当にアッラーにおつかえ申しておるのな
　　らば[11]。（『コーラン』第2章167節）

　美味しいものを腹いっぱい食べることはイスラム共同体では咎められな
い。「食べること」は個人の楽しみとなった。

　次に困窮している人に自分の食べ物を分け与えることは、神アッラーの
恩寵を得られる行いとされる。

　　（アッラーの）愛ゆえに、貧者や孤児や捕虜に食物を恵み、「わしらが
　　こうしてお前がたに食物をあげるのは、ただアッラーのお顔（御嘉賞）

欲しさの気持から出たこと。べつにお前がたからお返しを貰おうとは、思わない。有難うと言って貰おうとも思っていない。(『コーラン』第76章8節9節)

一方、ハディースには、イスラムの食事作法や養生法の手本として預言者ムハンマドや家族、そして教友らとの会食の様子を伝えるものがある。その中には、美味しい食べ物は心を慰める、と示唆するものもある[12)]。

他者と食卓を囲むことを非常に重んずる社会となっていったのである。ウラマーたちは、他者との食事での心がけを説いた。11世紀後半から12世紀初めに生きた中世を代表する思想家法学者ガザーリーは「3種の食事がある。慈しみをもって貧者との、微笑みを持って同胞との、そして礼儀をもって他者との食事」と語った。

市場で総菜を買って持ち帰る場合の他者への気配りもウラマーは提言した。道端にはそれを、ひもじい思いで見つめる人や子どもがいることを喚起して、14世紀カイロの法学者イブン・アル・ハージッジは、料理の入った鍋に蓋をして匂いを他者に気づかれないように、料理の量が充分ならば見ているだけの人々に一口か二口与え、お金に余裕があるなら数人分の代金を店の主人にわたすように、と提言した。

『コーラン』とハディースの教え、さらにウラマーらの言により、イスラム共同体において食卓は、個人にとっては楽しみであり時に悲しみを和らげる場となり、共同体においては、他者に慈しみと微笑みと敬念を共有する場となった。

(2) カリフ宮廷の食養生法──イスラム医学の養生論

カリフ宮廷における料理書の誕生理由は、支配者の健康の維持にあった。『ワッラーク料理書』の序文には、支配者が食養生についての多量な情報に困惑したゆえ、食養生についての正しい知識と王や支配者の料理レシピを収めた書を依頼したと書かれている。

献立の選択は、健康のためであり、イスラム医学の食養生法を指針として医師が決定した。毎日医師が支配者のその日の体調を判断し、食材一つ一つの効能と食べ合わせを考慮し、その日の食事を選定した。カリフ・ム

ウタスィムの相伴役の医師は、毎月カリフのための献立レシピを作成した。カリフ・ハールーン・アッラシードは、数ある料理が並ぶ食卓を前に医師の薦めた料理だけを摂る日々を送った。

　ところでイスラム医学の養生法は、2世紀の古代ギリシャ医学者ガレノスの医学理論である万物四元素説と、体液病理学を土台としている。大抵の人間は4つある体液のうちいずれかが過剰にあり、そのバランスが大きく崩れると体調不良、ひいては病気が起きると考えられた。そこで健康維持のためには、過剰すぎる体液とは反対の性質の食べ物を摂るという拮抗療法が選択された。その見立ては医師がなすものだった。

　歴代カリフらは、自分の体質に合わせたレシピを医師に依頼して、個人仕様の料理書を編纂させた。これらは逸失しているが、10世紀後半には20ほどがあった。これらのいくつかは当時バグダードにあった書店では入手可能で、そのいくつかのレシピは後世の料理書に引用された。

　さてイスラム医学の目覚ましい発展は諸方面でみられたが、その1つは、体に良い美味しい料理の創作にあると医師たちは自負していた。12世紀アイユーブ朝のエジプト人医師は以下のように述べる[13]。

　　　秀逸なる者ガレノスであっても知らなかったことがある。それは、医学的効能をもつ料理類、酢と蜂蜜の肉煮込み、乳清の肉煮込み、ザクロの肉煮込み、サクランボの肉煮込み、未熟ブドウ汁煮込み、メギの実の肉煮込み、スマックの肉煮込み、そしてそれらの肉抜き料理、である。

　すなわち中世イスラムの知識人は、美味な料理や飲み物を薬膳として完成させたことを、イスラム医学の到達の1局面として理解した。そして料理書から食養生の知識の習得に着手する者も現れた。

(3) 都市民への養生法の普及──スパイス屋とウラマーの役割

　10世紀以降、イスラム医学の食養生法は、徐々に都市民にも普及した。庶民の頼りは町のアッタールと呼ばれたスパイス屋であった。彼らは薬剤師でもあった。イスラム社会では医薬分業が成立しており、せっかく高額

の医療費を要求する医師に診てもらっても処方箋を渡されるだけで、スパイス屋に買いにいかねばならない。ゆえに庶民は平生の病なら、医者を飛び越えてスパイス屋に直接相談しにいき、薬を買った[14]。庶民の頼りはスパイス屋という社会ゆえ 14 世紀カイロの法学者は、スパイス屋の店番に小僧だけを置いてはいけない、困った人がきたらすぐに対応できるように熟練者を店に常駐させるようにと、その市井の医療の担い手としての重要性を喚起された。

13 世紀になると、己の健康は自己管理であり、その知識は必備であると人々に提唱されるようになった。この記述からは、すでに中東イスラム地域では、食養生書は、医師のみならず、都市民をも対象としていったことがわかる。その背景には、頻発した疫病の存在もあった。

14 世紀になるとペスト蔓延下で、都市民は、医学書を読み、その知識で自らを守ろうとした。以下はその実践を伝える旅行家イブン・アル・ワルディーによる 1348 年のアレッポの記録である。

> 彼らは医学書を読み、"乾"で"酸"の食品を摂り養生している。〔中略〕どの人も、自分の体液バランスに気をつけ、生活をより快適にしようとしている。屋内で、竜涎香、樟脳、サイプレス、白檀の香を焚き、ルビーを身につけ、タマネギ、酢、そしてイワシを食べている。彼らは、スープや果実を食べず、シトロン類を摂っている。

一方、イスラム医学理論を学んだウラマーたちは「預言者の医学」と呼ばれる分野の養生書を執筆した。この書の特徴は、ハディースにある養生法を核としながら、それにイスラム医学の理論や治療法を用いて、平生にある痛みと病（例えば頭痛や発熱、腹壊し、虫刺され）の対処法を記述した点と、その薬の大半は蜂蜜やハーブ類など庶民が手に入れやすい安価なものであった点にある。さらには診療の問題——ユダヤ教徒の男性医師によるムスリム女性の診療の是非への示唆もある。この分野の書により、庶民の日常に一層イスラム医学の養生法が普及した[15]。

3　時代を「映す」料理書——13・14 世紀のアンダルス・マシュリク・中国

(1) 13・14 世紀に誰が料理書を必要としたか

13・14 世紀になると 2 つの変化が食卓に現れる。1 つは、食材の数・種類ともに豊富になったことである。農業技術の進展と遠隔地貿易の活発な展開がその背景にある。もう 1 つは、西方からは十字軍、東方からはトルコ・モンゴルの勢力の到来により、彼らの料理が料理書に登場したことである。料理書の編者も、カリフの侍医や取り巻きから都市民へと変わり、ここで文字記録によって知りえる食卓は、宮廷から都市民のものに移った。

この時期の料理書をみると、種類・調理法は、10 世紀のそれとほぼ同じである。甘酸味の肉煮込みへの嗜好は変わらず続いた。変化は食材面にみられた。宮廷や支配者層にのみ利用されていたコメや砂糖、レモンやオレンジが都市においても一般的な食材になった。コショウ、シナモン、丁字などの東南アジアや中国、インドからの到来物であるスパイス類が、中東で産するハーブ類とともにどの料理にも用いられていた。高級品であった発酵調味料も市場で販売されていた。

そして都市のウラマーたちによる料理書が登場する。ウラマーたちの編纂理由はいかなるものであったのか。14 世紀エジプトの『日常食物誌』では以下のようにある。

> 今の時代には好まれない、奇妙な料理が書かれていた。そこで今の時代に食べられている料理についてわかりやすくこの書に記載したいと思った。

その目的は、自分が"美味しい"とする料理、いわば編者にとっての"今"の料理の記録であった。とはいえ、レシピの大半は、編者自ら料理の腕によりをかけたオリジナルではなく、以前の医学書料理書類から、良いと判断したものを抜粋した。ところで、料理人がこれらの料理書編纂に携わったという記録はない。料理人について、アッバース朝宮廷の台所で

は料理長が何人かの助手を従え献立作成をしていたことや、都市の個人宅にも女性の料理人がいたことなどが記録されている[16]。

　とはいえ料理人の口伝により維持されたと思われる料理術や極意について、ウラマーは聞き取りを行っていたようである。『日常食物誌』には、

　　酸味肉煮込み料理では甘味に少し傾くようにする。塩味を加えると酸味や甘味を損ない、その料理をただの塩味の皿にしてしまう。

という、職業料理人による表現のような、料理の繊細な味付けへの注意がある。さらに読者に対して、接待のための注意が記された。

　　〔加えるとろみの材料について〕あなたがそれを作る相手の好み、体質、食べる目的を知りなさい、そうして手元にある材料でそれに適したものを入れなさい。

　料理書の必要性はここにあった。都市民は宴の主人として、もてなす客たちのために、イスラム医学の食養生法を熟知し、その料理の作り方を知り、客たちの嗜好や体質を把握した上で献立を決め、食材選択や味の調節を料理人に命じること、すなわち料理を管轄する立場にいた。イスラム共同体の都市社会での人との交流においても、料理や食養生の知識は必備となった。

　この時期の料理書からわかることは、中世イスラム地域の料理は、10世紀にアッバース朝宮廷料理として成立し体系化されたものを原型とし、その後200-300年を経て、都市民の高級料理として普及、定着したということである。その担い手のウラマーらの生きた都市社会は、"美味しく体に良い料理"で客と卓を囲むことを日常としていた。

　次に13・14世紀における3つの地域（アンダルス、マシュリク、中国）の料理書の特徴を紹介する。

(2) アンダルス──地元の食への自負

　アッバース朝で編纂された料理書類は各地へ伝播した。スペイン・アン

ダルス地域のイスラム諸王朝はマシュリク（東イスラム世界）地域の文化
を積極的に導入し、この地での文化振興を促すために、東から大量のアラ
ビア語書籍を輸入した。その中にはアッバース朝宮廷料理書やイスラム医
学書もあった。それらはマグリブ（西イスラム世界）の食の手本となってい
た。13世紀アンダルスの料理書の編者は序文で食分野におけるアンダルス
の後進を語る。

　　この〔食〕分野に於いて、熱意あり進歩を望む人々であったが、彼ら
　　の時代で〔は、アンダルスの〕美味しいものを発見するには遅れていた。

　アンダルス地域に入り王朝を築いた当初から、イスラム教徒らは熱意を
持って美味しいものを求めたが、この地域は実際、食文化においてはマシ
ュリクの人々に"遅れていた"。けれども、"今"、すなわち13世紀には、
我々は遅れてはいない、編者が言いたいのはこの点である。
　引き続きその後のアンダルスの人々の活動が述べられる。

　　〔アンダルスでは〕多数の人々が、諸事への注意を持たないまま（下線
　　筆者）、有名料理だけに言及した料理の書を書いていた。〔彼らの書の
　　中の〕それらマシュリクの料理は、人が、聞くのを拒否し、忌み嫌う
　　ものである。これらは〔マシュリク地域の〕彼らにとって最も洗練し
　　た料理で、おそらく、彼らの水、空気、彼らが求める食品の効能、そ
　　して彼らの嗜好に合致したものなのだろう。アンダルスの人々は、こ
　　れら〔マシュリク〕の料理類に執着し続けた。

　アンダルスでは、初めから支配者らの食卓にはマシュリクの料理が並び、
それらのレシピを集めた料理書が何冊もあったこと、そして13世紀の「今」
でも、いまだマシュリクの料理を皆が好んでいる、といったアンダルスの
食卓の様子を述べる。さらに「マシュリクの料理に執着し続け」た先人た
ちが「諸事への注意を持たないまま」料理を選んでいたことを指摘する。
ここでいう「諸事への注意」とは、イスラム医学の食養生の知識に基づき、
その土地や季節、人々の体質を診ること、である。編者の先人への批判は、

アンダルスの土地、水、住人の体質や嗜好はマシュリクのそれとは同一ではない点を無視して、マシュリクの料理類を継続的に積極的に取り入れる姿勢に対して向けられた。先人たちはイスラムの"美味しく体に良い料理"の本質を理解していない、そうした間違った選び方により、食卓に並んだ、遠い東の地の料理は、スペイン・アンダルスの人にとって体に良い料理といえない、"忌み嫌う"類いのものだと結論づけた。

　こうした状況が、編者をアンダルスの料理を集めた書の編纂に向かわせた。

　　　私は、アンダルス料理の中で美味しいと発見した多数の料理を〔この書に〕記録した。一方、マシュリクの料理は少数を選んで記載した。

　ここで編者のいう"美味しい"ものが、アンダルス住人の身体と嗜好に適合した料理であることは明らかである。そして彼は、クスクス類や、「ユダヤ教徒の」挽肉オーブン料理など、アンダルスの料理を記録した。この書が編纂された13世紀をもって、アンダルスでのイスラム共同体としての食文化が完全に成立したといえよう。

(3) マシュリク──新たな料理の登場

　13・14世紀のマシュリクでは、シリアとエジプトで各2書ずつ計4書の料理書が現存している。これらの書には、10世紀の書にはみられない新しい料理がある。トルコ語名の麺や、「フランクの」や「スラブの」と名付けられた肉料理である。

　トルコ語名の料理は、麺の料理である[17]。トゥトゥマージュ（餃子皮のような平たい麺）を用いた2品が13世紀シリアの書に初出する。1つは、茹で麺にニンニク入りヨーグルトソースをかけた品でトゥトゥマージュ（麺と同名）と呼ばれた。これは「トルコ系の人々の料理」として、11世紀後半にはイスラム地域でよく知られていた。もう1つは、挽肉を平たい麺で包み茹でた品で、我々の知る水餃子に近い。こちらもニンニク入りヨーグルトソースで食した。これらは、トルコ系の人々が中央アジアから奴隷軍人として中東イスラム地域に入るのと同時に彼らの食べ物として持ち

込まれ、13世紀シリアの都市部では、酸っぱい料理として有名で、アラビア語のレシピが作られ食された。

14世紀になると、エジプトでもトルコ料理の2品は料理書に記載された。トルコ人がイスラム世界のなかで大きな比重を持つようになるにしたがい、これらも各地に広まり食されたといえる。16世紀になると病人の滋養食として利用された。

西方からは、十字軍と称したフランク人の一団がシリア地域に入ってきた。13世紀シリアの料理書には、「フランクの焼き肉」というレシピが初出する。それは炭火で炙った子羊の丸焼きであった。1頭の子羊を肉串に刺して、その左右両側に炭火を配置し、ゴマ油、塩、そしてバラ水を何遍も塗りつけながらゆっくり炙る品であった。羊や鳥の丸焼き料理はそれ以前の料理書にいくつも確認できるが、いずれもオーブン調理の品であった。すなわち「フランクの」という形容詞は、直火で炙るという加熱法を指していた。

またコーカサスや東欧から奴隷軍人として中東に入ってきたスラブ系の人々に関わる料理としては、「スラブのレモン味の肉煮込み」が14世紀エジプトの料理書に書き記された。レシピでは「この料理には、白い材料でないものは、決して入れないように」とあり、まっ白な料理だった。ヨーグルトで味付けをした白色の肉煮込みは、スラブ人の嗜好を推測させる。

以上から、外来料理の受容の形には2つあったといえる。1つは、トゥトゥマージュのように、それを食す人たちが話す言語名のまま受け入れたものである。アラビア語以外の料理名と言えば、それまではペルシャ語名の品だけであった。もう1つは既存の料理に外来風の趣向を加えて、「その地名の」と関係形容詞を冠する形であった。

この意味するところは、その言語を話す人間との関係、距離感である。シリアやエジプトといったマシュリクの人々は、彼らトルコ系の人々の存在をともに食事をする隣人と捉え、彼らの料理を名前ごと"自分たちの今の美味なる料理"の1つとして記録した。

一方、十字軍やスラブ系の人々の食べ物については、そのまま直接取り入れず、調理・調味方法を彼らの料理の特質として捉え直し、その地名を皿の名前に冠することで料理を楽しんだ。こうした料理の名付け方は、外

来集団に対する意識が表れているといえよう。十字軍やスラブ系集団は、当時のイスラム都市社会の人々にとって、同じ地域に住んではいても、遠い存在であったことがうかがえる。

(4) 中国——回回食品の登場

イスラム教徒は、移住先でもイスラム都市様式の料理を食していた。唐代から元代にかけてイスラム商人らは中国へ赴き交易を展開した。13 世紀初頭から 14 世紀の中頃は、中国では元朝支配の確立期であり、回回人と呼ばれるイスラム教徒が中国で活躍の場を得ていた。14 世紀の旅行家イブン・バットゥータは『大旅行記』に、彼ら一行が中国各地で共同体的な生活を営んでいたイスラム教徒の歓待を受けたことを記した。それらの宴には、イスラム教徒の料理人たちがイスラムの教えに則って家畜を屠り料理を作っていた[18]。イスラム教徒らは、移住後も彼らの食体系を数世代にわたり、変わりなく保持していたといえる。

中国では漢人がイスラム教徒の料理のレシピを残している。それは 14 世紀江南地域の家庭百科に掲載された 12 品の「回回食品」である（表2）[19]。うち 7 品は、アラビア語・ペルシャ語・トルコ語名である。5 品は漢語名であるが、どの品も中東には相応する品がある。この 12 品全体でみると、前菜・肉煮込み類・粥や麺類・甘い菓子という、1 つの宴を構成するコース料理であることがわかる。おそらく回回人のための宴席料理一式であろう。

回回人は漢人たちの身近にいた。彼らの食べ物を漢人は皆知っていた。それは漢人の食事とは全く異なるものであった。明代の『元曲選』には、回回人の食事に対する漢人の感情を込めた台詞がある。回回人の家の漢人召使いの台詞である。

　　彼奴の家で食わせるのはにんにくや臭いにら、水答餅に、禿禿朝食（トルコマシウ）（トルコの丸平麺、それに熱い肉だし汁をかけて食する品：下線筆者）だ。咽喉なんか通るものか。おれが江南で食べてたのは、何よりも海の幸……江南風物は自慢の種、煎肉豆腐に炒東瓜[20]。

表2 『居家必用事類』の回回食品 12 品

言語名	料理名
アラビア語名	哈里撒^{ハリーサ}（小麦粥）　哈耳尾^{ハルワー}（菓子）　古刺赤^{クルス}（菓子）
ペルシャ語名	八耳搭^{バールーダ}（菓子）　即你定牙^{ザリービヤー}（揚げパン）　設克児定刺^{シャカルブーラ}（菓子）
トルコ語名	禿禿麻失^{トゥトゥマージュ}（麺料理）
漢語名	髓^{コウビ}麋（羊頭スープ）　酸湯^{サントウ}（甘酸味の肉煮込み） 捲煎餅^{ケンセンペイ}（揚げ春巻き）　海螺^{カイラシ}厮（ホラ貝型卵オムレツ） 河西肺^{カサイハイ}（羊肺詰め物）

『居家必用事類』より筆者作成

　漢人には、回回人の食の大半は嗜好には合っていなかったようである。それではなぜ漢語の家事采配の書に、回回食品 12 品が記載されたのだろうか。回回人は、元朝支配者に重用され優遇されていた。官僚を輩出するような家柄の漢人らは、イスラム商人や官僚らとの会食に参列する機会を持ち、さらには自宅でもてなす必要もあったと推察される。そして漢人らの記録は、イスラム教徒の料理一式を再現できるほど詳細で実践的なものであった。それほど回回人と漢人は交流があったといえる。

　また中東の甘い菓子と飲料は中国の漢人社会でも好まれたようだ。北宋と元の漢語料理書にはイスラム社会の甘味飲料やエジプトの名産であった菓子のレシピが記録されている。

おわりに

　中東は、古代から中世においても料理書が書かれた稀有な地域である。この地域で最上の料理は、古代から現在に至るまで 1 つの鍋に複数の食材と肉を煮込んだものである。イスラムの教えは食の禁忌や断食のみならず、美食、多食を神の恩寵の一部とし、困窮者に食を分け合うことは神の恩寵を得る行為とした。

　9・10 世紀においては、イスラム王朝の支配者たちは健康のための食を希求した。彼らの要望に応えて医師らは料理書を編纂した。イスラム医学の食養生法は着実に実践され、宮廷の料理は"美味しく体に良い料理"と

なった。最も好まれた甘酸っぱい肉の煮込み料理は、その名前とともに引き継がれたササン朝ペルシャ地域の品であったように、洗練された料理はペルシャ由来であった。

　13・14世紀には都市のウラマーらが料理書を執筆した。9世紀からの膨大な文字記録の集積のなかから、彼らの"今"に美味とされる皿のレシピを抽出した。またわずかではあるが、新たな到来者たちの料理やその土地での馴染みの料理も加わった。

　中世の中東では、一品の料理は、その内実も名前もほぼ変わらぬまま、数百年にわたり食べられていた。つまり、イスラム共同体のどこにいてもごちそうの品はほぼ同じであった。旅人は、遠路訪れた先の食卓で並べられた品々をみて、「この地もまた同じイスラム共同体の一部である」という認識をもつことができた。さらに遠方に移住した者は、「自分たちがいる場所もまたイスラム共同体の一部である」と認識するために、それらの料理を食卓に並べ保持した。

　中世とは、アッバース朝宮廷で食の有り様が形づくられ、それが宮廷から都市へ、中央バグダードから、西はアンダルス、東は中国まで、イスラム共同体として公の認識を必要とする人々によって拡散され、新たな地に定着していった時代といえる。数世紀にわたる食（情報）の共有を可能にしたのは、膨大な量の文字記録であった。その大部分は、再現ができるほど具体的な調理プロセスの記録であり、知識層によって料理書・医学書に連綿と書き収められたものだった。

【注】

1)　前嶋信次訳 1988『アラビアン・ナイト 2』東洋文庫 75、平凡社、135-136.

2)　以下本項の内容は、ジャン・ボテロ、松島英子訳 2003『最古の料理』法政大学出版局、に拠る。

3)　中世イスラム医学者らは酒類とシャラーブを厳格に区別していた。Waines, D. 1994 "Abū Zayd Balkhī on the Nature of Forbidden Drink" in *La Alimentación en las culturas islámicas*. ed. Waines, D. and Marin, M., Madrid: Agencia Espanõla de Cooperación Internacional, 111-127.

4)　ヨーロッパ地域へのアラビア語名料理レシピの伝播については、尾崎貴久子 2010

「中世ヨーロッパ料理書にみられるアラビア語名料理」『防衛大学校紀要（人文科学編）』第100輯87-109を参照。

5) Ahsan, M. M. 1979. *Social life under the Abbasids*, London and New York: Longman, 135.

6) 火力設備については、尾崎貴久子 2012「中世イスラームの鍋」『イスラーム地域研究ジャーナル』(4) 25-33を参照。

7) Levanoni, A. "Food and Cooking during The Mamuluk Era", https://knowledge.uchicago.edu/record/1069/files/MSR_IX-2_2005-Levanoni.pdf（最終閲覧日2022年5月15日）.

8) イブン・バットゥータ、家島彦一訳 1997『大旅行記2』東洋文庫614、平凡社、280.

9) ハラール肉とは、その動物の頸動脈を「神（アッラー）の御名によりて」と唱えながら屠られたものである。酒の禁止については、『コーラン』第4章46節、第2章216節、第5章92-93節を参照。

10) 飯森嘉助 2002「食事」佐藤次高（代表）編『新イスラム事典』平凡社。ラマダーン月の断食は旅人、病人や老人、子どもや妊婦は控えてもよいとされている。嶋田襄平 2002「断食」、[佐藤: 2002].

11) 本章の『コーラン』引用は井筒俊彦訳 1957『コーラン』上巻、1958. 同下巻より。

12) 牧野信也訳 1994『ハディース：イスラーム伝承集成』中巻、中央公論社、808.

13) 尾崎貴久子 2018a「中世イスラーム世界のレモン利用と伝播に関する一考察——なぜ12世紀に『レモンの書』は編纂されたのか」『地中海学研究』(41) 5-37, 14.

14) 10世紀カイロでは医師の「疫病がはやるとみなアッタールに押し寄せる。なぜ医者にこないのか」との嘆きも記された。尾崎貴久子 2018b「中世イスラーム世界の女性の医療」『史学』87(3) 61-88, 63.

15) 預言者の医学については、三木亘 1989「アラブの疾病観」後藤明、板垣雄三、小谷汪之ほか編『歴史における自然』〈世界史への問い1〉、岩波書店 255-283を参照。

16) Lewicka, P. B. 2011 *Food and foodways of medieval Cairenes: aspects of life in an Islamic metropolis of the eastern Mediterranean*, Leiden: Brill, 120-123.

17) これらトルコ語名の料理のレシピや中東での伝播様態については、鈴木貴久子 1999「中世イスラム世界のパスタ——東西文化交流の視点から」『オリエント』42(2) 22-39を参照。

18) イブン・バットゥータ、家島彦一訳 [1997: 43].

19) 回回食品12品については、尾崎貴久子 2006「元代の日用類書『居家必用事類』にみえる回回食品」『東洋学報』88(3) 336-364を参照。

20) 篠田統 1982『中国食物史』柴田書店、193.

イランの俗信の流儀

竹原　新

竹原　新（たけはら　しん）
1971 年島根県生まれ、大阪外国語大学外国語学部ペルシ
ア語学科卒業、大阪外国語大学大学院言語社会研究科言
語社会専攻博士後期課程修了、現在、大阪大学大学院人
文学研究科教授、博士（言語文化学）、専門はイラン民
俗学。著書に『イランの口承文芸―現地調査と研究―』
（溪水社、2001）、『現代イランの俗信』（大阪大学出版会、
2020）がある。

はじめに

イランに「新車のタイヤやナンバープレートに生卵を塗るとその車と持ち主に悪いことが起こらない」(2010)[1]という俗信がある。一見、論理性のかけらもない文章であるが、俗信研究を続けていると、「なるほど、そうきましたか。論理的で綺麗な俗信ですね」と思えるようになってくるから不思議である。

俗信の事例には、基本的に原因と結果が含まれる。俗信研究においては、それらの原因と結果の間には因果関係はないものとされる。上の事例の場合、「新車のタイヤやナンバープレートに生卵を塗る」が原因であり、「その車と持ち主に悪いことが起こらない」が結果である。もちろん、両者の間には因果関係は見いだせない。

もし、原因と結果に因果関係があるなら、それは俗信ではない。例えば、「二十階建てのビルの屋上から人が落ちたら死ぬよ」という一文があったとしても、二十階建てのビルの屋上から人が落ちたら、ほぼ確実に本当に死ぬだろうから、それは俗信ではない。明確な因果関係が推定される文章であり、使われる状況と文脈によっては、ただの余計なお世話である。

俗信研究では、積極的呪術を「呪」、消極的呪術を「禁」と呼び、さらに、前兆の「兆」、卜占の「占」を加えて、兆・占・禁・呪の四つに集約する考え方が定着している[2]。冒頭の事例では、ナンバープレートに生卵を塗るという積極的な行為が原因になっているため、俗信のなかでも積極的呪術[3]に分類できる。反対に、「○○してはならない」というように、禁忌（タブー）が原因となる場合は消極的呪術に分類される。

「新車のタイヤやナンバープレートに生卵を塗るとその車と持ち主に悪いことが起こらない」という俗信が美しいと感じられるためには、まずは「生卵は生きているか、死んでいるか」という問題に大真面目に向き合う必要がある。その生卵が有精卵か無精卵かという問題はさておき、生卵として食べられるほど新鮮な卵は、当然、息をしていないし、心臓は動いていないどころか、まだその形すらないはずである。ピクリともしない卵は、見た目にも生きているとは言い難い。しかし、かといって、死んでいるわ

けでもない。生卵は確かに物体としてこの世に存在しているにもかかわらず、生物か非生物かの分類を人間に戸惑わせる不思議な存在なのである。つまり、生卵はあの世にもこの世にも属しきらない文化的に境界的な存在ということになる。この世から見るとあの世に近い存在で、あの世から見るとこの世に近い存在なのである。このため、人は「卵はこの世にありながら、あの世の原理が働くかもしれない」と感じるのである。これが、卵には呪力があるかもしれないと人間に思わせる理由である。

　実は、新車に生卵を塗るというイランの俗信は、ヴァリエーションの一つであり、羊を屠って、その血を新車のタイヤやナンバープレートに塗ると、その車は事故を起こさないという俗信が原型になっている。生きた羊を買う金銭的余裕がない人は、羊の代わりに鶏でもよく、さらに生きた鶏も用意できないときは生卵でも良いとされる。イランでは、祭礼、結婚式、願掛けなどで羊を屠るという行為はよく見られ、代表的、且つ、伝統的なハレの行為である。屠ることにより、この世とあの世を人為的につなげることで、この世において呪力を発生させようとしている、と解釈できる。

　羊と同様に、鶏も生贄として屠られることがある。例えば、「コルデスターン州のコルヴェでは、人が死んで埋葬する際、一羽の雌鶏か雄鶏の頭を墓の側で切る所があり、その死骸を墓の上に埋めるという。こうすることで、『この鳥の血によって、親類縁者が死ぬことはなくなった』と言われる。つまり、死者が誰かをあの世へ連れて行くことはないというのである」(2006) という事例がある。鶏を屠ることで、縁起の悪いことが連続しないようにするという積極的呪術である。また、「朝と夜に鳴く雄鶏が、もし、それ以外の変な時間に鳴いたら、悪い兆しだと言われる。だから、悪いことが起こらないように、その雄鶏の首を切ってしまうのだ」(2012) という俗信の事例がある。鶏の普通でない行動を悪い前兆として捉え、その呪力を断つために積極的呪術として鶏を殺すのである。このように、鶏には呪力があると考えられている。

　鶏だけでなく、その卵も呪術で使われる。「誰かが病気になると、邪視を受けたかもしれないと言ったものだ。鶏の卵をハンカチで包み、少しの塩をかけ、心の中で名前をいくつか思い浮かべながら卵を潰す。卵はある名前を思い浮かべた時に潰れる。でも、その名前を言ってはならない。名

前を言うと、また邪視を受けて、病気になってしまうと言われているからである。それで、片付ける。信じているので、病気は良くなったものである」(2011) という事例がある。卵を使って邪視を持つ者を特定する呪術である。

実は、生卵ではなく、茹で卵でも呪力が発生すると考えられている。「卵を茹でて、茹で上がったら殻を剝き、バラ水か水のどちらかにサフランを溶かして、マッチ棒などで自身に『神よ、神よ、神よ』と書く。そして、その卵を食べる。開運のために。また、病気の者や困難な状態の者は、塩の入れ物を前に置き、塩に『神よ、神よ、神よ』と百回唱えてから、自分の食事に入れると良い。これも難儀や病気など、なんにでも効く開運の呪いである」(2007)。茹で卵を食べて体内に取り入れ、吉を呼び込もうとする積極的呪術である。イランでは卵を生のまま食べる習慣がないので、呪的に体内に取り入れる、つまり、卵を食べるためには茹でるか焼くかしないといけないのである。例えば、「若者が恋をして、失恋したり、恋煩いになったりしたら、昔は次のようなことをしたものである。このマッチ箱か少し小さいくらいの鉛を容器に入れて熱し、溶けた後、その若者の横に持って行き、鉛を冷水に入れると、その熱した鉛が立てる音により、若者の具合は良くなる。また、水の中に入れて変化した鉛の形で解釈をするということもあった。鉛の形により、その若者に解釈をしてやり、治療したのである」(2010) という事例がある。物に熱を加えることで呪力を発生させようとすることがあるため、俗信研究の文脈においては、生卵の代わりに茹で卵が使われたとしても特に矛盾はない。

このように、異世界との接触を促す卵に関するイラン文化における意味を知った上で、冒頭の新車を買ったときの俗信の事例に触れると、「この俗信は論理的だ。イラン文化の文脈に見事に沿っており、美しい」と感じざるをえない。俗信の原因と結果は論理的でないとはいえ、なんでも良いというわけではなく、一定の流儀が求められるのである。

さて、2021 年 11 月 27 日に東京大学中東地域研究センター (UTCMRS)〈連続企画〉駒場中東セミナー「第 10 回 遺産と中東：文化・歴史・信仰の展開」でオンラインで講演をさせていただいた。本書の編者のお一人の鈴木啓之先生が、拙著『現代イランの俗信』(大阪大学出版会、2020 年) を

読んでくださったとのことで、同書の概要に沿って、新たなアプローチも加えて話をしたのであるが、本章では講演内容の全てを再現できないため、いくつかのテーマを選んで当日の雰囲気をお伝えできればと思う。詳細をお知りになりたい方は、本章の元になった『現代イランの俗信』をお読みくだされば幸いである。

　本章の要点二点を先にお伝えしておく。一点目は、「イランの俗信の呪力の原理は『異世界との接触』である」ということ、二点目は「俗信は芸術の原点ではないか」ということである。

1　四十の鍵の盃と昔話『忍耐の石』

　写真1に写っているのはペルシア語で「ジャーメ・チェヘル・ケリード」といい、直訳すると「四十の鍵の盃」という意味になる。初めてこれを見たとき、筆者は衝撃を受けた。「なんだこれは。お椀から手が生えてるぞ。一体、何に使うのか」というのが第一印象だった。テヘランの南部にシャー・アブドル・アズィームという大きな宗教施設があり、その門前町で購入したものである。この「四十の鍵の盃」自体は、そんなに珍しいものではなく、イランでは各所で入手できる。この盃に、水を注ぎ、それを頭からかぶると、病気が治ったり、良いことがあったりするという。

　「四十の鍵の盃に水を入れて頭からかぶると」の部分が積極的呪術の原因の部分で、「良いことがある」が結果の部分となる。そして、当然、その原因と結果には因果関係はない。積極的呪術の結果の部分は、普通は呪術を行う者にとってポジティブな、いわば、幸福な状態が表現される。この事例のように「良いことがある」というのは典型的な結果の部分の表現の一つである。

　このお椀の金属の手の部分は小さなボルトとナットでつながっているだけであり、さらに金属の手には四十個のミニチュアの鍵が付いている。念のため筆者が数えたところ、実際に四十個付いていた。金色をしているが、残念ながら素材は金ではなく、真鍮かなにかである。よく見ると、お椀の内側には魔法陣や鹿のような動物の模様が描かれており、アラビア文字で呪文も書かれている。

写真1 四十の鍵の盃

筆者撮影

　いかにも怪しい呪具であるが、この「四十の鍵の盃」の呪力が発生すると考えられる主たる原理は、「手」と「四十の鍵」と「水」であろう。

　イランには「忍耐の石」という有名な昔話がある。この昔話には数多くの類話が存在し[4]、筆者もいくつかイランで話者から録音させてもらったことがある。僭越ながら、筆者が再話させていただく。

　　昔々、ある町に、女の子がお父さんとお母さんと一緒に住んでいました。娘は、毎日、池に水を汲みに行くのが日課でした。ある日、池に水を汲みに行きますと、池の真ん中から赤い手が出てきて、どこからともなく「お前は死人と結婚することになるだろう」という声が聞こえてきました。娘はとても怖くなり、家に帰って、お父さんとお母さんにその話をしますが、お父さんとお母さんも怖くなり「もう、こんな町には住んでいられない。町から出ていこう」ということになり、三人は家財道具一式を持って町から出て、砂漠に向かって歩き出しました。
　　どんどん歩いていきますと、大きな庭園がありました。庭園は壁で覆われており、大きな扉が付いていました。お父さんが扉をドンドン、と叩いても誰も出てきません。お母さんが扉をドンドンと叩いても誰も出てきません。最後に、娘が扉を叩いた拍子に、パッと扉が開き、

娘は扉の向こう側に転んでしまいます。そして、すぐに扉は閉まってしまいました。お父さんとお母さんがどんなに扉を叩いても、再び開くことはありませんでした。仕方なく、お父さんとお母さんは町へ帰ることにしました。

　扉の向こう側に取り残された娘が庭園の中を歩いていきますと、立派なお城がありました。しかし、中へ入っても誰もいないようです。お城にはたくさんの部屋がありましたので、一つずつ中を見ていきましたが、最後の四十番目の部屋には、なんと、ベッドに美しい青年が横たわっているではありませんか。よく見ると、体中にたくさんの針が刺さっていて、息をしていないようです。枕元を見ると、アーモンドとコーランと一緒に紙が置いてあり「毎日、このアーモンドを一粒ずつ食べて、若者の体から一本の針を抜き、コーランを読んで過ごしなさい。そうすると、若者は生き返ります」と書いてあります。娘は、他にすることもありませんので、書いてあるとおり、毎日、アーモンドを一粒ずつ食べ、若者の体から針を一本抜き、コーランを読んで過ごしました。そして、三十九日目になって、自分がずっとお風呂に入っていないことに気づきます。そして、お城から出て庭園の壁の上に行きますと、丁度、隊商の隊列が通りかかりました。そこで、娘は、家事をしてもらうために隊商の中から一人の娘を譲り受け、彼女を庭園の壁から引き上げて中へ入れました。

　そして、娘は、雇った娘に若者を見ておくように命じて、自分はお風呂に入りに行きました。そして、部屋に戻ってくると、なんと、新しく来た娘が四十本目の針を抜いて、若者が生き返っているではありませんか。若者は「私を助けてくれたのは君か」と言って、娘と打ち解けています。主人公の娘はといいますと、完全に主従が入れ替わって、今、真実を話しても信じてもらえないでしょうから、黙ってお付きの女のふりをしました。

　若者は、自分を助けてくれたことになっている四十本目の針を抜いた娘と結婚することになり、必要なモノの買い物に町へ行くことになります。四十本目の針を抜いた娘は服や装飾品を若者に買ってきて欲しいと言うのですが、若者は「そう言えば、もう一人、娘がいたな。

君は何か要るものはないか？」と尋ねます。主人公の娘は「忍耐の石
が欲しい」と言います。若者は町で、家財道具を買って、最後に雑貨
屋さんで「忍耐の石はありますか？」と尋ねると、雑貨商は「忍耐の
石を売ることはできるが、この石は悲しい話を聞くと爆発する。この
石を求める者は死のうとしているので気をつけるように」と言って忍
耐の石を売ります。

　若者は庭園に帰って、忍耐の石を主人公の娘に渡すと、娘の後をこ
っそりついていきました。娘はある部屋で、なんと、この「忍耐の
石」の話を「ある町に、女の子がお父さんとお母さんと一緒に住んで
いました」という冒頭部分から石に向かって話しはじめました。最後
の方になって、石が爆発しそうなときに、若者は娘を石から離しまし
た。丁度、石は爆発しましたが、二人とも助かり、真実が明らかにな
り、四十本目の針を抜いた娘は追い出され、主人公の娘は若者と結婚
することになりました。若者は別の国の王子で、娘は両親にも再会し、
めでたく結婚式を挙げました。

　この話は、昔話研究ではAT894という国際的な番号が振られており[5]、
イランなど中東だけでなく、ヨーロッパや北アフリカなどにもあるとされ
る。話の構造自体は珍しいものではない。娘が両親と別れて、別の社会へ
入り、そこで出会った若者を呪的な方法で救ってやるなど、さまざまな冒
険をしたあと、最後は両親と再会するという、よくある話である。例えば、
日本では、ジブリ映画の「千と千尋の神隠し」や「魔女の宅急便」も基本
的な話の構造は同じであると言える。

　このイランの「忍耐の石」の話の中で、水から手が出てくるとか、四十
の部屋といったイメージが使われていることがわかる。水から手が出てく
るのは、娘の未来が告げられるシーンであり、四十の部屋は将来の結婚相
手が眠っている場所の描写である。いずれも、娘の人生にとって重要なシ
ーンである。

　イランでは聖地や祭りなどで、金属でできた手の表象を見ることがよく
ある（写真2参照）。例えば、井本英一が論じているように境界表象の一つ

写真2　祭礼で使う旗じるしに施された金属の手

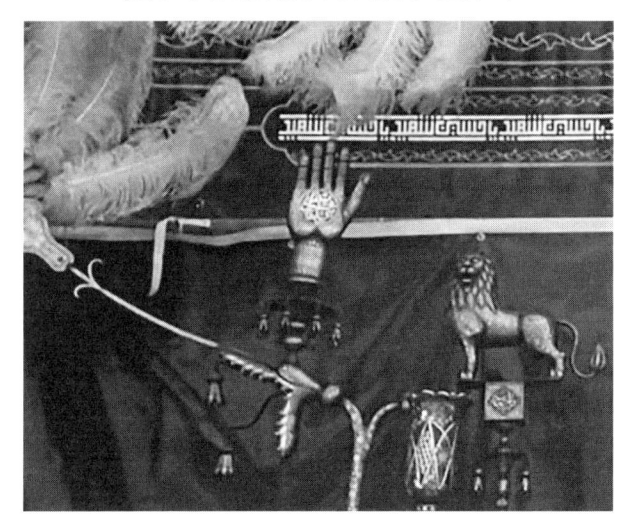

筆者撮影

とされる[6]。

　イラン人にとっては、昔話の中で、「手」が出てきた時点で、このイメージ、つまり、聖地や祭りといった非日常のイメージが湧くのである。

　前出の拙著『現代イランの俗信』でも論じたがイランのマーザンダラーン州で筆者が収集した事例に、「この辺りでは、大雨になったり、一週間も二週間も雨が止まなかったりしたときは、人々が集まって、『紙にペンで四十人の禿の名前を書いて、大きな木に吊しておこう。そうすれば天気は良くなる。』と言ったものだ。［略］頭が禿げている者なら誰でも、その名前を書いた。シャー・アッバースの名でさえも書いた」（1998）という晴天祈願の俗信がある。「四十人の頭の禿げた者の名前を書いた紙を木に吊るす」を原因、「天気が良くなる」を結果とする積極的呪術である。

　日本のてるてる坊主に相当する俗信で、「坊主、僧侶を模した人形を吊るす」に対応する部分が、イランでは「四十人の頭の禿げた者の名前を書いた紙を木に吊るす」になっている[7]。例えば、これも井本英一が「四十日祭」で詳細に論じているが、四十という数字がイランで境界的な数字で

あることは、十分に知られている[8]。

　この「四十の鍵の盃」、我々にとっては、一見、わけがわからないのであるが、イラン人にとっては、「四十の鍵」と「水」から出る「手」がつながるだけで、直感的に非日常や異世界を想起させる、つまり、呪力がありそうと考える、ということがわかっていただけると思う。

2　髪、爪、歯、骨の俗信

　奥西峻介が「髪と髭と毛—ペルシア民俗を中心に—」において詳細に論じているが[9]、実際、イランには髪の毛などを使った積極的呪術が多い[10]。髪の毛は体に付いていたものなので、多くの呪術は感染呪術[11]に分類される。

　　（妖怪）ジンがくれたという髪の毛をある異邦人が身につけていると
　　ジンからの被害がなかった。（1998）

　　目前の人のまつげが抜けたら相手に願いごとをさせる。相手が願いご
　　とをすると、まつげが落ちたのは右か左か尋ねる。正しく言い当てた
　　ら願いが叶う。（2004）

　体から分離したものを使った呪術として、爪と歯も重要である。いくつか、例を挙げる。

　　切った爪は流水に捨てなければならない。（2008）

　　家の中で爪を切ったら、家から外に七歩歩いたところで捨てなければ
　　ならない。汚れや病気が家に入ってくることを避けるためである。
　　（2004）

　流水というのは、用水路などの水路のことであろう。この事例は農業用水をカナートに依存するテヘラン州のターレバーバードという場所で採録

したものなので、カナートから流れてくる水路であろうと推測する。爪を捨てるという行為を行う点で「水路」と「七歩歩いたところ」が同じ文化的機能があるということになる。水界に捨てるか、生活圏外に捨てるかの違いはあるものの、いずれにしても、こっちの世界ではなく、あっちの世界、つまり、異世界に捨てるという意味と解釈できる。

　　子どもの乳歯が抜けたら、庭に埋めるとその子どもが長生きする。
　　(2004)

　日本では、乳歯が抜けたら、下の歯の場合は屋根に投げて、上の歯の場合は、上から下に投げたりする風習があるが、イランでは土に埋めるので、埋葬するという意味だと思う。これもあの世、異世界へ送り込むということである。

　実は、髪は抜けてなくても、まだ体に付いている状態でも、呪力を発するようである。例えば、

　　子どもが生まれたばかりの女性に母乳が十分でないとき、髪を胸の上
　　ですくとよい。(2005)

　これは、頭から生えている状態の髪の毛を使った積極的呪術である。

　　手のひらがかゆくなったら、家の長男の頭と髪の毛にこすり付けると
　　金持ちになる。(2004)

　手のひらから呪力が出ると考えられていることがわかる。手があの世を想起させるというのは前節で説明した通りであるが、「痒い」という感覚はなかなか面白く、人為的に引き起こすことが難しい。他人を痛がらせようとするなら、つねったり殴ったりすることにより簡単に実現できる。くすぐったいという感覚を発生させるのも同様に簡単である。しかし、隣にいる人を「痒がらせる」ことは難しい。このため、痒いという感覚は、こ

の世の人為的じゃない何かが引き起こす、あの世と関係する呪的な感覚と考えられるのかもしれない。さらに、手のひらの呪力を増幅させる呪術がある。

　　結婚式の前日、新郎新婦と列席者の手をヘンナで染めると、結婚式がより幸福なものになる。(2003)

ヘンナで手を染めると、赤くなるのだが、結婚式への出席者の皆で人為的に赤い手の状態を作り出して、呪力を発生させようとしていることがわかる。前節の昔話の「忍耐の石」冒頭の赤い手を想起させる。

　　人間の髪の毛や歯だけでなく、動物の骨も呪具になる。

　　サナンダジの荒野にある種類の鼠がいて、そのある部分の骨をとりだして、その骨で女性あるいは多数の女性に触れると、その女性たちに好かれるようになる。(2004)

　モテたい、あるいは、良縁に恵まれたい、というのは、当然ながら人類共通の普遍的な欲求である。

3　つなげる、あるいは、切る行為に関する俗信[12]

　写真3に示したイランの御札の写真は、テヘラン北方のサーレ廟の門前町の市場で筆者が撮ったものである。魔法陣や呪文が書かれている。縁結び、良縁祈願にご利益がある御札であるという。この縁結びの御札のように、結婚にまつわる俗信はイランでも多い。

　　娘が結婚せずに家にいるとき、布に結び目を作りながら、「娘のいたずらな運命よ、去れ。」と言う。そして、その布を荒野の遠いところに持っていって投げる。しばらくすると、娘の運は開き、結婚できる。(1998)

写真3 御札

筆者撮影

　これは積極的呪術に分類できる良縁祈願の俗信である。なかなか切実な
イランの結婚事情を垣間見ることができる。荒野や砂漠は、生活圏の外な
ので、この世界ではないところに捨てるという意味だと思われる。仮にこ
の俗信が奏功し、相手が見つかって、結婚できそうということになっても、
そうはうまくいくとは限らない。

　　性悪な女は、友人や親戚の娘に結婚させないためにその娘の家で娘の
　　服をピンで留める。そうすると、娘は結婚できない。しかし、娘がピ
　　ンに気がついてピンを外すとすぐに結婚する。(2003)

　これは呪う方の呪術である。ピンというのは具体的には安全ピンを指す
と思われる[13]。年頃の娘さんは、家の中にピンが付いた服がないか、常に
注意しておかないといけないという。我々の感覚からすると、自分を恨む
人が、家に入り込んで服にピンを留めるなど、簡単にできることではない
のだが、恋敵が家族や親戚の中にいるのが、イランの恋愛事情の特徴かも
しれない。イランは親戚づきあいが多い上に、いとこ婚が意外と多いと聞
く。聞くところによると、イランの子供は小学生の頃から、親戚同士の集
まりで同年代のいとこがいると「君たち、お似合いじゃないか？」という

ように、大人たちに囃し立てられることがあるという。

　このように、隣人や友人関係だけでなく、親戚内に恋敵がいる可能性が
あるので、親戚づきあいで誰かが家に来た後が要注意であることは想像に
難くない。

　めでたく結婚式をすることになったとしても、結婚式で呪いの呪術が行
われるかもしれない。

> 結婚式で花嫁が「はい」というときに、性悪な女は鋏を隠し持って開
> 閉する。すると、花嫁は不幸になり、離婚することになる。(2003)

　結婚式の佳境で、新婦が結婚を承諾する文言を唱える瞬間に、参列者の
誰かが袖の中や鞄の中に手をやって鋏を開閉し、「ジョキッ」という音が
聞こえると、恨まれていたことになる。何十個のハサミを閉じる音が鳴る
ということも可能性としてはある。もちろん、そのようなことは滅多にな
いことはわかっているとしても、このような俗信があることは花嫁にとっ
てはプレッシャーであろう。「アイツさえいなければ」、という感情は、人
間なら誰しも持ち得る感情であり、呪術のモチベーションになるものなの
である。

> （産後の産婦の部屋に）タマネギ、鋏、コーランを置いた。六日目にハ
> ンマームに行くと、もう恐れはない。(2009)

という俗信の事例がある。この事例でははっきり述べられていないが、産
後の産婦の部屋に鋏などを置いておくと、赤ちゃんがアールという妖怪か
ら危害を加えられることがないという。鋏はこの世にない特別な力を持つ
という意味で、コーランとも並べられる強力な呪具となりえるのである。

　さらに、結婚しても必ず幸せになるとは限らないため、結婚式では幸福
を確実にするための俗信がある。

> 新郎と新婦の頭上で白い糸を布に縫い付けると、姑の口が閉ざされる

という。(2009)

　いわゆる嫁姑問題である。縫う、という行為は、結ぶ、留めると同じ種類の動作である。ケリをつける動作で、一つの運気を終わらせ、反対の運気へ向かう動作を類感するため、日本ではおみくじを括る動作などに見られるように、呪力を発生させるものと考えられる[14]。この積極的呪術は結婚式の中で行われるため、普通は、新婦の姑の目の前で行われる。筆者が実見した結婚式では、第三者の既婚女性が「ほーら、姑の口を閉じましたー」などと言いながらこの呪術を皆の前で披露し、笑いを誘っていた。姑の立場になって見ると、「明日から、覚悟しろよ」と思うには十分な状況である。つなげる、あるいは、切る行為は共に類感的に運気をつなげたり、切ったりすることを連想する行為で、その瞬間にこの世のものとは違うあの世と関係する力を発生させようとする行為であると解釈できる。

4　二人目の妻に関する俗信

　イランの新婦にとって、結婚後に注意すべき存在は姑だけではない。もっと怖いことがある。夫に二人目の妻が来ることである。

　　妻が野菜とチーズとパンを随時食べると、夫は二人目の妻と結婚しない。(2009)

　イスラム教では四人まで妻を持つことができるため、夫は、合法的に、妻とは別の女性と関係を持つだけでなく、一人目の妻は同じ家で、別の女性と同じ空間で過ごす可能性があることになる。実際は、今のイランでは二人目の妻がいる男性を見かけない。昔ならたまにあり得たと聞くが、現在のイランでは、複数の妻を持つことは、どちらかというと、恥ずかしいことと捉えられているようである。現代ではそのような心配はほとんどないとは言え、二人目の妻がいつ来るかわからないという状況は、妻にとっては不安材料であろう。ただ、野菜とチーズとパンを食べることと二人目の妻が来ないことの間には、科学的な因果関係が見いだせないので、俗信

写真4 お守り入れ

筆者撮影

ということになる。

　どこかで誰かが自分のことを恨んだり妬んだりして、呪いをかけている
かもしれないので、その呪いを破るためのお守りがある。筆者がテヘラン
のシャー・アブドルズィーム廟の門前町で入手したお守りの中にも呪詛破
りのお守りがあり、写真のような一緒に売られているお守り入れに入れて
首からぶら下げておくと、効くとのことである。

　二人目の妻が家に来ないよう、夫の気が他所に移らないようにするため
の女性用のお守りもある。広い意味では日本で言うところの家内安全とか
夫婦円満といったタイプのお守りであるが、浮気防止というストレートな
目的であるのが面白い。小さなお守りの紙は開かないようにセロハンテー
プで巻かれているが、日本のお守りと同じで、購入した店では「開けては
いけません」と言われた。

　俗信を見れば、人間が何を求めて生きているのかがよくわかる。場所を
問わず、皆、自分の不幸や病気は避けて、場合によっては人を押しのけて
でも、自分に吉を呼び寄せて幸せになりたいと考えるものである。イラン
人の人間関係も、お国柄の違いはあるが、日本人と同様に大変なのだと思
う。

特に、家族親戚の中に恋敵がいるのはさぞ大変であろう。子供の頃に、周りの大人に囃し立てられて、「私はあのいとこのお兄さんと結婚することになるかも」などと、淡い恋心をもっていた娘がいたとする。にもかかわらず、二十を超えてしばらくしたら、相手の男性のいとこが、子供の頃のことなどすっかり忘れて、大学で出会ったとか、仕事で出会ったとかいう恋人を連れてきて、その恋愛成就のためにネズミの骨を使ったかどうかはわからないが、その彼女と結婚するなどという状況が起こるのである。たしかに、結婚を約束した間柄ではないが、「なんで、親戚公認の自分というものがありながら」と思うのは当然である。「あいつさえいなければ……」と、機会があれば、知らないうちに服にピンでも留めてやろうと思ったとして誰がそれを責められようか。いとこだから、結婚式にも出ることになる。その新婦とも一生付き合わないといけない関係になるかもしれないのである。結婚式の佳境でジョキッと鋏の音を鳴らすぐらい見逃してやるのが人情というものである。

　ところが、結婚した後が大変で、結婚したその夫婦に何年か経って倦怠期が来たとしよう。すると、元のいとこの娘のターンである。周りの大人たちは無責任にも、「ほらやっぱり、いとこ同士で結婚した方がよかったんじゃないか」などと、陰で言い出すわけである。妻は、いくら野菜とチーズとパンを食べても、お守りを買ってきても、家族ぐるみなわけだから、抗えない。

　このようなことが、イラン各地では繰り返されてきたのではないかと思う。小説の一つでも書けそうな人間ドラマの設定である。

おわりに

　前出の拙著『イランの俗信』でも詳述したが、本章の要点を二点に集約して整理したい。一点目は、「イランの俗信の呪力の原理は『異世界との接触』である」ということである。全てというわけではないが、イランの俗信の事例では、おしなべて何かしらあの世と関連する物や行為を通じて呪力を発生させようとしているように見える。例えば、卵、鍵、水、髪、爪、歯、骨といった異世界を想起させる文化的機能を持つ物を使うことや、

つなげる、切るといった境目を想起させる行為を関与させることで、俗信が行われる事例を示した。これらの事例では、異世界との接触を想起させる物や行為がトリガーとなって呪力を発生させようとしていることがわかる。イランの俗信の呪力の原理の一つは『異世界との接触』なのである。

　二点目は、「俗信は芸術の原点ではないか」ということである。「〇〇したら、△△になる」、「〇〇してはいけない。なぜなら△△になるからである」などというように、俗信は原因と結果の文脈のある文章形式であるのにもかかわらず、これまで、文芸という観点で論じられることはほとんどなかった。

　俗信は人の心を揺さぶるにもかかわらず、あまりにも身近で、短く単純な文章形式で、文字通り、俗っぽいため、芸術であることに気づかれていないのではないか。人類が幸福や不幸という概念を持った時から俗信が始まったとすると、むしろ、俗信は文字による文学などよりもずっと古くからある芸術の原点であると言えるかもしれない。

　さらに、俗信の原因と結果には何の因果関係がないにもかかわらず、俗信特有の流儀が備わっていなければ、信じてもらえないのである。特定の文化に基づく流儀が求められ、且つ、人の感情が揺さぶられる文章であるなら、俗信は芸術という他ない。俗信は、一見、非科学的で、非論理的で、原始的なものに見えるが、その地域の文化の流儀が詰まった芸術なのである。

　なお、本章は2021年11月27日に東京大学中東地域研究センター（UTCMRS）〈連続企画〉駒場中東セミナー「第10回 遺産と中東：文化・歴史・信仰の展開」で行った筆者によるオンライン講演「イランの俗信」の内容を元にしたものであり、その性格上、拙著『現代イランの俗信』（大阪大学出版会、2020年）の中の表現を随所で使用した。

【注】
1)　本章で使用するイランの俗信の事例は、特記しない限り、筆者がイランで収集した事例の日本語訳、または、その要旨である。数字は採録年度である。詳細は、引用

元である竹原新『現代イランの俗信』（大阪大学出版会、2020 年）を参照されたい。

2) 常光徹「共同研究の目的と経過」（常光徹編『兆・応・禁・呪の民俗誌』（国立歴史民俗博物館研究報告、第 174 集）、2012 年、所収）、1-6 頁。

3) フレーザー（永橋卓介訳）『金枝篇』（岩波書店、1951 年初版、1973 年 11 刷）1 巻、57-125 頁で、フレーザーは、呪術を理論的呪術と実際的呪術に分け、さらに実際的呪術を積極的呪術（魔法）と消極的呪術（タブー）に分けた。

4) 例えば、Anjavi Shirazi, Abolghasem. *Qesseh-ha'ye Irani*, Tehran: Amir Kabir, vol 3. 1976. 190-240 に、30 例もの「忍耐の石」類話（要約含む）が収録される。

5) Aarne, Antti, and Stith Thompson. *The Types of the Folktale*. 3rd ed. Helsinki: Suomalainen Tiedeakatemia, 1973. 307-308.

6) 井本英一『境界祭祀空間』（平河出版社、1985 年）、174-237 頁。

7) イランと日本の晴天祈願の比較については、竹原新、前掲書、332-334 頁に詳述したので参照されたい。

8) 井本英一「四十日祭」（大阪外国語大学地域文化学科ペルシア語専攻『イラン研究』第 2 号、2006 年、所収）、6-39 頁。

9) 奥西峻介「髪と髭と毛―ペルシア民俗を中心に―」（説話・伝承学会『説話・伝承学』第 9 号、2001 年、所収）、151-169 頁。

10) 竹原新、前掲書、14-19 頁に詳述したので参照されたい。

11) フレーザーは、前掲書、57-125 頁で、呪術は類感（模倣）呪術と感染呪術の二点に集約できるとした。

12) 竹原新、前掲書、35-39 頁に関連の俗信について詳述したので参照されたい。

13) 竹原新「イランの妖怪制御譚」（『イラン研究』第 15 号、2019 年、所収）22 頁に詳述したので参照されたい。

14) 竹原新、前掲書、37-38 頁に詳述したので参照されたい。

【参考文献】

Aarne, Antti, and Stith Thompson. *The Types of the Folktale*. 3rd ed. Helsinki: Suomalainen Tiedeakatemia, 1973.

Anjavi Shirazi, Abolghasem. *Qesseh-ha'ye Irani*, Tehran: Amir Kabir, vol 3. 1976.

井本英一『死と再生――ユーラシアの信仰と習俗』（人文書院、1982 年）

井本英一『境界祭祀空間』（平河出版社、1985 年）

井本英一「四十日祭」（大阪外国語大学地域文化学科ペルシア語専攻『イラン研究』第 2 号、2006 年、所収）、6-39 頁。

奥西峻介「髪と髭と毛―ペルシア民俗を中心に―」（説話・伝承学会『説話・伝承学』第 9 号、2001 年、所収）、151-169 頁。

竹原新「イランの妖怪制御譚」（『イラン研究』第 15 号、2019 年、所収）、17-31 頁。

竹原新『現代イランの俗信』（大阪大学出版会、2020 年）

常光徹「共同研究の目的と経過」（常光徹編『兆・応・禁・呪の民俗誌』（国立歴史民俗博物館研究報告、第174集）、2012年）、1-6頁。

フレーザー（永橋卓介訳）『金枝篇』（岩波書店、1951年初版、1973年11刷）1巻。

III　形づくる

アレヴィーと遺産[1]

若松大樹

若松大樹（わかまつ　ひろき）
1978 年千葉市生まれ。
上智大学大学院外国語学研究科地域研究専攻博士後期課
程修了（地域研究 博士）。
専門は文化人類学。現職はトルコ共和国国立メルスィン
大学神学部教授。

はじめに

　アレヴィーとは、主にトルコ共和国に居住するイスラームの少数分派であり、第4代カリフ・アリーとその一族であるアフル・アル・バイトを崇敬する。イスラームの分派でありながらモスクでの礼拝やラマダン月の断食などイスラームの五行にあたる宗教的実践は基本的に行わず、その代わりにジェムと呼ばれる独特な宗教儀礼を実践する。そうした宗教儀礼はトルコ系のタリーカであるベクタシー教団のそれと酷似していることから、アレヴィー・ベクタシーと呼ばれることもある。またアレヴィーの人々にはその母語によって、トルコ系アレヴィーとクルド系アレヴィーがおり、トルコ共和国のごく一部の地域を除いてほぼ全域に居住している。これとは別に、トルコ共和国南部のアダナやハタイ、メルスィンを中心とした東地中海地域にはアラビア語を母語とするアレヴィー派（ヌサイリー派とも呼ばれる）が居住し、彼らはトルコ共和国の文脈において便宜上「アラブ系アレヴィー Arap Alevileri」と呼ばれることがあるが、前述したトルコ系およびクルド系のアレヴィーとは歴史的背景、宗教儀礼の実践や教義の点でも異なり、シリアやレバノンに多く居住するアラウィー派と同一であることから、本章では扱わない[2]。本章でアレヴィーと表記される場合は、主としてトルコ系およびクルド系のアレヴィーをさすことにする。

　トルコ共和国は、建国以来ラーイクリキと呼ばれる独特の世俗主義・政教分離政策を国是としており、国民の宗教・宗派を示す包括的な人口統計は公式に明らかにされてはいない。しかしながら、2018年に国連難民高等弁務官事務所が発表した世界の少数派に関する報告[3]によれば、アレヴィーはトルコ共和国に約2000万〜2500万人、人口比にして同国の総人口の約3割ほどを占めており、政治的にも社会的にももはや少数派と呼ぶにはあまりに多数である。こうしたことからアレヴィーは、現在トルコの最大野党であり、また、アタテュルク主義やラーイクリキを党の中心的イデオロギーに掲げる共和人民党の最大の支持母体の一つであり、その存在は無視できないものとなっている。

　しかしながら、オスマン朝時代から今日に至るまで、スンナ派ムスリム

が多数を占める社会において、ムスリムとしてのアイデンティティを持ちながらも宗教的実践や教義の違いから差別されてきた歴史がある。シェイヒュルイスラムを擁するスンナ派・ハナフィー法学派を基本とするイスラーム体制であったオスマン帝国は、スンナ派4大法学派であるハナフィー派、マーリク派、ハンバリー派、シャーフィイー派以外のイスラームの宗派を異端視する傾向にあり、中でもイスラームの五行を実践しないアレヴィー派は特に異端視していた。オスマン帝国時代、16世紀初頭、現在のイラン北部のホラーサーン地方を起源として起こったサファヴィー朝との間に度重なる衝突が生じていた。サファヴィー朝はシーア派の王朝であり、東部アナトリア地域を中心に居住していたアレヴィー諸部族を味方につけ、オスマン帝国との間の戦に駆り立てた。これらアレヴィー諸部族は、オスマン朝と戦う際にサファヴィー朝への忠誠を示すために赤い帽子をかぶっていたことからクズルバシュ（トルコ語で赤い頭の意）と呼ばれていた。

　16世紀の高名なシェイヒュルイスラムであるエブースウウド・エフェンディは、イスラーム法に基づく法的見解（ファトワー）として、クズルバシュは「シーア派ですらない。スンナ派以外にもシーア派には73個の宗派があると言われているがそれらの中の一つでもない。彼らは偶像崇拝を行い、自らの欲望のままに生き、不信仰を続けた。彼らは自分自身を汚して異端の信仰を続けた」として、「彼らはイスラームのパーディシャフ（皇帝）を殺害するだろう」と述べている。そのうえで、「（クズルバシュを）殺害することは不可欠である」と断言している[4]。この法的見解は帝国内のさまざまなモスクを経由して伝達され、スンナ派ムスリムの生活にも影響し、アレヴィーに対する差別を助長するようになった。このことから、クズルバシュの語はアレヴィーを蔑視する語としてスンナ派ムスリムの間で使われ始めた。

　トルコ共和国の時代に入ると、シェイヒュルイスラムに代わって、宗教を管理・統括する機関として宗務庁が設置された。宗務庁はその名の通り、トルコ共和国内に居住する国民の宗教生活全般を管理する役割を担うこととなった。宗務庁はその創設以来、ラーイクリキと呼ばれる独特の政教分離政策に則った宗教政策を実行してきた[5]。一般にこのラーイクリキはフランスのライシテをモデルにしていると言われているが、政教分離の側面

よりもむしろ、国家が宗教を管理・統括するという側面が強い。

　アレヴィーの人々は、このトルコ共和国創設以来の国是としての政教分離・世俗主義政策を歓迎した。なぜなら彼らはシェイヒュルイスラムの基に行われた組織的な差別から解放され、彼らの宗教生活に対して国家が干渉することはもはやなくなるであろうと考えたからである。確かに建国の父ムスタファ・ケマル・アタテュルクが存命中の1930年代後半から複数政党制に移行する1950年までは、ある程度この政教分離政策がしっかりと機能していた。ところが、実態はそう簡単に解決できることではなかった。元々宗務庁は、シェイヒュルイスラムの伝統を引き継ぐ形で国内において多数派を占めるスンナ派ハナフィー法学派を基本理念とし、それ以外の宗教宗派に関してはシェイヒュルイスラムよりもむしろ非寛容な姿勢を示してきた。たとえば東部アナトリアに居住するクルド系住民のほとんどはシャーフィイー派であるが、その教義や礼拝の作法までもトルコ共和国の「公式イスラーム」とはみなさなかった。もちろんアレヴィーの人々が実践する儀礼や教義なども「公式イスラーム」とはみなされず、長らく外部者の目に触れることなく秘密裏に実践されてきた。

　とはいえ、宗務庁はラーイクリキを国是とする国家の機関の一つとして、アレヴィーの人々に対する差別意識を是正することに努めてきた側面も、共和国文書を見る限り確認することができる。たとえば、1950年4月13日付で宗務庁によって各県のムフティーに宛てて書かれた通達文には、「(モスクの)イマームたちのうち何人かについて、アレヴィーの死者の葬儀を行わないとして苦情が寄せられている。……(中略)……こうした行為や言動は、国民の間に軋轢を生むことになり、そうした行動は控えるよう関係各位に通知されたい」とある[6]。また、1953年10月10日に書かれた別な通達文では、「マラシュの説教者ゼケリヤ・ギュヴェンによってイスタンブルのユルキュ出版社から出版された『信仰とイスラームの導き』と題された本で、アレヴィーやクズルバシュには(聖)典がないため、彼らの屠殺したものはハラールではない。彼らの家に客として招待されたムスリムが、彼らが調理した肉料理を食べることは宗教的に適切ではない。もしその家に同じように招待された別のムスリムがいる場合、その人物が自らの手で調理したものは食べても差し支えない、との記述がある。イスラ

ーム法学者によって、スンナ派に反対するというだけで背教者とは呼ばれ
ないことが明らかにされているように、ただ単に（4代カリフ）アリーを尊
崇する国民の屠った食物を食べることはできないなどという思想を持つこ
と、そしてこのことを表明することは、イスラームのウラマーとしての職
務に不適切かつ不要である。……（中略）……我々の宗教（＝イスラーム）の
考え方とは完全に異なるこのような言動や行動は、十分注意するように関
係各位に通知されたい」と述べられている[7]。

　こうしたことから、政教分離を国是とするトルコ共和国の一機関として
宗務庁は、アレヴィーに対する差別を是正しようと努めていたものの、依
然として多数派であるスンナ派からの差別意識は共和国時代に入っても消
えることはなく、むしろアレヴィーに対する差別化が顕在化する場面があ
ったことが理解できる。そのうえ、この文書に記されているイマームや説
教者はすべて、宗務庁が任命したれっきとした職員である。このように、
こうした記述は当時のトルコ社会においてアレヴィーの人々に対する差別
意識がいかに根深いものであったかを物語るには十分である。しかしなが
ら、これはその20数年後にトルコ各地で起きる凄惨なアレヴィー虐殺事
件のプロローグにすぎなかった。

　時代は下って、1980年クーデター前後の時代には、左右両イデオロギー
の対立も相まって、左派系政党を支持するアレヴィーと右派系政党を支持
するスンナ派の間に衝突が各地で頻発するようになり、多くの人々が命を
失う事態に発展した。中でも凄惨を極めたのは、1978年に南東アナトリア
のカフラマンマラシュで起こったいわゆるマラシュ事件と、1980年に中部
アナトリアのチョルムで起こったいわゆるチョルム事件である。カフラマ
ンマラシュではアレヴィーの人々がリンチに遭うなどして111人が扼殺さ
れた[8]。チョルムでは特に民族主義者行動党の支持者と思われる暴徒によ
って、石窯に入れられ焼死させられたり、高い建物の屋上から突き落とさ
れるなどして57人のアレヴィーの人々が犠牲になった[9]。さらにチョル
ム事件の13年後の1993年、アレヴィーの崇敬する聖者ピール・スルタ
ン・アブダルの祭典が行われたスィヴァスでは、アレヴィーの知識人が多
く宿泊するマドゥマクホテルが保守派のスンナ派ムスリムの暴徒に襲撃さ
れ、放火されたうえで、33人が犠牲になった[10]。

　トルコにおいては、国是であるラーイクリキに反するとして、宗務庁以外のいかなる宗教結社も禁じてきた。それまで彼らは、自らのアイデンティティを隠しながら、宗教的儀礼などは外部の人間には知られないようにひっそりと営んできた。私がフィールド調査中に聞き取り調査を行うなかでよく耳にするのは、特に今の 30 代以上の世代のアレヴィーたちが、自分たちがアレヴィーであるということを高校生くらいまで知らされなかったと語っていることである。中には大学生になるまで自身がアレヴィーであると知らない人々もいた。そうした中で、ある人は自分の信仰を完全に捨て去って無神論者になり、ある人はジェメヴィなどには行ったことはないが自分がアレヴィーであるということは周囲に隠し、宗教的実践は行わなかったり、またある人は、人目を恐れながら政府非公認のジェメヴィに足しげく通い、聖者廟詣でに精を出してきた。

　しかしながら、アレヴィーの差別意識から生じるさまざまな事件の教訓から、1990 年代後半以降に入ると、政府も言論や信条の自由を保証するため、国是であるラーイクリキに反しないよう配慮しながら、スンナ派タリーカやアレヴィーのジェメヴィなどに対し「トルコ文化」を実践する文化協会の地位を与えた[11]。こうした文化協会は宗務庁管轄ではなく内務省のワクフ局の管轄にされ、あくまでもトルコ文化を実践する民間 NGO としての活動を許された。2000 年代に入るとトルコは EU 加盟候補国となり、アレヴィーを含めた少数派の人権問題の解決にも力を入れ始めた事も相まって、トルコ各地にあるアレヴィーの聖者廟やジェメヴィなどの施設などが修繕されたり、新たに建設されたりした。アレヴィーの聖者廟に関しては、その定義の問題などからその数を確定することは困難であるが[12]、ジェメヴィの数に関しては、2015 年の内務省ワクフ局のデータによれば、全国で 937 を数える[13]。

　本章では、アレヴィーの人々が少数派であるがゆえの度重なる差別にもかかわらず、連綿と受け継いできた文化遺産のうち代表的なものを紹介していくことにする。

1　ハジ・ベクタシ・ヴェリ廟

　中部アナトリアのネヴシェヒル県に位置するハジ・ベクタシ・ヴェリ廟は、2012 年から世界文化遺産候補リストに登録されている、トルコ最大のアレヴィー聖者廟である。アレヴィーの人々だけではなくスンナ派の人々からも崇敬を集めているハジ・ベクタシ・ヴェリは、13 世紀のアナトリアに生きたとされる聖者で、その名は 4 代カリフ・アリーと並び、アレヴィーの人々のジェムと呼ばれる宗教的実践の際に頻繁に唱和される。ベクタシー教団の研究において、極めて古典的かつ包括的な業績を残したフランスのトルコ学者イレーヌ・メリコフは、今日我々に多くの情報を提供してくれているのは、セルジューク朝を揺るがしたババーイーの反乱の首謀者の一人で、オスマン朝初期の歴史家であるアーシュクパシャザーデの記した史料であると述べる[14]。

　その史料である『オスマン諸史 Tevârih-i Âl-i Osman』によれば、ハジ・ベクタシ・ヴェリは兄弟とともに、1239 年ころに現在のハジベクタシュ郡にあたるソルジャ・カヤ・ホユックに移住してきたという。そして、ベクタシー教団を作ったのはハジ・ベクタシ・ヴェリ本人ではなく、本人の死後その弟子たちによって作られたという。廟が現在のような、テッケ（修道場）を中心にして、廟、モスク（礼拝所）、台所、泉、中庭などからなる包括的なものになったのは、1501 年にこのテッケのポスト・ニシン（タリーカの指導者）となったバルム・スルタンと呼ばれる人物の時代からである[15]。

　現在ではかなり観光地化されており、アレヴィーの人々にとっての宗教ツーリズムの一大中心地になっている。ネヴシェヒルの中心地からハジベクタシまでのアクセスはかなり整えられており、毎年 8 月中旬に行われるハジ・ベクタシ・ヴェリ追悼祭には、トルコ国内からだけでなく国外からも多くの巡礼客が訪れる。

　写真 1 は、聖者廟コンプレックスの入口である。中央付近にモスクのミナーレが見える。入口の左側にある黄色い看板には、この廟コンプレックスが 2012 年以降、ユネスコの世界文化遺産候補に登録されていることが

写真1　ハジ・ベクタシ・ヴェリ廟コンプレックス入口

写真2　モスク

トルコ語と英語で書かれてある。

　写真2はモスク部分である。基本的にアレヴィーの人々はモスクでの礼拝を頻繁に行うわけではないが、金曜礼拝などの際にはここで礼拝する人々もいる。また、ここを観光で訪れるスンナ派の人々もいることから、そうした外部の人々の礼拝の場としての機能も備えている。

　写真3は、ハジ・ベクタシ・ヴェリ廟の入口である。入口から中に入る

写真 3　ハジ・ベクタシ・ヴェリ廟の入口

写真 4　ハジ・ベクタシ・ヴェリの廟本体

際、側面の壁際に接吻した後に額をつける動作を行う。この動作を「ヤー、アッラー、ヤー、ムハンメット、ヤー、アリー」と静かに唱和しながら 3 回行う。

　写真 4 は、ハジ・ベクタシ・ヴェリ廟の本体である。人々はこの周りで

写真5 ハジ・ベクタシ・ヴェリ廟博物館部分の展示

正座をするか立ったままで胸のやや下のほうで両手の手のひらを上に向けてドゥアーを行う。

　写真5は、ハジ・ベクタシ・ヴェリ廟コンプレックスのなかの博物館部分に展示されている展示物である。この写真にあるものだけではなく、かなり多くの展示品が陳列されている。儀礼の際に、指導者が使用したと思われる杖や帽子、数珠などが展示されている。そのほかには、儀礼の前に共食をする習慣があることから、調理の際に用いられたと思われる鍋やおたまなどの調理器具が多く展示されている。また歴代の指導者によって、儀礼に使用されたと思われるサズと呼ばれる弦楽器やダウルと呼ばれる打楽器などのコレクションも展示されている。

　写真6は、廟コンプレックスのなかにあるライオンの泉と呼ばれる場所である。ここから出る地下水は聖水として扱われ、病気治癒などの目的で飲まれる。ライオンは4代カリフ・アリーを象徴しているといわれている。

2　アブダル・ムーサー・スルタン廟

　アブダル・ムーサー・スルタン廟は、アンタルヤ県エルマル郡テッケ村にある。アブダル・ムーサー・スルタンは、14世紀ころに生きたとされ

写真6 ライオンの泉

るアレヴィーの代表的な聖者の一人である。前節で紹介したハジ・ベクタ
シ・ヴェリの親戚筋にあたるとされるが詳細な歴史的記述は少ない。オス
マン朝初期のころ、まだアレヴィーの人々とオスマン朝との間に対立が生
じる前、アブダル・ムーサー・スルタンはオスマン朝のブルサ攻略に参加
した後しばらくブルサにとどまっていたが、さまざまな理由から現在のア
ンタルヤのエルマル郡テッケ村付近に落ち着き、そこで修道場を建設して
同地で没したとされる。17世紀の旅行家エヴリヤ・チェレビの『旅行記』
にその記述があり、当時は300人以上のデルヴィーシュと呼ばれる修道僧
が修行していたという[16]。

　ハジ・ベクタシ・ヴェリ廟と同様に、アブダル・ムーサー・スルタンの
廟も聖者廟コンプレックスを形成しているが、テッケ（修道場）を中心に
して、廟、台所、泉、中庭などありモスクは併設されていない。ハジ・ベ
クタシ・ヴェリ廟ほどではないにしろ、ある程度観光化されてはいるが、
宿泊施設などは乏しく、またアクセスもアンタルヤの中心部から約
130 kmも離れた山間にあって良いとは言えない。

　1826年にマフムト2世によってハジ・ベクタシ・ヴェリ廟のテッケの閉
鎖が決定された際、この廟はアブダル・ムーサー・スルタンの廟を残して
すべてが使用禁止となった。1870年に再び使用が許可されたものの、トル

125

写真7 アブダル・ムーサー・スルタン廟の入口

コ共和国成立から2年後の1925年、テッケ・ザーウィア法によって再び閉鎖される。この時には廟の使用も認められなかった。80年クーデターの民政移管以降、1984年に文化遺産としての地位を与えられ、毎年6月の第3週には、アブダル・ムーサー・スルタン追悼祭が行われている[17]。

　写真7は、アブダル・ムーサー・スルタン廟の入口である。ハジ・ベクタシ・ヴェリ廟の入口の場合と同様、中に入る際には入口の側面（左右どちらでもいい）に接吻して額をつけ、「ヤー、アッラー、ヤー、ムハンメット、ヤー、アリー」と唱和しながら3回この動作を繰り返してから中へ入る。

　写真8は台所と食堂である。普段はほとんど使われることはないが、6月の聖者追悼祭の折には村外から訪れた巡礼客が羊などを屠る。その屠った犠牲を迅速に処理し調理するための竈や調理器具などが常備されているほか、共食する場も設けられている。

　写真9は、アブダル・ムーサー・スルタンがまとったとされる衣服。ハジ・ベクタシ・ヴェリ廟と同様に、こうした遺品が展示されているブースもある。

　写真10にみられるように、ウドゥー（禊ぎ）を行う場が設置されている。人々は廟に参詣する前にここで禊ぎを行ってから建物の中に入る。

写真8　大台所兼食堂

写真9　アブダル・ムーサー・スルタンの衣服

　写真11は、アブダル・ムーサー・スルタンの追悼祭など外部の巡礼客が訪れるイベント期間中にジェム儀礼が行われる場である。中央の屋根のついているステージにデデと呼ばれる宗教指導者やザーキルと呼ばれるサズを演奏する演奏者が座り、広い芝生の上に参加者が座る。

写真10 ウドゥーの泉

写真11 ジェムの場

3 ジェメヴィ

　この節では、アレヴィーの人々が無形文化遺産であるジェム儀礼を行う場としてのジェメヴィを紹介していく。ジェメヴィの法的地位をめぐって、アレヴィーの人々によって運営される文化協会とトルコ政府の間で長年議

論が続いていた。アレヴィーの人々の主張として、スンナ派とは異なる独特の宗教体系を持ち、異なる儀礼を行う場としてジェメヴィを宗教施設であると政府は認めるべきだとする見解を持っていた。他方、トルコ政府としてはアレヴィーをムスリムであると認めるならば、イスラームの宗教施設はモスクただ一つであり、ジェメヴィはスンナ派でいえばタリーカとしての扱いになるので、トルコ文化を振興する文化協会として認定してきた。1990年代後半から巻き起こった議論は平行線をたどっていたが、2007年から公正発展党政権においてはじめてアレヴィー問題の民主的解決のための会議が数度にわたって行われ、2010年には216ページにおよぶ会議報告が出版され、その中でも議論されたものの、具体的な解決策は提示されていなかった[18]。

　そして2014年に、上に挙げたトルコでは最古参のアレヴィー文化協会であるジェム基金が、ジェメヴィはイスラームの宗教施設であるから、これの運営にかかる光熱費はモスクに対するのと同様に宗務庁が負担するべきであるとし、光熱費の支払いを拒否したことに対して政府がジェム基金を相手取って訴訟を起こした。その訴訟は最高裁まで持ち越され、ついに2015年8月に最高裁は、ジェメヴィはイスラームの宗教施設であるという地位を与え、したがってかかる光熱費等の経費は宗務庁が支払うべきという判決を下した[19]。

　これに対し政府は、第一に、宗務庁の業務はスンナ派の宗教指導者（イマーム）を派遣する機関であること、第二に、同庁は国民に対してモスクを通してクルアーン教育を行う機関であること、第三に、同庁はラマダンや犠牲祭、聖地巡礼などの宗教行事をコーディネートする機関であることなどを理由に、同庁がジェメヴィに対して行政サービスを執行することはないとの見解を示した。そのうえで、2022年11月9日付の官報にて、アレヴィー・ベクタシー文化とジェメヴィ庁の設置を決定した[20]。2023年3月現在においてまだ具体的な政策は発表されていないが、今後の展開は注視していくべきであろう。

　ジェメヴィは、上に挙げた通り聖者廟とセットになっていることもあるが、大都市においてはジェメヴィと文化協会施設が一体となっている場合がほとんどである。ここでは、アンタルヤ市内の中心部にあるジェメヴィ

写真12　アンタルヤ市内のジェメヴィ

　と、アブダル・ムーサー・スルタン廟のあるテッケ村の伝統的なジェメヴィを比較しながら紹介していく。

　写真12は、アンタルヤ市内にあるジェメヴィの入口部分である。看板には、「ハジ・ベクタシ・ヴェリ・アナトリア基金アンタルヤ文化とジェムの家」と記してある。その下の垂れ幕には、「ジェメヴィは宗教施設である」と書かれている。看板の上には、巨大なハジ・ベクタシ・ヴェリの絵が掲げられている。

　写真13はジェメヴィの内部である。この場で、ジェム儀礼などの宗教的実践を行う。中央にはデデが座るポストがあり、ザーキルなども隣に座るようになっている。背景の壁の右側にはハジ・ベクタシ・ヴェリの絵が、

写真13　ジェメヴィの内部

左側には 4 代カリフ・アリーをはじめ、ハサン、フサインなど 12 イマームの姿が描かれている。

　写真 14 は、ジェメヴィの地下にある霊安室である。ここで、遺体を清めることができる。都市圏にあるジェメヴィの大きな社会的な役割の一つが、アレヴィーの人々の葬儀を行うことである。前にも述べたように、ジェメヴィそのものが非合法であった時代は、モスクで葬儀を行うか、自宅にデデを呼び自宅葬の形にするのが普通であった。1990 年代からジェメヴィが公に活動を始めて以降は、アレヴィーの人々もジェメヴィで葬儀を行うことができるようになったと人々は語る。

　しかしながら、伝統的なアレヴィーの村においては、古くからデデが葬送を執り行うことはまれで、通常はホジャと呼ばれるクルアーンのヤースィーン章などを暗唱することができる者が執り行ってきた例が多い。

　写真 15 は、前に述べたアブダル・ムーサー・スルタン廟のあるテッケ村にあるモスクである。このモスクは 1952 年設立と宗務庁のかけた看板には書いてあるが、村の人々によるとミナーレがある部分の建物が 1952 年に建設されたと語っており、実際にはモスク自体はもっと古くからあるとのことである。住民たちは彼らが通うこのモスクのイマームに村外からの人間が就くことを嫌い、ここのイマームは、歴代この村の出身者が務め

写真14 霊安室

ることになっている。現在のイマームは、大学の地図工学科を卒業し、一
度イスタンブルで就職したが、その後通信教育で神学部を卒業し、宗務庁
に願い出て着任したこの村出身の者が務めている。

　写真16は、テッケ村のジェメヴィの入口である。先ほどの写真15のモ
スクの裏手にある。ここは、先に述べたアブダル・ムーサー・スルタン廟
の中にあるジェメヴィとは別で、村外の者は基本的に入ることは許されな
い。ここには、ジェメヴィの看板もなく、あたかもモスクに併設している
物置にも見える。住民は、このジェメヴィがトルコ共和国初期の時代から
建てられていたと語る。このジェメヴィには、ジェム儀礼を行うための修
道場と、共食をする際の料理を提供する調理場がある。

写真15　村のモスク

写真16　ジェメヴィの入口

　写真17は、ジェメヴィの内部である。正面にはチュラーと呼ばれる蠟燭台があり、3本の蠟燭を立てられるようになっている。ジェム儀礼の際、その始まりにデデの指導の下チュラージュと呼ばれる役割を担う信徒が「アッラー、ムハンメット、アリー」と唱和しながら順に3本の蠟燭に灯をともす。儀礼の終わりには同様の言葉を唱和しながら灯を消す。正面には4代カリフ・アリーをはじめ、ハジ・ベクタシ・ヴェリやアブダル・ム

写真17 ジェメヴィの内部

ーサー・スルタンなどの聖者の絵が掲げられているのに加え、トルコ共和
国建国の父ムスタファ・ケマル・アタテュルクの肖像も掲げられている。
修道場中央にある白く細い柱には赤いスカーフがあり、その中の袋にはク
ルアーンがくるまれている。

　たとえアレヴィーであっても、村外から巡礼に訪れた者がこのジェメヴ
ィに入ってジェム儀礼に参加することはない。外部者がジェム儀礼に参加
するのは、前節で述べたアブダル・ムーサー・スルタン廟にあるジェメヴ
ィである。このようにして人々は、儀礼の場を外部者用のものと村の者用
のものとに分けることによって、伝統的な儀礼を無形文化遺産として受け
継いでいる。ではなぜ、同じアレヴィーであるのに村の住民と外部者との
間で儀礼の場を分ける必要があるのであろうか。それは、同じアレヴィー
であっても地域によって儀礼で唱和される文言やデイシュと呼ばれる歌、
儀礼の式次第やセマーと呼ばれる舞踊が異なっており、デデ同士の対立や
論争を避けるために分けるのだと住民は語る。さらに、ギョルギュ・ジェ
ミと呼ばれる、特定のコミュニティのアレヴィーだけが参加できるジェム
儀礼があるためであるという[21]。

おわりに

　UTCMES 駒場中東セミナー 2021 の第 5 回、「アレヴィーと遺産」を担当させていただき、アレヴィーの人々にとって、遺産とは何かを改めて考える機会を得ることができた。アレヴィーの人々にとって遺産とは何であるか。その答えを知るべく最も手っ取り早い方法は、私の身近にいるアレヴィーの人々に「アレヴィーの人々にとって遺産とは何ですか」と尋ねることだと思いついた。試しに懇意にしているメルスィンにあるジェメヴィに通うある一人のインフォーマントに聞いてみた。ところが、彼は私の予想を良い意味でも悪い意味でも大きく裏切ってくれた。その答えは、家屋や財産、車や子宝であった。それはそうなのである。彼はアレヴィーである以前に一人の人間なのである。誰もが遺産という言葉から想像するものはこうしたものである。

　都市に住むアレヴィーの人々は特に、急速な都市化や移民によって、村の小さなコミュニティから離れてしまい、アレヴィーとしての伝統を受け継ぐことができず、次第に宗教生活からかけ離れてしまっているのが現状であり、本人たちもそれを良しとしている場合が大半であり、実際のところジェメヴィを訪問したことがない人々すらいるのだ。都市のジェメヴィに通ってきている人々でさえ、自らの文化を継承したり振興したりするという目的とは別に、政治的なコネづくりだったり、老後の単なる暇つぶしだったりする場合がある。一部のジェメヴィでは、若者のジェメヴィ離れも起こっている[22]。

　この状況は、多数派であるスンナ派と比べると全く異なる。スンナ派の場合は、トルコの初等・中等教育において必修科目「宗教文化と道徳」で国家がその宗教的伝統を公教育で子供たちに教えている。他方でアレヴィーが、アレヴィーとしての宗教教育を受けるには、自らジェメヴィを訪れてデデに直接指導を仰がない限りまず不可能である。たとえば、私がこれまで調査をしてきた中で、ジェム儀礼に参加したことのないアレヴィーのほうが多数を占めている印象すらある。セマー教室やサズ教室なども各ジェメヴィで開講されてはいるが、それはあくまで自由意思による参加であ

り、トルコ全体でみればほとんど少数といっていいであろう。

　アレヴィーの宗教的伝統はほとんどが口承伝承によるもので、この点において、ともすれば周囲のスンナ派による同化政策によって淘汰され、早晩なくなってしまう危機に瀕しているといえよう。

　他方で、アレヴィー文化を振興するための活動をしている文化協会の関係者などに聞くと、アレヴィーにとっての遺産は、聖者廟や伝統、宗教儀礼などの無形文化遺産という答えが返ってくる。こうしたアレヴィー文化の振興を目的に活動をしている人々によって、アレヴィーの伝統である有形・無形の文化遺産が継承されているといっても過言ではない。この章で紹介した聖者廟やジェメヴィは、アレヴィーの人々が長年にわたる周囲からの差別にもかかわらず、アレヴィーがアレヴィーとして存在するために受け継いできた有形・無形の文化遺産なのだということも、フィールド調査を通して理解することができた。

　2000年代に入って、ジェメヴィがようやく国に宗教施設としての認定を受けることができ、政治環境の上ではアレヴィーの有形・無形文化遺産を受け継ぐには良い方向に向かってきているといってよいかもしれない。ただ一般のアレヴィーの人々が自分たちの伝統文化にどれだけ関心が持てるかどうか、そしてそれらの人々がそうした伝統文化に価値を見出して、有形・無形文化遺産を後世に引き継いでいけるかどうかは、本人たち次第である。

【注】

1) 本章は、トルコ共和国メルスィン大学学術研究プロジェクト（BAP/AP4-C）、「デルギャーフからジェメヴィーへ：空間と歴史に関する研究 Dergâh'tan Cemevine: Mekâna ve Tarihsel Sürece İlişkin bir Araştırma（代表者：Prof. Dr. Erdal BAYKAN）」の予算によって行われたフィールド調査で得られたデータの一部を含んでいる。本章に使用されているすべての写真は、この研究プロジェクトのフィールド調査において筆者が撮影したものである。

2) Martin van Bruinessen, "Kurds, Turks and the Alevi Revival in Turkey," *Middle East Report*, No. 200, 1996: pp. 7-10.

3) UNHCR, "World Directory of Minorities and Indigenous Peoples – Turkey :

Alevis," *Minority Rights Group International*, 2018 (https://www.refworld.org/docid/49749c9950.html).

4) Pehlul Düzenli, "Osmanlı Hukukçusu Şeyhülislam Ebussuûd Efendi ve Fetvâlar," Selçuk Üniversitesi Sosyal Bilimler Enstitüsü Temel İslam Bilimleri Anabilim Dalı İslam Hukuku Bilim Dalı Doktora tezi, Konya, 2007: p. 147.

5) ラーイクリキについては、粕谷元編『トルコ共和国とラーイクリキ』上智大学イスラーム地域研究機構 (SOIAS Research Paper Series 4)、2011 に詳しい。

6) BCA. 051.V.33.4.33.7 (Diyanet İşleri Reisliği Yazıişleri ve Evrak Müdürlüğü 7728. 13.04.1950)

7) BCA. 051.V.37.4.37.12 (Diyanet İşleri Reisliği 24952. 10.10.19.53)

8) Orhan Gazi Ertekin, *Maraş Katliamı: Vahşet, Direniş ve Işkence*, Ankara: Dipnot Yayınları, 2020.

9) Fikret Güneş, *Kırkların Direnişi: Yaşayanların Tanıklığıyla Çorum Olayları*, İstanbul: Ozan Yayıncılık, 2019.

10) Ozan Çavdar, *Sivas Katliamı: Yas ve Bellek*, İstanbul: İletişim Yayınları, 2020.

11) トルコ国内で最も先駆的なアレヴィー文化協会はジェム基金で、その創設は 1995 年 3 月 27 日である (https://www.cemvakfi.org/)。

12) トルコ国内の聖者廟や修道場などに関するオズの研究があるが、そのリストの中に含まれている聖者廟のうちアレヴィーにもスンナ派にも崇敬されている聖者や聖廟があったり、また、ある程度知名度があるにもかかわらず網羅されていない聖者廟があるなどするため。参考：Gülağ Öz, *Anadolu İnanç Merkezleri: Türbeler, Yatırlar, Dergâhlar*, Söylenceler, Ankara: Barış Kitap, 2016.

13) Murat Borovalı & Cemil Boyraz, "Türkiye'de Cemevleri Sorunu: Haklar ve Özgürlükler Bağlamında Eleştirel Bir Yaklaşım," *Mülkiye Dergisi*, 40(3), 55-85.

14) Irène Mélikoff, "L'ordre des Bektasis et les groupes relevent de Haci Bektas: survol du problème," *Sur les traces de soufisme turc: recherches sur l'Islam populaire en Anatolie*, Istanbul: ISIS, 1992, 5.

15) Mehmet Baha Tanman, "Hacı Bektâş-ı Velî Külliyesi," *IA*, 14: 459.

16) Orhan Fuat Köprülü, "Abdal Musa," *IA*, 1: 64.

17) Halil Öztürk, *Pir Abdal Musa Sultan*, Antalya: Tekke Köyü Abdal Musa Kültürünü Araştırma ve Yaşatma Derneği, 2022: 3.

18) T. C. Devlet Bakanlığı, *Alevi Çalıştayları Nihai Rapor*, Ankara: T. C. Başbakanlık, 2010.

19) T. C. Yargıtay, 3. Hukuk Dairesi, E: 2014/11238, K:2015/9711, T: 28.05.2015. これに関する報道としては、"Yargıtay Noktayı Koydu: Cemevlerine İbadethâne Statüsü," *Diken*, 17/08/2015 (https://www.diken.com.tr/yargitay-noktayi-koydu-cemevlerineibadethane-statusu/）を参照。

20） Cumhurbaşkanlığı Kararnâmesi, 9 Kasım 2022 tarihi 32008 sayılı 112 nolu kararı, "Bazı Cumhurbaşkanlığı Kararnâmelerinde Değişiklik Yapılması Hakkında Kararnâmesi," *Resmi Gazete*, 9 Kasım 2022（https://www.resmigazete.gov.tr/eskiler/2022/11/20221109-11.pdf）.

21） ギョルギュ・ジェミのうち、アレヴィー独特の擬制的兄弟関係であるミュサーヒプリキを結ぶためのジェム儀礼が代表的である。ミュサーヒプリキとミュサーヒプリキのジェム儀礼に関しては、拙稿 Hiroki Wakamatsu, "Müsâhiplik: An Anthropological Analysis on Fictive Kinship of Alevis in Turkey," *Sociology and Anthropology*, Vol. 7, No. 8: 327-336, 2019.（DOI: 10.13189/sa.2019.070801）を参照。

22） メルスィン・ジェメヴィにおける若者のジェメヴィ離れに関しては、拙稿、若松大樹「現代トルコのアレヴィー：少数派として生き抜く」『フィールドプラス』19, 2018: 8-9 を参照。

ガルダイアとジェルバ島の イバード建築

——ル・コルビュジエ「ロンシャン礼拝堂」に 舞い降りたインスピレーション

松原康介

松原康介（まつばら　こうすけ）
筑波大学理工情報生命学術院准教授。専門は中東・北アフリカ地域の建築・都市計画史。博士（学術）。一級建築士。著書に『モロッコの歴史都市　フェスの保全と近代化』（学芸出版社、2008 年）、編著に『地中海を旅する 62 章　歴史と文化の都市探訪』（明石書店、2019 年）、編訳書に『ダマスクス　都市の物語』『アレッポ　都市の物語』（ともに中央公論美術出版、2023 年）がある。

はじめに

　近代建築の立役者の一人であったル・コルビュジエ（1887-1965）の晩年
の作品に、「ロンシャン礼拝堂」（1955）がある。その外貌から内部空間ま
で、キリスト教会としても一風変わっているが、何より「近代建築」とし
ても本質的に逸脱した建築である。例えば、ル・コルビュジエ自身が提唱
し、後の近代建築の一つの範となった考え方に「近代建築 5 原則」（後述）
があるが、このロンシャン礼拝堂においては、まったくとは言わないにし
ても、この「5 原則」は決して明解に反映されてはいないのである。

　このロンシャン礼拝堂を考える上で、よく知られた、しかし検証を要す
る一つの言説がある。ロンシャン礼拝堂が「5 原則」から逸脱しているだ
けでなく、こともあろうに遠くアルジェリアのイスラームの、それも異端
として知られるイバード派のモスクから、デザイン上のインスピレーショ
ンを受けている、という言説である。あえて言説と書くのは、ル・コルビ
ュジエ自身がそれを明言してはいない（さすがに教会建築の元ネタがモスク
だとは言えなかったのであろう）にもかかわらず、同僚から建築史研究者ま
でが、あたかも礼拝堂の誕生秘話のような態で、物知り顔で漏れ伝えてき
た結果、なかば公然の秘密となっているからである。

　そこで本章では、近代建築を超えた名作「ロンシャン礼拝堂」のインス
ピレーションの源を探るという観点から、当該の「スィディ＝ブラヒー
ム・モスク」（ガルダイア）を始めとするイバード建築に焦点を当てる。イ
バード派は、今日では中東・北アフリカ地域を中心に広く分布していると
思われるが、主にオマーンと、アルジェリアのガルダイア県（7 つの丘の
集落からなる）、及びチュニジアのジェルバ島を中心に多くの居住者がいる
とされてきた。オマーンについては近藤による次章 9 講において言及があ
るので、本章では筆者が調査を行ってきたガルダイアをメインに扱い、ま
たジェルバ島の事例を補足的に参照しつつ、イバード建築の魅力に迫るこ
とにしたい。

1 ロンシャン礼拝堂とその言説

(1) 近代建築 5 原則

ここで「5 原則」（①「自由な平面」、②「自由なファサード」、③「横長の窓」、④「空中庭園」、⑤「ピロティ」）について、手短に確認しておこう。**①自由な平面**とは、石やレンガを積み上げた中世建築の内壁（構造壁であり、屋内平面計画の自由を著しく制限した）から解放された空間を意味する。これは、当時の新しい建材である鉄筋コンクリートの柱と梁からなる構造（ラーメン構造）よって、均等・整形なグリッド状の内部空間を実現したからこそできたことであった。**②自由なファサード**（立面）とは、扉や窓等の開口部の自由を意味する。中世の「重い」建築では窓一つ開けることすら容易ではなかったものが、やはり鉄筋コンクリートの壁には自由にかつ安全に、窓を設けることができるようになったということである。これに関連して、**③横長の窓**（水平連続窓）は、中世建築では水平材の構造上どうしても窓は縦長でしか開けられなかったものが、壁の制限から解放されることで水平方向に大きく広がる窓を設けられるようになり、結果として採光・眺望に優れ、開放感のある内部空間を実現したというものである。**④空中庭園**とは、水平屋根によってできた屋上空間を植栽やプール等を備えたオープンスペースとすることであり、また**⑤ピロティ**とは、一階部分の壁を外壁も含めて全て外し、柱だけで持ち上げた開放空間とするもので、地面からの解放というコンセプトに基づくものである。

総じて、「5 原則」は単なるデザイン上の嗜好の問題ではなく、古代・中世以来の組積造建築の縛りからの、鉄筋コンクリートという新しい建材と構法が可能とした「自由」（更に言えば中世建築への「反発」）の現れであった。「5 原則」がしっかりと反映されたル・コルビュジエの建築は、基本的には、さながら白いキューブのようにすっきりとした整形の外貌を持つ作品となる。それは生真面目で固いというイメージと切り離せない。「サヴォワ邸」（1931）や「マルセイユのユニテ・ダヴィタシオン」（1952）[1]のような代表作は、その典型といえる。更に、ロンシャン礼拝堂から 5 年遅れて竣工した「ラ・トゥーレット修道院」（1960）は、同様に教会建築であり

ながら、見事に「5 原則」に則った建築であった。

(2) ロンシャン礼拝堂にまつわる言説

　ロンシャン礼拝堂は、正式名をノートルダム・デュ・オー礼拝堂（Cha-pelle Notre-Dame du Haut）といい、ナチス・ドイツによる空爆によって破壊された中世の礼拝堂を、教会の依頼に基づき当時 68 歳であったル・コルビュジエが設計し、再建したものである（図 1）。フランシュ・コンテ地方の丘の上にある。柔らかなカーブを描くコンクリート打ちっぱなしのグレーの屋根は、ボリュームを感じさせるが、実際は内部は空洞である（鉄筋コンクリートによるシェル構造）。この屋根が水平材となり、基本的に外壁だけで支えられている。屋根の剛性が高いため内部に柱は用いられておらず、大空間を実現している（図 2）。錐状に斜めに立ち上がる壁面は、全体が白く塗られており、大小不規則な四角い窓が散発的に散りばめられている。鐘楼も同様に白く丸みを帯びている。圧巻なのは礼拝堂の内部で、不規則な窓からさながら幾筋もの光明のように色合いの異なる光の束が差し込んでくる。

　柔らかなボリューム感を与える魅力的な建築であると言ってしまえばそれまでである。また、このように彫塑的な形態は、ル・コルビュジエが若年より取り組んできた彫刻においては既に表現されてきたことも指摘されている。しかし、あくまでも建築として、とりわけ「5 原則」から見たとき、中世建築の分厚い石積み壁や柱、装飾からの解放という本来の趣旨から更に逸脱した、いわば自由過ぎる平面とファサードであると言いうるし、窓は正方形か縦長が多く、空中庭園やピロティは存在しない（図 3）。ル・コルビュジエの作品として、明らかに異質なのである。

　ロンシャン礼拝堂については、ル・コルビュジエの晩年の傑作として多くの論評がなされてきた。若き日の旅行で得られたアテネ（パルテノン神殿）やイスタンブールといった地中海的イメージがインスピレーションを与えてきたとされる中、注目されるのが、ガルダイアの建築との関連を指摘する言説である。管見の限り、まず、アルジェリアに長く滞在した経験のある写真家マニュエル・ロッシュによる写真集『ムザブ』（1970）があり、ここでスィディ＝ブラヒーム・モスクが「ムザブのロンシャン」と紹介され

図1 ロンシャン礼拝堂外観　撮影筆者（2016年5月）

図2 ロンシャン礼拝堂内観　撮影筆者（2016年5月）

ている。彼女は更に、「（同モスクでは）ロンシャンのように、内壁全体をニッチや窓のような開口部が貫通している。ムザブのモスクの多くやヤシの林の家のように、いくつかの部屋がある（ロンシャンも外側に部屋がある）」[2]とも述べている。また、アルジェリアの文化財保護担当官でロッシュの夫でもあった建築家アンドレ・ラヴェローも、『ムザブ―建築の教え―』（1981）において、ロンシャン礼拝堂を引き合いに出している（後述）[3]。

　研究者らも同様である。ル・コルビュジエの伝記の書き手として広く知られる美術史家のスタニスラウス・フォン・モースは、「ロンシャン礼拝

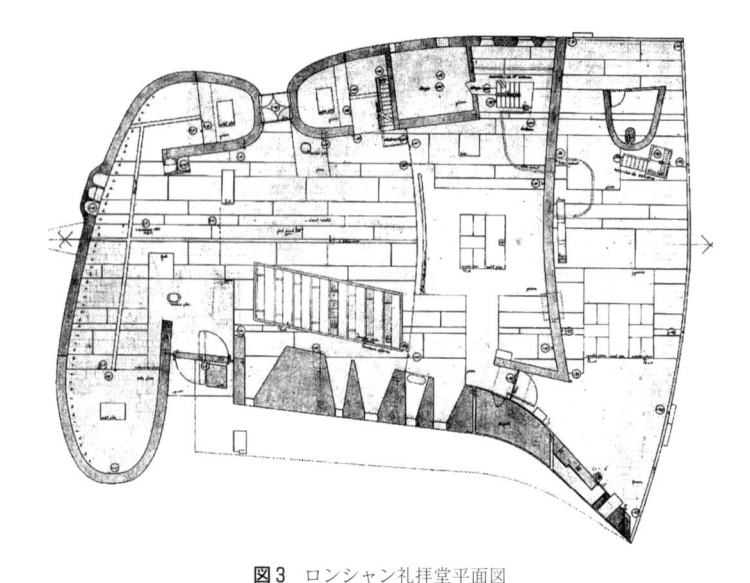

図3 ロンシャン礼拝堂平面図
出典：“Le Corbusier's Ronchamp Chapel “Notre Dame du Haut”” in ArchEyes, May
31, 2021.

堂は北アフリカの民俗建築の復興ではない」としながらも、ガルダイア滞
在がその創造への出発点であったと論じている（1979）。建築史家ジャン・
ルイ・コーアンは、「（ロンシャン礼拝堂の）色彩の変わる南の壁の窓は、
エル・アットゥフのスィディ＝ブラヒーム・モスクの壁を思い起こさせ
る」[4]と書いている（2004）。二度にわたる北アフリカ旅行のスケッチをま
とめたル・コルビュジエ研究者のダニエル・ポーリーは、旅行中に得られ
た「アコースティック（音響的）な形」というコンセプトが、ロンシャン
礼拝堂の壁に具体化されたと述べている[5]。

　ドナデュー夫妻・ディディヨン夫妻による『砂漠に住む―ムザブ人の住
宅―』（1978）のように、逆に一切の言及を避けた書籍[6]もあるが、更に雑
誌記事や作品集でのオマージュの類を見ていくなら、ロンシャン礼拝堂を
スィディ＝ブラヒーム・モスクに比定する言説は、枚挙にいとまがないで
あろう[7]。

(3) 北アフリカ旅行の実際

　では、実際の邂逅の模様はどうだったのであろうか。気鋭の理論家とし

図 4　機内からスケッチされたガルダイア集落。中央ミナレット、同心円状の集落構造、広場（スーク）、城壁が描かれている。広場は市街地外縁に近い。
出典：Pauly（2013），p. 173.

て雑誌や書籍で多くの建築論を発表しながら、青年期には必ずしも実作の機会に恵まれてこなかったル・コルビュジエは、1931 年、44 歳にして、初期の代表作とされるヴィラ・サヴォワを実現した。ここでは「5 原則」が反映されたと言われている[8]。北アフリカ旅行は同じ年の 8 月になされたものである。従弟のピエール・ジャンヌレ（1896-1967）とともに交代で愛車ヴォワザン号を運転し、モロッコからアルジェリアまで 26 日間をかけて走破する旅であった。この時は旅程の終盤にガルダイアに数泊したようである。続いて 1933 年 3 月に、アルジェでの招待講演（市の都市計画プロジェクトによる招聘の含みがあった）の合間に飛行機に乗ってムザブの谷に入り、一泊の旅程で、ムザブの谷の集落やオアシスを訪れている。この時は、旋回する飛行機の中からガルダイアの集落を観察し鳥観図的にスケッチするという機会にも恵まれていた（図 4）。

　この二度の訪問が、いわゆるル・コルビュジエの「北アフリカ旅行」として知られる全てである。旅行中に描かれたスケッチは、量も多く、特にモロッコからアルジェリアにかけて豊富に存在する特徴的な建築や都市遺産を中心に描かれ、人々の日常生活、また現地女性の姿態といった広いテ

ーマに及んでいた[9]。建築家にとって、スケッチはきわめて重要な記憶の手段であり、インスピレーションを維持し、デザインの基礎となるものである。ル・コルビュジエもまた、当時の建築家の例にもれず、生涯を通じて数多くのスケッチを残したことで知られている。

とはいえ、ここでいくつか批判的な視点から確認しておくべきであろう。まず、ガルダイアに滞在した日数は、決して多くはないということである。また、こうして描かれたスケッチの中に、スィディ＝ブラヒーム・モスク（エル＝アッテフ集落）そのもののデッサンは含まれていない。そして、この旅行からロンシャン礼拝堂の計画までには、凡そ20年を待つこととなり、その間にル・コルビュジエが実現した建築は基本的には「5原則」に沿った、モダニズムのお手本のような建築ばかりであった。文字通り、ガルダイアのインスピレーションは、ほんの一瞬の邂逅において得られた後、ル・コルビュジエの記憶の中でずっと眠り続け、20年の後に突如として目覚め、突然変異的にロンシャン礼拝堂を生み出したというべきなのである[10]。まことに、「ロンシャン以前にロンシャンはなく、ロンシャン以後にロンシャンはない」（槇文彦）[11]のである。

（4）インスピレーションの源を求めて

こうしてみると、言説には一定の誇張もあることがわかる。少なくとも事実として、ル・コルビュジエは合計で4、5日程度しかムザブの谷に滞在してはいないし、また現地の建築や都市遺産に関わる深い知識（例えばイバード派の教義など）を習得していた形跡もみられない。実際、限られた時間の中で、それなりに苦労しながら丘を登りきって、見下ろした先のモスクに新鮮な感動とともにインスピレーションを受けたのであったろう。今日とまったく同様に、喧しくも博識なガイドが付き添っていたかもしれない。

しかし、そういう内実にもかかわらず、かくも多くの人々が異口同音の言説を紡ぎ続けてきたという事実の内にこそ、ガルダイアの建築に何らかの魅力が隠されていることが示唆されていないだろうか？　また、西欧出自の建築家が、非西欧の建築・都市から学ぶという構図は、いわゆるオリエンタリズムの系譜に回収されうるとしても、実際には自然との共生や地

域文化への柔軟な適応といった現代的観点から、依然として重要なことでもある。先に見た数々のコメントからは、既に近代建築の閉塞が意識されていた可能性も伝わってくる。以下では、ロンシャン礼拝堂を頭の片隅に置きつつ、そのインスピレーションの源とされてきたガルダイアとジェルバ島の建築を実際に訪れ、とりわけその住民が信奉してきたイバード派の歴史と、秘教的とされるその教えとの関連も踏まえて、探っていくことにしたい。

2　イバード派の歴史と集落の空間的特徴

(1) ガルダイアの形成とイバード派

　8世紀頃、地中海沿岸から150 kmほど南に位置するローマ遺跡ティアレに、西方から集団でやってきたムザブ族（この時点からムザブと呼称していたとされるが、諸説ある）が住みついた。彼らは、アリーとムアーウィヤの和議（657年）に異議を唱えて独立したハワーリジュ派（「離反する者」の意）の一派であるイバード派を信奉していた。ルスタム朝（776-909）を興し、ベルベル諸部族との交易によって繁栄したが、911年にシーア派のファーティマ朝によって首都ターハルト（ティアレ）を追放され、流浪の民となった。この時、イバード派の4つの法原則である「出現（ズフール）」、「防御（ディファア）」、「流浪（ジャラー）」、「地下活動／信仰偽装（キトマーン；タキーヤに通じる）」が継承されたとされる。公式の政府こそ持つことはなかったが、アッザバと呼ばれるコミュニティが形成された。「秘教国家」を名乗り、外部との接触を自ら遮断したが、内部においては自由が尊重され、たとえ外国人であってもイマームになりうるといった、平等主義に基づき運営されていたという。

　ムザブ族は11世紀に更に奥地へと移動し、最終的にはサハラ砂漠の北端との境目に位置する荒れ果てた、しかし防備には適した谷を定住地に選び、ムザブの谷と名づけた。谷はいくつもの丘からなっており、ムザブ族はそれぞれの丘に順に集落を形成していった。スィディ＝ブラヒーム・モスクがあるエル＝アットゥフ（谷の曲がり角の意）は、1011年頃に創設された最初の集落である[12]。

　ドナデューらによれば、伝説的に語り継がれてきた集落の形成プロセスには一定の特徴がある[13]。勇猛で信仰に厚い首長の下に冒険者たちが集まり、弟子や信者となって集落の立ち上げに参画する。軍事的防御を優先する論理から、丘の頂上や尾根の最も高いところに最初のモスクを創建し、武器庫を備えた要塞として、囲いにより防御した。モスクには、オベリスク状のデザインによる高いミナレットが1本付設され、集落のどの場所からも仰ぎ見ることができた。

　このモスクの周辺を取り囲んでいくように住宅が作られる。同心円状に集落が形成されていくが、住宅の建設においては常に、隣家をのぞき込めるようにはできない、また隣家に陰を落としてはならないといったルールが存在した。そうしたルールは、これまで広く指摘されてきたイスラームに基づくまちづくり（ハキーム等）に通じる[14]。しかし、ムザブの谷においては、更に、家の外観に貧富の差を現してはならない、派手な装飾は行わない、住宅の規模は富者も貧者も同程度である、といった、平等主義的な決まりの下にまちづくりが進められたという。集落はいずれもシャイフ（賢人）を中心とする部族・親族関係によって支配され、建築から日常生活の細かなルールまで、モスクのシャイフが監督した。女性は保護され、街路上には女性が隠れるための窪みが設けられている。

　19世紀に集落を訪れた旅行者の記録[15]には、建物は基本的に灰色か黄色であった（つまり、石材や日干し煉瓦がむき出しとなっており塗装はされていない）が、少数の建物は壁が石灰により白く塗られ、またアーケードも備えられていたとされている。白く塗られた少数の立派な建物は、モスクや学校等の宗教施設や市場関連の公共施設であったと思われる。ただし、各集落の頂上にあるオベリスク型のミナレットはいずれも茶色のままである。夜間歩けるよう街路の壁にはロウソク立て用のニッチが穿たれていた。このように、装飾されない日干し煉瓦の建物が連続するまちなみの背景には、やはりイスラーム、ひいてはイバード派の、謹厳な平等主義が作用していたとみるべきであろう。

(2) 集落における内と外

　イバード派の教義が関連していると思われる空間的特徴はまだある。ま

ず、集落の内外をきっちりと隔てる力が働いていた。集落を囲う城壁を建設することは重要な習慣で、1950年代の都市拡張時にまでみられたという[16]。城壁には見張り台がつけられていた。ドナデューらは、これは軍事的防衛のためだけでなく、共同体を閉ざそうとする習慣化された考え方の現れであったと述べている。物理的に閉じられていただけに、その内部で反乱が起きた時には騒動であった。集落の丘の上下で分かれ、それぞれのモスクを拠点にして争ったという。

　また、丘陵状で閉鎖的な集落では、水は主に城壁内に掘られた井戸に頼っていた。オアシスの川の水を汲むには城壁の外に出なければならず、また実際には雨期にしか川の水は流れなかった[17]。井戸は深く掘られ、揚水の動力にはロバが用いられた。汲み上げられた水は水配り人夫によって各住戸に配給されていた。このようにして、城壁外に出ることなく給水していたのである。

　一方、城壁の内側から意識的にはじき出される施設が存在した。サハラ交易の拠点となるスーク（市場）[18]は、基本的には城壁の外に設置された。スークには外部からの隊商としてベドウィンや異邦人がやってくる。彼らが集落の居住地内に侵入することを防いだのである[19]。なかでも、ガルダイア集落のスークは南西に位置し、75 m×44 mの長方形をした比較的大きな広場である（図5）。金曜日が大市の日であり、木曜日に遊牧民たちが広場に到着すると、夜間には入口に鎖がかけられ閉じこめられるという仕組みになっていた。交易は集落の重要な収入源であったはずだが、住民の私生活の場とは明確に区切られていたのである。その背景には、集落からの隊商は一年も戻らないことが多く、男性は出払っており、その間集落の留守を守ったのは老人と、女性、子供たちであったことがある。

　城壁外に追いだされたもう一つの忘れてはならない施設が墓地であった。墓地は埋葬（土葬のみ認められる）の必要から、居住地から離れて配置されるのが常であった。しかし墓地は、各種の集会、家畜を犠牲とし屠った後の共食と食料の分配といった祭事にも利用された。中でも、当該モスクのあるエル＝アッテフのスィディ＝ブラヒーム墓地は、諸部族の巡礼地として多くの儀式が行われた場所であった。

図5 ガルダイアの広場（スーク）（1970年頃の独立記念日（7月5日）
の様子）
出典：Roche（1970），p. 54. 集落の南に立地し、建物は広場に面した柱廊を備
えている。

(3) スィディ＝ブラヒーム伝説

　この、スィディ＝ブラヒーム・モスクについては、ロッシュが概略で以
下のような創建時の伝説を伝えている。

　　15世紀のことである。バー＝メッサウードというムザブの谷出身の
　男が遠く離れた島の囚人となっていた。ある夜、夢の中に老いたシャ
　イフが現れて、自らをスィディ＝ブラヒームと名乗った。シャイフは
　言う。「谷の者たちはみな私を忘れてしまっている。嘆かわしいこと
　である。この杖を持って谷に帰り、エル＝アッテフの頂上から杖を投
　げよ。杖が刺さったところに我が名を冠したモスクを建てるがよい」。
　翌日、メッサウードは言われた通りに看守の隙をついて脱獄した。犬

たちが追ってきたが、昼食の残りの内臓肉を投げるとそれに夢中になり追ってはこなかった。メッサウードはアッラーに祈りながら海に向かって走り続けた。ふと気づくと、彼はモスクの涼し気な空間にいた。そこは確かに、メリカの集落のモスクであった。イマームの声が聞こえた。「どこからかメッサウードが帰ってきたようだ」。メッサウードが立ち上がりイマームの手に接吻をすると、人々は驚きと喜びの声をあげた。メッサウードはそれまでの経緯を説明し、人々はスィディ＝ブラヒームを思い出し偲んだ。夢の中の約束を守るため、若い建築家たちとともにエル＝アッテフに向かう。メッサウードが集落の頂上から杖を投げると、杖は集落に隣接する巨大な砂丘に落ちた。砂丘にはモスクなど建てられない。一同は困り果てたが、メッサウードに再び奇跡が起こり、夢の中でシャイフの助けを求めた。一夜明けてみると、砂丘全体が集落から離れた場所まで移動しており、跡には岩に突き刺さった杖が残っていた。近くにはスィディ＝ブラヒームの墓があった。こうして人々は、そこにモスクを建てたのであった。

出典：Roche（1970), pp. 93-96 を元に筆者編訳

　この伝説は、ロッシュらが現地での聞き取りをもとに構成したものであろう。読み取るべきことは、そこが城壁外の、ほとんど砂丘（風で位置が容易に変わる）であった場所であり、また墓地であったということである。スィディ＝ブラヒーム・モスクは、城壁外の墓地にポツンと建てられたモスクだったのである。今日でも、スィディ＝ブラヒーム・モスクは、ロンシャン礼拝堂とは対照的に、集落のふもとに、上から見下ろされる場所に孤立して立地している。

(4) ジェルバ島の集落と境界線

　続いて、ル・コルビュジエが訪問した形跡はなく、社会面、環境面で条件も大きく異なるものの、イバード派の影響という共通項を持つチュニジアのジェルバ島を見てみよう。ジェルバ島は隔絶された砂漠ではなく、島である。前15世紀には住民がフェニキア人と交易をしていたとされるが、前6世紀には陥落したエルサレムからのディアスポラを機にユダヤ人が流

れ着いた。10 世紀には、ルスタム朝の滅亡以降にムザブ人と別れたイバード派の人々が到来し、先住のスンナ派住民と和解し共生を始めた。やはり追われてきた人々が住み着いてきた歴史がある。異教徒たちは、いわゆるズィンミー制のもとに共生してきた。後にムスリム住民の多数派となったマーリキー派は、このイバード派移民から大きな影響を受けたと言われている。現在、島全体の人口は 12 万人程度とみられている。

　ジェルバ島においても、歴史的に形成されてきた複数の集落が存在する。ユダヤ教徒の集落としては、ハーラ・ケビーラとハーラ・セギーラ（エリアーダ）の 2 つの集落が知られる。更に、7 世紀以来のスンナ派ムスリムの集落で、島で最大の市街地であるホームト・スーク、陶器の製造で知られるゲララ集落等がある。集落の外には、ヤシの木かオリーブの木が連続して生えているだけの土漠のような畑地が広がっている。ガルダイアと対照的なことは、島全体が起伏の殆どない平地であり、目立つ高地も城壁も見られないことで、集落に出入りしても内外の境界を感じとることすら難しい。

　集落の中心部においては住宅地は稠密で、いわゆるイスラーム的な都市空間を形成しているといえるが、集落の外れにかけては、メンゼルと呼ばれる規模の大きな住宅が、不整形だがまとまりのある敷地に独立して建っているのが散見されるようになる。メンゼルは、アラビア語のマンジル（家）の訛りであるが、ジェルバ島のメンゼルは元々は一定の境界線を持つ畑地の区分単位（日本の尺貫法でいうところの一反、一町に相当する）を意味し、特にその一部が農家として宅地化されたものを指しているように思われる。敷地内に井戸や地下貯水池が存在するのも特徴で、家畜とヤシ、オリーブによって自給自足に近い居住形態をとっている。また、分厚い壁に囲まれ防御機能をも備えている。つまり、ガルダイアにおいては集落全体が堅固な城壁に囲まれていたが、ジェルバ島では容易に侵入を許す集落形態をとりつつ、個々の住宅毎に補給を確保し、また防犯と外敵に備えているのである。

　こうした集落の物理的形態は、社会構造のあり方とも深い関連があろう。人類学者の田村愛理によれば、ジェルバ島の多様な集落やコミュニティはモザイク状に分散している。それらの境界線上には、基本的には畑地であ

図6 エル＝グリーバ・シナゴーグ内観　手前にトーラーが安置されて
いる教壇（2017年3月）

るが、小さな礼拝施設や古木といった聖なるものが鎮座しており、それが
毎年の祭礼を通じて集落やコミュニティ同士の確執を緩和し解決させるた
めの場所となっていたという。例えば、聖地として最も古い起源を持つで
あろう、エル＝グリーバのシナゴーグ（図6）には、広く知られる聖女伝
説[20]が伝わっている。しかし、田村によれば、そのように聖なるものが境
界間の緩衝地帯となるという事例は、ムスリムにおいても共有されている
という[21]。この場合、当然ながら、境界とは市街地や集落から外れた周縁
部を意味し、そこで聖なるものは畑地に孤立して立地していた。実際、エ
ル＝グリーバは、歴史的に最も重要なシナゴーグであったとされるものの、
ハーラ・セギーラの集落から1キロほど南に行ったまばらなヤシ畑の中に
ポツンとある（図7）[22]。

(5) ジェルバ島のモスク

　建築史家のジェルビー[23]によれば、モスクは島の中に、最も多い時期に
は大小合わせて300程あったという。これはガルダイアの城壁内に存在す
るモスクが数えるほどであることを考えるときわめて多い[24]。集落などの
共同体は、ホウマと呼ばれる。ムスリムは農業または漁業を生業とし、ユ
ダヤ人は商業（交易）を生業とするという違いはあったが、宗教をベース
とするホウマにまとまっており、これを統括するのがモスクであった。例

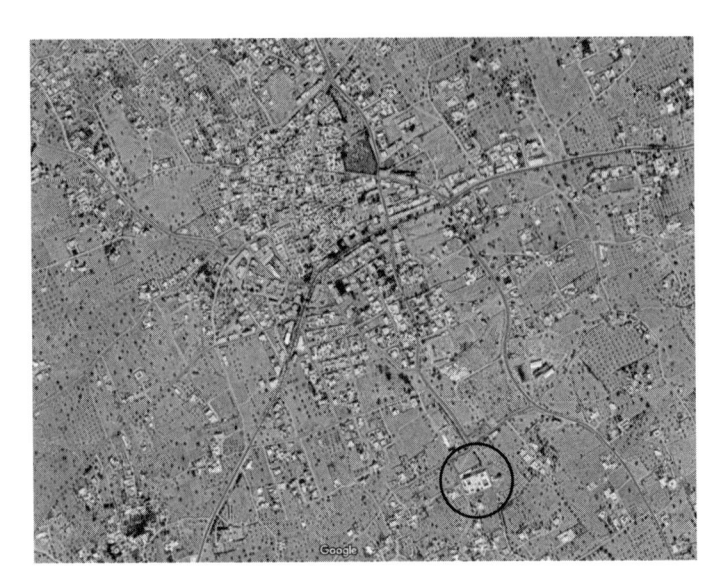

図7 ハーラ・セギーラの集落と、南のエル＝グリーバ・シナゴーグの立地（円内）
出典：Googlemaps よりスクリーンショット

えば、集落の外のメンゼルを結びつけるモスクがあったし、沿岸には漁民
の日々の礼拝のためのモスクがあった。また、ブー＝ムスール・モスクの
ように、敷地内にミフラーブ（メッカの方向を示す窪み）だけが飄然と建っ
ているものもある。いわば青空モスクである（図8）。

　モスクの建設に際し重視されたのは、技術的なシンプルさと効率性、形
態の簡素さ、慎ましさであった。特に、「物質的にも象徴的にも浄化され、
すべての汚れから解放されていること」、次に「キブラの方向を向いてい
ること」が最低限の条件とされた。汚れからの解放を表現するため、定期
的に石灰で白く塗られる。白さは視覚的にモスクの識別を容易にしたが、
これはガルダイアのモスクと共通する。

　ジェルビーによれば、ジェルバ島のモスクは3ランクに分けられる。小
さい順に、第一ランクを「マスジド」（祈る場所）、第二ランクを「ジャマ
ア」（金曜モスク）とし、第三ランクとしては学校機能を備えた大規模な複
合施設としてのモスクに分類される。

　「マスジド」は、文字通り「祈る場所」[25]であればよく、労働者が現場で
日常的に訪れる必要最小限のモスクである。住宅から離れた場所に孤立し

図8 ブー＝ムスール・モスク敷地内にあるミフラーブ（左）。この場で礼拝を行う。
出典：Djerbi（2011），p. 187

図9 Hadherbach マスジド外観。6連ドーム構成。撮影筆者（2017年3月）

てあり、敷地は石積みの壁で仕切られている程度である。きわめて小規模
のアーチやドームでできている（Masjid Amghar、Hadherbach（図9）など）。
視認性が悪い場合を除き、ミナレットは存在しない。ムアッズィンは屋根
の高いところに登り地声によりアザーンを朗唱するが、それで必要範囲に
は十分に聞こえる。

　「ジャマア」は金曜（会衆）モスクを意味し、金曜礼拝で説法を行うイマー
ム（導師）が常駐している。ホウマ全体に影響力を持つ。ホウマにおけ
る方針や問題事が話し合われ、子供たちはコーランの読み書きを習う。興

味深いのは、ミナレットはホウマのランドマークであり、また数キロ先の別のモスクのミナレットと手旗信号による交信が可能だったことである (Jamaa Medrajen)。監視塔でもあった沿岸のマスジドを起点とするこの中継システムによって、海からの敵の襲来といった、遠くの出来事も素早く情報伝達された。このため、周辺の木々はミナレットの高さよりも低く抑えられていたという。「ジャマア」は集落の中心であり、有事に際しては防御の拠点ともなる。城壁がないため、実質的に最後の砦であった。そのため、壁は厚く造られバットレス（控え壁）で補強されている。また、パラペットは弓矢を防ぐなどの城壁的な役割を果たす大きなものである (Jamaa Tajdit)。

　第三ランクのモスクは、イバード派の神学者とシャイフらが大学として創建したものとされる。ガルダイアやジェベル・ナフーサ（リビア）のイバード派の仲間たちと定期的に文通をしていた。イマームの居室もある。学生は住み込み型で、修道生活を送る住房が備わっている。また、大都市のモスクと同じように、ハブス（ワクフ）の仕組みによって維持されてきたという。この規模のモスクにはミナレットが設けられており、エル＝バッスィ・モスクはオスマン式のペンシル型ミナレットを備えている。スィディ＝ファドゥルンの学校モスクはホウマの境界線上にある。海岸線からは距離があるが、前線の一角を担っていたとされ、大型のバットレスが特徴的である。

　ジェルビーによるランク分けは、基本的に機能と規模に基づいているが、モスクの立地とは必ずしも有意な相関はないように思われる。畑地や海沿いに孤立してあるマスジドやジャマアは境界線上に立地していると言えるものが多いかもしれないが、ホームト・スークとメリタ集落の間に位置するブー＝ムスール・モスクや、荒野のただ中に位置するスィディ＝ファドゥルン・モスクのように、第三ランクの聖地でありながら境界線上に立地しているものもある（図10）。エル＝グリーバもその一つであろう。

　このように、ジェルバ島においては、ガルダイアとは対照的に、集落の内外の別は曖昧である。物理的に閉じておらず、一見では開放的にすら見えるが、見えない境界は存在したはずである。そこにある聖地は緩衝地帯の役割を果たしたと同時に、時に異世界、異集団に対峙する防御拠点、監

図10 スィディ＝ファドゥルン・モスク（第三ランク）遠景　周辺は畑地である。撮影筆者（2017年3月）

視塔ともなった。また、集落外の住宅メンゼルにおいては、自給自足で防御設備も備わっていた。先述のように、防御とはイバード派の4つの法原則の一つでもある。

このように、ガルダイアとジェルバ島の集落のあり方には大きな相違が認められた。それにもかかわらず、イバード建築としてのモスクには、いくつかの共通点があるように思われる。ロンシャン礼拝堂との関連で注目されるのは、まず、その白さである。次に、墓地のモスク、境界線上のモスクは、建築単体として、孤立して建っていることである。シンプルな構造や、柔らかな印象を与える躯体、といった点も加えることができるだろう。要因となった社会背景に違いはあるものの、これらの特徴は、更に建築の機能やディテールに集約的に影響を及ぼしていくことになる。

3　現地踏査からの印象批評

ロンシャン礼拝堂をイメージするとき、まずその視認性のよさが想起される。一つにはその白さがあり、もう一つは丘の上に孤立して建っているという立地があるためであろう。千代章一郎によれば、ル・コルビュジエはロンシャン礼拝堂の設計に際し、まずアクロポリスの丘の上にあるパルテノン神殿を、その景観と合わせて意識していたという[26]。そこでスィデ

ィ＝ブラヒーム・モスクを改めて眺めてみると、石灰に塗られた白さと、孤立して建っている点では共通しており、平地に建ち集落の丘の上から見下ろされるような立地である点では対照的に思われる。このように空間の上下を逆転した例としては、磯崎新がローマのカンピドリオ広場を解釈し、反転させて設計したつくばセンタービル（1983）が想起される。以下では、1970 年代にドナデュー夫妻らによって作成されたスィディ＝ブラヒーム・モスクの実測図面（平面図、梁伏図、立面図、断面図）[27]を片手に、現地調査[28]を踏まえた筆者なりの印象批評からアプローチする。

(1) イバード建築の特徴

　エル＝アットゥフ集落の頂上から見ると、スィディ＝ブラヒーム・モスクは集落と小高い丘（伝説にある砂丘に見立てても無理はないであろう）に挟まれた低地の墓地に立地している。全体が白く塗られており、周辺の無塗装の建物と墓地や砂丘の土にも映え、丘の上から遠目にもよく見える（図 11）。アクセスは、集落頂上のモスクからいったん崖地との狭間の小道を行き、墓地を経て蛇行しながら下っていく。集落からアクセスする街路も存在するが、あくまでも城壁の外部である。モスク周辺はスィディ＝ブラヒーム墓地が広がっており、それ自体また白い壁に囲われている。

　モスクが孤立して建っていることは、いわゆるイスラーム世界の都市建築の一般的特徴からは逸脱することになる。都市建築は、稠密市街地の中で壁が共有され、あるいは狭小の街路で囲まれ、一部外壁（最小で一面ぶんのみ）の立面しか見えない。それとは対照的に、スィディ＝ブラヒーム・モスクはその全立面を見ることができる（図 12）。これは外から全体を拝観できるということもあるが、入口や窓といった開口部の有無と特徴に関わってくる。開口部は、日照の有無、日射熱の取得量といった生命・健康に関わる生活環境に大きく影響する。しかし、まさに中世建築がそうであったように、開口部はそこらにおいそれと開けることはできない。その意味で、建築技術と建材のあり方にも関わってくる。集落の境界線上におかれたジェルバ島のモスクとの共通点である。同時に、外壁に窓も設けられないため中庭を設け、そこで採光・通風を確保している都市建築との大きな違いでもある。

図11　エル＝アットゥフ集落頂上付近よりスィディ＝ブラヒーム・モスク遠景。左にミナレット、右が伝説の砂丘（？）。なお、中庭のみ塗装されている建物が散見される。撮影筆者（2022年9月）

図12　スィディ＝ブラヒーム・モスク外観　後背にスィディ＝ブラヒーム墓地（但し墓石のようなものはみられない）。撮影筆者（2022年9月）

　平面図（図13）を見ると、最大の開口部である主出入口は、三連のアーチ（図14）により演出されている。主室もアーチ式の柱廊が連続しており、小さいながら広さを感じさせる。柱がないことがロンシャン礼拝堂の特徴であったが、ここでは小規模ながらメスキータ（コルドバ）を思わせるようにしっかりとしたアーチが天井を支えている。立面図（図15）が示すように、アーチ型や正方形をした高さ30センチほどの小さな窓が一定間隔

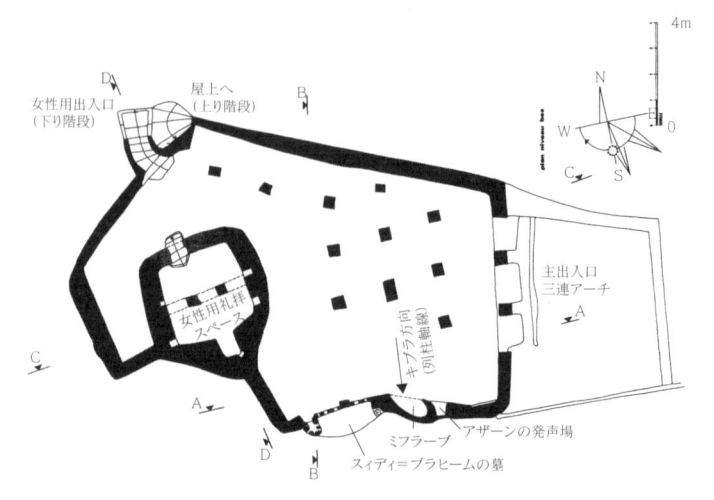

図13 スィディ＝ブラヒーム・モスク平面図
出典：Didillon et al.,（1977）p. 242 に筆者加筆修正

図14 スィディ＝ブラヒーム・モスク主出入口の三連アーチ　撮影筆者
（2022 年 9 月）

で設けられている。細く差し込む光が室内を照らしているが、快晴時の強
い日差しは和らげられているとはいえ十分な照度があり、温湿度は快適で
ある。建物が孤立していることは、このように外気に直接開かれた窓が成
立する条件である。夜間には、内側から設けられた同じくらいの大きさの
ニッチを蠟燭立てとして用いている。

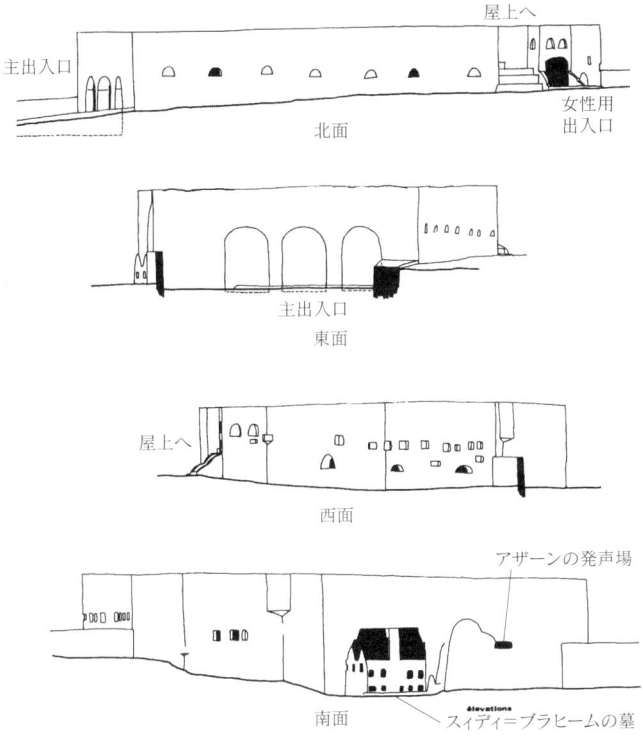

屋上へ

主出入口

北面

女性用
出入口

主出入口

東面

屋上へ

西面

アザーンの発声場

南面　　スィディ＝ブラヒームの墓

図15　スィディ＝ブラヒーム・モスク立面図
出典：Didillon et al., (1977) p. 246 に筆者加筆修正

　左（ほぼ真南の方向）にミフラーブがある。ミフラーブは、人の高さくらいの丸みを帯びたニッチである（図16）。正確なキブラ（メッカの方向北緯21度25分）は、ガルダイア（北緯32度29分）から見ればほぼ真東にあたるので、ずいぶん南にずれていることになる。マグリブ地域のキブラは多くが南にずれていることが指摘されており[29]、このモスクもその例に漏れない。おそらく、マシュリク（メッカは真南にあたる）からマグリブへと徐々に西遷していく過程で、大きく変わることなく受け継がれてきた方位感覚なのだろう。

　スィディ＝ブラヒームのものとされる墓がミフラーブの右隣の壁の外にある。創建にまつわる特別な聖人の墓地であっても、それに対して礼拝するという感覚は、本来はないはずであるが、その上の壁には最も大きな窓

図16 スィディ＝ブラヒーム・モスク内観　中央の窪みがミフラーブ、左手（ガイドがいる）にアザーン発声場、右手にスィディ＝ブラヒームの墓　撮影筆者（2022年9月）

（下部は凝った格子窓）が設けられており、建物の中心を構成していることは間違いない。窓の縁は石灰モルタルで何重にも塗り固められてきており、柔らかな印象を与える。壁厚は20センチほどもあろうか。格子窓も含めて不整形であることは間違いないが、意図的に大きさや位置をずらしているのではなく、木材やレンガからなる建材を、手作業で組み込んでいったための誤差であるように思える。

　ミフラーブの左隣には縦長の窪みがあり、上部には小さな窓が設けられている。ガイドはそれをミナレットのようなものだと言いながら、その窓から顔を出してアザーンを朗唱する真似をした。ミナレットは正真正銘、「塔」を意味するので正確にはミナレットとは言えない。むしろジェルビーの分類によるミナレット無しのモスクに近いと思われるが、ひとまずアザーンの発声場と呼ぶことにしよう。

　主出入口からみて最奥となる反対側に、女性用の出入口（図17）があり、ここから降りていくと半地下の女性用礼拝スペースが設けられている。奥には専用のミフラーブも確認できた。左隣には屋上にあがる階段が設けられている。ミフラーブこそないが、屋内が満員となったとき、ここも礼拝スペースとして使われるという（図18）。屋上にも礼拝者が押し寄せれば、相応の荷重がかかることになる。

図17 右の下り階段が女性用出入口。左の上り階段が屋上へ。撮影筆者（2022年9月）

図18 スィディ＝ブラヒーム・モスク屋上　キブラ方向　撮影筆者（2022年9月）

　梁伏図（図19）と断面図（図20）からは、そうした荷重を支え、屋内を広く見せるアーチ式の柱の構造がよく見て取れる。長方形の躯体の短辺にそって大梁が4本確認できる。その梁せい（梁の高さ）は見るからに大きいが、これを支える柱はアーチを構成することによって剛性を増している（図21）。大梁の間に渡される小梁は不規則にも見えるが、本数が多く密度は高い[30]。屋上を歩いてみると、足元にかすかな振動を感じる。これはヤシの木の梁の弾性が高いためで、かえって安全の証である。白い石灰モ

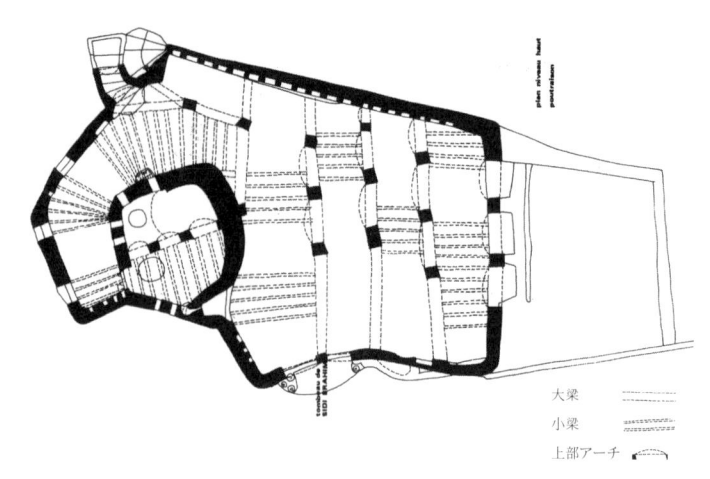

図19 スィディ＝ブラヒーム・モスク梁伏図
出典：Didillon et al., (1977) p. 243 に筆者加筆修正

ルタルは軋みにも粘りよく追随し、簡単には剥がれ落ちそうにない。

(2) ロンシャン礼拝堂へのインスピレーション

　冒頭に紹介したように、ロンシャン礼拝堂は全立面に開口部をもっており、大小不規則な窓が散りばめられている。窓は水平窓もあるが、縦長も正方形に近いものもある。いずれも赤や青、黄色といったステンドグラスがはめ込まれている。ロンシャン礼拝堂の最大の魅力の一つが、それらから暗い教会内部に差し込んでくる柔らかな光の束であるといってよい。確かに、スィディ＝ブラヒーム・モスクは、規模でこそロンシャン礼拝堂とは比較にならないほど小さいが、中に入れば同様の光の差し込みを感じられる。これは、他のガルダイアのモスクでも同様の効果があるだろう。

　ラヴェローは、スィディ＝ブラヒーム・モスクをオリジナルとしてみた場合、ル・コルビュジエがロンシャン礼拝堂の窓をあのように設計したのは倒錯であるという。理由は、ガルダイアでは強烈な日照・日射を抑制する必要があったのに対し、フランスにおいてはむしろ積極的にそれを取り込む必要があるからである。地域環境への適応を追求し続けたラヴェローにとっては当然の指摘といえよう。実際、ロンシャン礼拝堂の大空間は、中に入ると薄ら寒く、天井が高いので暖房効率は決して高くはないはずだ。

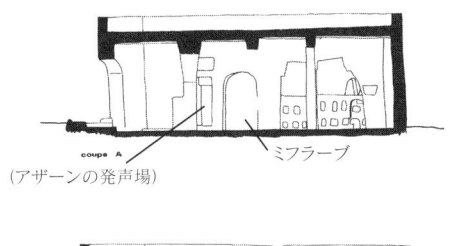

（アザーンの発声場）　ミフラーブ

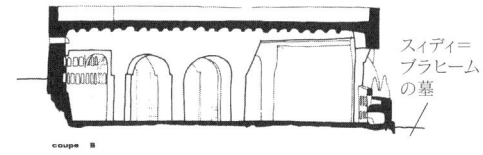

スィディ＝ブラヒームの墓

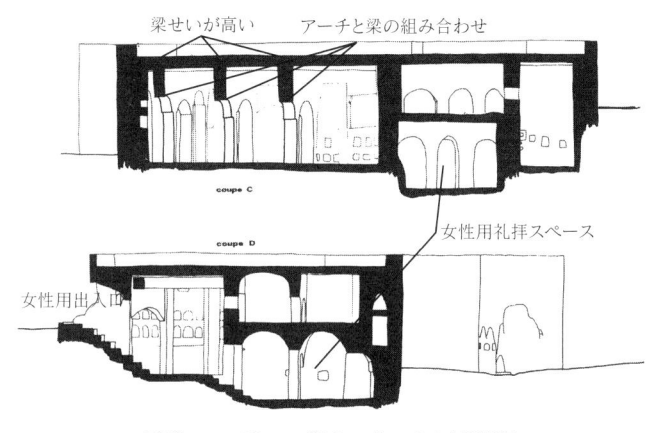

梁せいが高い　アーチと梁の組み合わせ

女性用礼拝スペース

女性用出入口

図 20　スィディ＝ブラヒーム・モスク断面図
出典：Didillon et al., (1977) p. 244 に筆者加筆修正

　とはいえ、ロンシャン礼拝堂は住宅ではなく、教会であり、聖なるものを演出する工夫がなされるのもまた当然である。暗さの中に差し込むステンドグラスからの光は幾筋もの光明として、訪れる者に強い印象を与える。土居義岳は、一つの光源（太陽）に対し、内部で多様に分節されるのは、神は一つであっても人間のありようが多様であるからだと説明する[31]。それはキリスト教と同根の一神教であるイスラームにおいても違和感はないものである。

図21 アーチが支える大梁とパームの見せ小梁　左のニッチは蝋燭立て。
撮影筆者（2022年9月）

4　言説の虚構と真実

　以上本章では、ロンシャン礼拝堂にまつわる一つの言説の検証という形をとりながら、ガルダイアとジェルバ島のイバード建築に関する考察を行った。言説を辿ると、必ずしも事実に即したものばかりではなく、またル・コルビュジエ自身が旅行中にスィディ＝ブラヒーム・モスクに直接言及した形跡もないことがわかった。しかし、ガルダイア、ひいてはジェルバ島の、集落空間も含めたイバード建築を総括したイメージとして「ガルダイア」「ムザブ」といった言葉を許容するとすれば、ル・コルビュジエがそこからインスピレーションを得たという言説には一つの真実が含まれていたと言える。建築家にとっては、それで十分なことであったろう。

　では、イバード建築そのものの魅力とはなんだろうか。例えば、そのシンプルさである。ミナレットはなく、植栽豊かな中庭もないが、「祈りの場」としての建築と人間の始原的な関わり方を垣間見せてくれる。ジェルバ島の海辺を背景にミフラーブが並んでいるだけのブー＝ムスール・モスクの敷地内の礼拝空間などは、意図された禁欲主義と呼ぶべきかはともかく、一つの光景として圧倒的な美しさを持っている。また、角のない丸みを帯びた躯体は、人を安心させるような穏やかさをもたらしている。地中

海都市に通じる独特の材質感があり、同じものは一つとしてないという固有性を主張してもいる。そして何よりも、照り付ける太陽の下で小さなモスクの中に入り、和らいだ光の束を見るとき、大きくて豪奢なモスクに入ったときの、見上げたドームに圧倒されるような高揚感とはまた違った感覚を得るのである。ロンシャン礼拝堂がル・コルビュジエの最高傑作とも言われる以上、もう少し知られてもよい建築史の一端のように思われる。

　さて、このようなシンプルで小さく、孤立しているようなモスクは、放置すれば今後失われていくのだろうか。一定の規模を持ち精細な装飾がなされ、起源も明確な建築物であれば、世界遺産や国の文化財として手厚い保全が期待できる。しかし、日本も含め、今日の課題の一つは、制度的な支援の手は行き届かないものの、周辺住民に愛され利用されているややマイナーな建物をいかにして残していくかということである。イバード建築は、その特徴故に、将来的なアピールの仕方を考えていく必要があるかもしれない。次章において考察を深めてもらいたい。

【謝辞】

本研究は、科研費新学術領域研究「西アジア地域の都市空間の重層性に関する計画論的研究」(18H05449) 及び基盤 C「中東・北アフリカ地域におけるヘレニズム基盤の継承に関する都市文献史的研究」(21K04389) に基づき実施されました。本稿の元となったのは、東京大学中東地域研究センター「駒場中東セミナー」第九回 (2021 年 11 月 13 日) における講演である。内容については、共演した近藤洋平氏のご講演より示唆を頂いた。記して感謝申し上げます。

【注】

1)　渡辺・宮本 (2011)。

2)　Roche (1970). 原文は以下の通り。Tout un mur intérieur, comme à Ronchamp, est percé d'ouvertures qui sont indifféremment niches ou fenêtres. Comme la plupart des mosquées du M'Zab et comme les habitations de palmeraie, elle a plusieurs séjours (Ronchamp aussi a un séjour extérieur). なおロッシュは、ラヴェレーとともにル・コルビュジエと直接面識があったものと思われる。同書冒頭にル・コルビュジエへの献辞が述べられている。

3)　Ravéreau (2003). 同書ではロンシャン礼拝堂に対する批判的見解として、ガルダイアのモスクをオリジナルと位置付けた上での対比がなされ、ロンシャンの礼拝堂

の壁の開口部は恣意的で装飾的なものに見えると指摘されている。原文は以下の通り。A la lecture de cet exemple, les ouvertures du mur de la chapelle de Ronchamp apparaissent arbitraires et décoratives.

4) Cohen（2004）。原文は以下の通り。The surprising brise lumière on the south wall, with its niches imbued with a clarity modulated by color, conjures up the walls of the Sidi Brahim Mosque in El Atteuf, which the architect discovered during his visit to the Pentapolis in Algeria's M'zab in 1931.

5) Pauly（2013）。

6) Henriette et Jean-Marc Didillon, Catherine et Pierre Donnadieu（1977）。アンリエット・ディディヨン（心理学）とジャン＝マルク・ディディヨン（建築家）、キャサリン・ドナデュー（数学・歴史学）とピエール・ドナデュー（建築家）の二組の夫妻による調査研究書で実測図を多く収録している。結論部においてラヴェローとフェルナン・プイヨン（ル・コルビュジエのライバルであった）の作品を紹介している。

7) なお、1954年のクリスマスにガルダイアを初訪問した日本の番匠谷堯二は、「私もアルジェリアに来て、彼のネタの一部を知ることができた」「ル・コルビュジエがガルダイアを訪問して以来、ごく少数のフランスの建築家の間でガルダイアは「近代建築のメッカ」として知られることになった」などと書いている。番匠谷（1955）。恐らく、当時番匠谷が所属していたアルジェ市都市計画局の同僚（元ル・コルビュジエ事務所 ATBAT の番頭であったジェラル・アニングら）や CIAM アルジェの関係者らの間では、50年代において既に、ル・コルビュジエにおけるガルダイアのインスピレーションの事実は共有されていたものと思われる。

8) 「5原則」がいつ提起されたのかははっきりとはわかっていない。1924年竣工のクック邸において既に「5原則」に基づく設計がなされたと言われている。

9) スケッチは Pauly（2013）に総括されている。裸婦像は彫塑的デザインに関連するとも指摘されてきた。

10) 実際、ロンシャン礼拝堂のデザインには、ガルダイア以外にも複数の起源の存在が指摘されている。例えばコーアンは、ハドリアヌス帝の別荘やイスキア島の墓碑、またスキーのジャンプ台を挙げている（Cohen 前掲書）。

11) 槇（2019）。

12) 以後、ムザブの谷は計7つの集落から構成されることとなった。1046年にブー＝ヌーラ、1053年にガルダイア、1124年にメリカ、1347年にベニ・イスゲンが建設され、17世紀にやや離れて2つの集落が建設された。ガルダイアが県庁所在地であるため、ムザブの谷の集落一帯が通称ガルダイアと呼ばれている。人口はムザブの谷一帯で30万人程度とされている。

13) Henriette et Jean-Marc Didillon, Catherine et Pierre Donnadieu（1977）のヒアリング調査に基づく。同書は、集落にまつわる「イスラーム都市」論的な「神話」を排しつつ、丹念なフィールドワークに基づいて、学際的な視点から書かれたパイオ

ニア的な業績である。実際、既往研究というよりは、半世紀前の観察記録としても読める一次資料的な性格が強い文献である。

14) ハキーム（1990）。事例都市はチュニス旧市街である。

15) Henriette et Jean-Marc Didillon, Catherine et Pierre Donnadieu（1977）.

16) ベニ・イスゲンでは、1860 年頃に新しい城壁を建設した。

17) 冬の激しく短い雨期にのみ、一転して大量の水が流れ、洪水被害をもたらすこともある。

18) ナツメヤシや象牙、塩、奴隷などが扱われた。

19) 唯一とされる例外はメリカ集落であり、モスクの足元に広場型のスークが存在する。

20) 田村（2010）。

21) それどころか、ムスリムたちに言わせればそれはユダヤ人がムスリムから盗んだ祭礼形式だという。詳細は田村前掲書を参照。

22) 立地が変更（例えば集落内部から移設）された形跡はみられない。

23) チュニス・エコール・ド・アーキテクチュール（建築大学校）教授。その名が示唆する通りジェルバ島出身である。

24) また、島で最も多いのがイバード派のモスクであり、次いでマーリキー派とハナフィー派のモスクが存在する。マーリキー派のモスクはイバード派モスクの建築的特徴を多く受け継いでいるとされる。

25) マはアラビア語で場所を示す接頭辞、スジドは「礼拝する」を意味する動詞サジャダから来ている。

26) 千代（2004）, pp. 225-229.

27) ドナデユーらによる実測図をもとに現地での確認を踏まえて筆者加筆修正。

28) 本章に関わる調査は、2022 年 9 月 23 日から 25 日にかけ実施した。調査者は筆者及び筑波大学大学院生であった江原輝が参画した。

29) 羽田（1994）。

30) なお 70 年代の実測図と比較して、現在では柱、梁ともに増設、更新されていることがわかり、特に小梁は本数が明らかに多かった。

31) 土居（2020）, p. 321。

【参考文献】

Cohen, Jean-Louis, *Le Corbusier 1887-1965*, TASCHEN, 2004.

Djerbi, Ali, *L'architecture vernaculaire de Djerba: pour une approche sémio-anthropologique*, R. M. R Éditions, 2011.

Henriette et Jean-Marc Didillon, Catherine et Pierre Donnadieu, *Habiter le désert. Les maisons mozabites: recherches sur un type d'architecture traditionnelle pré-saharienne*, P. Mardaga, 1977.

Pauly, Danièle, *Le Corbusier albums d'Afrique du nord*, AAM; Bilingual édition, 2013.

Ravéreau, André, *Le M'Zab, une leçon d'architecture,* – Collection Bibliothèque arabe – Hommes et sociétés, Actes Sud, Sindbad, 2003.

Roche, Manuelle, *Le M'Zab Architecture ibadite en Algérie*, ARTHAUD, 1970.

スタニスラウス・フォン・モース、住野天平（訳）『ル・コルビュジエの生涯――建築とその神話』彰国社、1981.

千代章一郎『ル・コルビュジエの宗教建築と「建築的景観」の生成』中央公論美術出版、2004.

田村愛理「漂着聖女信仰とユダヤ教徒」深沢克己（編）『ユーラシア諸宗教の関係史論：他者の受容、他者の排除』勉誠出版、pp. 203-222, 2010.

土居義岳『建築の聖なるもの：宗教と近代建築の精神史』東京大学出版会、2020.

羽田正『モスクが語るイスラム史――建築と政治権力』中公新書、1994.

番匠谷堯二「アルジェリヤのアパート」建築界、pp. 2-7、1955.12.

ベシーム S. ハキーム、佐藤次高（監訳）『イスラーム都市　アラブのまちづくりの原理』第三書館、1990.

槙文彦「ロンシャンの礼拝堂」Casa BRUTUS, pp. 76-79, 2019.

松原康介「ジェルバ島――イバード派の遺産が残る島」松原康介（編著）『地中海を旅する 62 章　歴史と文化の都市探訪』明石書店、pp. 260-264, 2019.

松原康介「ガルダイヤ　ムザブの谷の白いオアシス」布野修司（編著）『世界都市史事典』昭和堂、pp. 446-447, 2019.

渡辺真理・宮本和義『ル・コルビュジエ　ユニテ・ダビタシオン―マルセイユ　1945-1952 (World Architecture)』バナナブックス、2011.

和田夏音『アルジェリア・ムザブの谷のオアシスにおける伝統的水利システムの形成と変容』2023 年度筑波大学大学院システム情報工学研究群修士論文、2024.

現代オマーンにおける
文化遺産政策の展開

近藤洋平

近藤洋平（こんどう　ようへい）

1982 年生まれ。上智大学文学部史学科卒業、東京大学大学院人文社会系研究科博士課程修了。博士（文学）。現在、福岡女子大学国際文理学部国際教養学科准教授。専門は、イスラム学、中東地域研究。主な著書として、『正直の徒のイスラーム』晃洋書房（2021）、『アラビア半島の歴史・文化・社会』東京大学中東地域研究センター（編著、2021）、『オマーンを知るための 55 章』明石書店（共著、2018）など。

はじめに

　文化遺産や文化財は、我々に地球や自然、そして人類について考える機
会を提供する。このうち人類が関わるモノについて、例えば、何を文化遺
産とみなすかは、単に古い新しいといった時間的な尺度に基づくだけでは
なく、その時その時の人びとの意識にも左右されるだろう。また、あるモ
ノを文化遺産だとか文化財だとか判断する基準は、国や地域によっても異
なるだろう。すなわち、文化遺産に目を向けることを通じて、我々は有
形・無形のあるモノをそのように認定した人びとが有する／有した、価値
観や態度に接することができるのである。

　アラビア半島の南東部に位置するオマーン・スルタン国（以下、オマー
ン）の地には、古くから人びとが暮らしてきた。地域ごとに異なる自然環
境を有するこの土地において、現地の人びとはそこで利用できる材料を用
い、その風土に適した住居や施設を整え、特有な景観を生み出した。加え
て、半島内や域外、さらにインド洋を越える継続的な人的交流を通じて、
オマーンには多様な文化や習慣が伝わった。そのいくつかはすでに存在し
た文化や習慣と並存あるいは融合することで、現在まで残ることとなっ
た[1]。このように人類の定住だけでなく、移動の歴史において重要な地の
一つとなったオマーンに目を向けることで、我々は一地域にとどまること
のない人びとの普遍的な営みについて考えることができる。

　このオマーンでは、1970 年に前国王のカーブース・ビン・サイード（1940-
2020）が即位した。カーブースは、オマーン国内の近代化政策を推進した。
彼は石油をはじめとする天然資源の売却収入などを元手として、国内の経
済開発を進めると同時に、保健衛生、住宅、雇用、教育といった社会開発
の分野にも注力した。49 年と半年に達するかという彼の統治期間、オマー
ン人の生活水準は大いに向上した。

　さて、国内の開発が進み、人びとの暮らし方は大きく変化した。人びと
がより快適な住環境を求めた結果、以前の泥レンガで建てられた住居やモ
スクなどの建築物、そしてそれらから形成された街区の多くからは、人の
気配が途絶えることとなった。こうした生活・行動様式の変容や状態につ

いて、オマーン政府はどのように対処しているのだろうか。すでに「近代
化を推し進めるにあたって、『オマーン人』のアイデンティティ形成に資
する自然・文化遺産（ヘリテージ）の保護に積極的に取り組んできた」[2]と
いう評価がされている。それではこの取り組みは、どのような形で整備さ
れ、そして現在はいかなる状況にあると判断することができるのだろうか。
オマーン政府は、遺されたモノのうち、何を保護するに値するとみなした
のだろうか。こうした問いを立て、この問いに関係する事柄に目を向ける
ことで、我々はオマーン政府やオマーン人の文化遺産に対する姿勢を把握
し、そこから彼らの価値観や態度の一端を理解することになる。また文化
財の返還に代表されるように、文化財の管理は国際問題の一つとして取り
上げられることもある。国際社会の中で国内の文化財をどのように管理し
ていくかについて、オマーンおよびオマーン政府に焦点を当てることで、
我々は多くの気づきや学びを得ることになる。

　文化遺産や文化財に関する論点は様々なものがあるが、上の問題関心に
基づき、本章は、オマーンにおける文化遺産政策の展開と現状を考察する。
次節では、オマーンの概況を確認する。第2節では、オマーンの「遺産」
についてのカーブースの理解を、彼が様々な機会に発した言葉から読み解
く。続けて第3節では、オマーンにおける文化遺産に関連する法律の整備
状況を、省庁の組織およびその再編とあわせて確認する。そして文化遺産
の利用の例として、建築物および街区の保全と観光業への活用を第4節で
取り上げ、その様子を課題とともに描写する。最後に、現代オマーンにお
ける文化遺産政策について、まとめと展望をおこなう。

1　オマーン概況

(1) 地理と気候

　アラビア半島の南東部に位置するオマーンの人口は、2022年時点では、
460万人弱と推計される[3]。オマーン湾沿岸部のバーティナ地方からマス
カット行政区にかけて、また内陸部のダーヒリーヤ地方や南部のドファー
ル地方に多くの人が暮らしている。オマーンの北部にはハジャル山脈が走
り、南部のドファール地方にはドファール山地が伸びる。オマーンの中央

図1　オマーンおよび周辺国

部には、ルブアルハリ砂漠が広がる。

　気候については、低地では夏季は高温となり、冬季は朝晩に冷え込む。国内の降水量は地域ごとに異なるが、高地ほど降水量が多くなる。山地での年間降水量は350ミリを超え、冬季には降雪も観測される。また降水量は、北部では冬季に多く、一方南部では夏季に多い。モンスーン気候である南部のドファール山脈は、6月から9月には数百ミリの降雨を観測する。ハジャル山脈表層の植生は乏しい一方、ドファール山脈の山肌には緑が生い茂る。首都マスカット、また南部の中心都市サラーラの年間降水量は、100ミリほどである[4]。沿岸部は、数年に一度、5月から6月ごろにサイクロンが接近・上陸することがあり、それにより降水量も増加する。

(2) 建築物の材料と構造

　上で示したような気候条件の下、オマーンで暮らした人びとは、その土地で利用できる材料を利用して住居や施設を建ててきた。例えばオマーン

図2　バート、アル＝フトゥムおよびアル＝アインの考古遺跡。筆者撮影

　湾に面するバーティナ地方は、5月から10月にかけては、暑く湿った気候となる。大地は昼暑くなり、冷たい海風が海上から陸地へと吹きつける一方、夜は気温が下がり、温度が一定で陸地より高くなる海上に向けて空気が流れる。またこの地で利用できる建材は、主にナツメヤシや泥レンガである。そのため沿岸部に暮らす人びとは、家には冬用の部屋と夏用の部屋を設置し、冬用の部屋の壁は泥レンガ、夏用の部屋の壁は、ナツメヤシの葉状部を利用してきた。そして夏用の部屋を海岸側に作り、海岸に面する壁に葉状部の壁を配置することによって、海風が住居内に入るようにした。このほか風採り塔や換気穴を設置し、室内の換気を促し、温度調節をした。沿岸部の伝統的な家屋は、多くが一階建てである[5]。

　一方内陸部の平地では、壁となる泥レンガを分厚くして強度を確保した。家の建築では、例えばはじめに60センチメートルから1メートルほどの深さの穴を掘り、そこに漆喰などを流して基礎を作った。重量軽減と強度確保のため、壁は、1階部分は80センチメートルほどの厚さがあり、階を上がるごとに少しずつ薄くされた。壁の表面には漆喰が塗られた。1階の部屋の多くは、1室が3から4メートルの幅、3.5から4メートルの高さで設計された。上階の床と天井は、主に木とナツメヤシの葉状部で構成される。外気と接する天井・屋根の木は、腐敗・劣化するため、それらは定期的に取り替えられる[6]。

このほか、石が利用できる地域では、石を利用して建築物が造成された。UNESCO の世界文化遺産にも登録されている、バート、アル＝フトゥムおよびアル＝アインの考古遺跡（1988 年登録）や、内陸の山岳地帯に位置するミスファー・アブリーイーンの村が、その代表例である。

(3) 街区

国内開発が始まる以前のオマーンの内陸部において、人びとは街区（ハーラ）を日々の生活の拠点とした。街区は、住居のほかに、モスク、公衆浴場、炊事場、またサブラと呼ばれる、結婚式や宴会を催す集会場などから構成された。街区の入り口には「腰掛け場所」があり、ハーラの住民はそこでおしゃべりをしたり、外部からの客を迎え入れたりした。

西暦 12 世紀の学者アブー・バクル・アル＝キンディー（1162 年没）は、西暦 10 世紀の学者アブー・サイード・アル＝クダミーに提示されたものとして、婚姻時における証言のひな形に言及した紙片を紹介する。その中では、新郎と新婦の名前、新郎が成年であることだけでなく、新郎について「これこれの街区に住んでいる人」という情報が、証言の内容として記載されている。そしてこれに続けてアル＝キンディーは、アル＝クダミーが、これは定まった形式であると述べていることを記述する[7]。この例からも示されるように、街区という単位は、オマーン内陸部で生きた人びとのアイデンティティの一部であった。

(4) まちづくりの原理

内陸部の街区は、建物が 2 階建てで、密集している。これは、建物の影を通りに生み出すことで夏の強烈な日差しを浴びることなく活動するための、また冬の寒さから生活環境を守るための、人びとの工夫と考えることができる。こうした自然が関係する要素に加えて、街区の景観には、人が関連する諸要素も指摘することができる。そしてその中には、現地の人びとの行動指針であったイスラーム法の内容が含まれる。

イスラーム法では、（街区づくりを含めた）まちづくりについて様々な議論が交わされてきた。例えば[8]西暦 14 世紀の北アフリカの都市チュニスにおいて、地域の法官（カーディー）たちが住民らの間で生じる紛争を解

決するにあたって適用したガイドラインには、「害」の回避、相互依存、プライバシー、空中権、他人の財産の尊重などに関する内容が記録されている。このうち「害」の回避とは、「人は自分の正当な権利を全面的に行使すべきであるが、それには、彼の決定または行動が他人に対して害を及ぼさない限り、という条件がつけられること」[9]であり、建築に関して最もよく引用され、用いられる原則の一つとされている。またプライバシーについて、他者のプライバシーは尊重されなければならず、プライバシーの侵害の例として、私的領域を覗き込むことが挙げられる。このほか空中権について、これは害の回避の原則の例外的な内容だが、建物の所有者には私益のために建物を最大限利用する権利があり、建物を上方に向かって増築することが認められている。

　オマーンの内陸部で優勢であったイバード派の法学書においても、こうした議論や原則を読み取ることができる。例えば西暦 11 世紀に活動したアル＝アウタビーの著作『輝きの書』には、高所から他者に覗き込まれないように覆いをすることの必要性が記述される[10]。同様に、例えば果樹園や区域の中にある住居について、その住居の壁がその区域内の他の居住地などに害をなす場合には、その害の補償をしなければならないとの説明がある[11]。このほか、密集した街区にある住居は、女性が一人で通りを歩かなくとも近隣の女性宅を訪問できるような部屋・勝手口の配置がなされている。イバード派における住居づくり、まちづくりの諸原理が有する特殊性・普遍性については別途詳しく考察する必要があるが、法の諸規則や議論を丹念に読むことで、オマーン内陸部の伝統的な住居群が示す景観は、より適切に解釈することができるだろう[12]。

2　カーブースとオマーンの遺産

　前述のように、1970 年に即位したカーブースは、国内の社会・経済開発を進めた。その過程において、例えば国籍法を整備して「オマーン人」という枠組みを定め[13]、現地に暮らす人びとに、領域あるいは土地への帰属を意識させた。カーブースが推し進めた一連の国内近代化政策は、現地では「ルネッサンス」（ナフダ）と表現される。そしてこのルネッサンス

において、それ以前のオマーンの土地に存在した有形・無形の文化財は、国民統合を呼びかけるさいに、重要な材料となった。

　カーブースは国内の文化財・文化遺産をどのように理解し、それを国民に説明したのだろうか。彼は自らの誕生日であるナショナル・デーや議会の開会式の席などで、様々な分野の内容を含んだ言葉を発したが、オマーンの「遺産」（トゥラース）にも言及している。ここでは前世紀における彼のいくつかの発言に目を向けてみよう[14]。

　カーブースは、即位後の早い時期から、国内の歴史的建造物の保護に関心を有していたようである。例えば1975年には、近代的な建物を建設することと同じように、歴史的な砦や城を復元することを通じて、自分はモニュメントや遺産を保護することに関心を有している旨が語られる（88頁）。翌年には、国民に対して、若者がオマーンの文化を身につけ、自国の遺産を大切にし、熱心であることを望んでいると述べる（98頁）。

　近代化政策が軌道に乗った1980年代には、近代化の推進と伝統的価値観の保持の両立に注意が払われた。1980年には、後述する国家遺産保護法が公布・施行された。この年の演説では、経済的発展のみを追求するのではなく、遺産の保護にも努めていくことの重要性が語られた。すなわち同年のナショナル・デーにおいてカーブースは、国の物質的および社会的発展のために働き、計画を立てるとき、常に心に留めておかなければならないことは自分たちの強みであること、それは物質的な繁栄だけにあるのではなく、オマーンの遺産にあると述べた。カーブースは、自分たちの強みの例として、イスラームの法や原則を挙げている（135-136頁）。また1984年の演説では、近代国家を確立するために国を建設と進歩の軌道に乗せたが、自分たちの正統な宗教の教えを犠牲にしたり、自分たちが誇りとしている伝統と文化遺産を犠牲にしたりするようであってはならないと訴えた（173頁）。そして1986年のスルタン・カーブース大学の開学式典の場においては、国に献身的に奉仕する者には、ルネッサンスの成果を維持し、進歩と発展の道を真剣に歩むだけでなく、価値や伝統を含むオマーンの遺産に誇りを持つことが重要であると述べた（204頁）。

　1990年代においても、カーブースの口からは引き続いてオマーン固有の有形・無形の文化財の重要性が語られた[15]が、注目すべきは1999年の演

説である。すなわち彼はナショナル・デーの場で観光業に触れ、同セクターは治安、歴史的遺産、多様な自然、きれいな環境、芸術により、大きな成長可能性を有し、経済の多様化達成に貢献するだろうと述べた（409頁）。

このように遺産に関して、前世紀におけるカーブースの発言を見ると、彼が遺産の保護、伝統と近代化との両立、遺産の観光業への活用に関心を有していたと指摘することができるだろう。そしてその関心は、有形の建築物だけではなく、価値や慣習など、無形のものも含まれており、特にイスラームが重要な位置を占めていたことがうかがえる[16]。

3 省庁の組織と再編、法律の制定

カーブースの発言は、独り歩きの性質を持ったものではなく、その発言を実行に移すための行政上の整備を伴った（その観点からすれば、絶対君主制を敷いているとはいえ、彼の発言は、省庁への働きかけと同時に、省庁との調整の産物とも理解することができるだろう）。本節では、文化遺産に関係する省庁の組織と再編、そして法律の制定に目を向けよう。

(1) 省庁の組織と再編

文化遺産に対するカーブースの関心の高さは、即位後の早い時期から指摘できるが、それにあわせるかのように、文化遺産に関わる省庁の整備も進められた。例えば1975年に発せられた勅令（75/26、勅令番号、以下同）では、各省庁の役割が記述されているが、このうち情報文化省（当時）の役割として「写本を収集し、翻訳を準備し、遺跡を修復し、博物館の設立や展覧会の開催を通じて、遺産を復活させ、歴史的栄光を際立たせること」と記載されている。1976年4月10日に王族のファイサル・ビン・アリーがオマーン遺産大臣に任命される（76/12）と、その2日後にはオマーン遺産省が国家遺産省に名称を変更した（76/14）。「オマーンの」から「国家の」への表現変更について、勅令の前文では「国の遺産を保存することの重要性を考慮し、オマーン遺産省の任務と義務が最も広い規模で包括的であることのために」と説明されている。この表現の変化には、単に組織を表現する上の整合性の問題や、自明であるオマーンを謳うことの不要さ

だけでなく、歴史的オマーンという地域（現在のアラブ首長国連邦を含む）
と、近代国民国家としてのオマーン・スルタン国（アラビア半島南部のド
ファール地方を含む）とを区別する意味合い、すなわち近代領域国家とし
ての枠組みを示そうとした狙いも読み取ることができるかもしれない。

　この国家遺産省は、1984 年に国家遺産・文化省と名称を変更し（84/49）、
2002 年には遺産文化省と名称を変更した（2002/10）。そして 2020 年にカー
ブースの王位を継いだハイサム・ビン・ターリク（1955-）は、遺産文化省
を遺産観光省と文化・スポーツ・青年省とに再編する勅令を発した（2020/91）。
カーブースの発言から約 20 年の歳月を経て、遺産観光省が成立したこと
は、前世紀から進めてきたオマーンの文化遺産行政の一つの到達点として、
特筆すべき出来事である。

　遺産を管轄する大臣は、長らく王族が任命されていた。ファイサル・ビ
ン・アリーが 2002 年に亡くなると、前述のハイサム・ビン・ターリクが
同ポストに任命された。ハイサムが国王に即位し、省が再編されると、遺
産観光省の大臣には、遺産文化省の次官の一人であったサーリム・アル＝
マフルーキーが任命された。一方、文化・スポーツ・青年省の大臣には、
ハイサムの長男ズィーヤザンが任命された。

(2) 文化遺産関係省庁の所掌事項

　遺産に関係する省庁は、文化遺産に関して、どのような事柄を担ってき
たのだろうか。

　1977 年に発せられた勅令（77/20）では、国家遺産省の職務として、大き
く次の 5 つが挙げられている。

(a) オマーンの古い写本の発見と収集、出版、それらを閲覧するため
の公共図書館の設立

(b) 文明の遺跡の発掘と保存、考古調査の監督、遺跡保護に特化した
法整備、歴史的城塞の修築と保存の実施

(c) オマーンの文明の過去とその役割を解説した歴史資料館の設立

(d) 伝統手工芸品の維持と保護、伝統手工芸品に関して若者に訓練を
施すセンターの設立

(e) 国際的機関との調整に関して、情報文化省との連携

そして (a) から (d) について、独立した局が省内に設けられた。

　国家遺産・文化省における所掌事項については確認できなかったが、遺産文化省に名称が変更された後、2005 年に出された勅令 (2005/24) では、19 項目が挙げられている。そこでは「文明の遺産の発掘と保存に関する事柄」（77/20 における (b) の区分）が、写本収集に関する事柄と入れ替わり最上位に記載されている。この入れ替わりは、重要な写本の収集は、一定の目処が立った結果であると解釈することもできようが、政府が遺跡の発掘と保護の分野に引き続いて、より力を注ごうとしていたことを示すものとしても解釈することができるかもしれない。また同勅令では、文化遺産としての損傷や損失から保護しつつ、文化財を国家経済一般、特に観光部門に役立つように使用することや、文化遺産の本質、内容、歴史的価値を損なうことなく、文化遺産を保存し、経済的に利益を得るために民間部門の参加を活性化および強化することなどが明記されている。文化財や文化遺産への関わりやその利用方法について、官民挙げて考え、実施していこうとする姿勢を指摘することができよう。ただ、2016 年に発せられた勅令 (2016/40) では、項目が 13 項目に減っているが、減らされた項目には、この観光業と民間部門との協力が含まれる。オマーンにおいては、2004 年に観光省が設置された (2004/61) が、観光省の所掌事項として、文化遺産の観光業への活用、民間部門との協力が記述されている (2005/95)。2016 年の勅令にみられる遺産文化省の所掌事項一覧は、観光省との職務分掌の調整が反映されたものと読むことができよう。

　すでに述べたように、2020 年に遺産文化省は遺産観光省に改編された。勅令には、この省の所掌事項として遺産文化省と観光省が担った所掌事項が盛り込まれている。

(3) 文化遺産に関わる法律の制定[17]

　さて、文化財の保護は、省庁の組織・再編のみでは不十分であり、国民、住民の理解と協力が不可欠である。文化遺産の保護が人びとにとって他人事ではなく、自分たちの関心事となるようにすることが重要である。カー

ブースの演説は、オマーンに暮らす人びとにも向けられているが、同時に住民が従うべき法律の整備によって、政府は文化遺産が適切に管理・保存されるように努めてきた。文化遺産に関わる法律の代表的なものが、1980年に公布・施行された国家遺産保護法と、2019年に公布・施行された文化遺産法である。以下では、両法律を取り上げ、文化遺産分野における法整備の展開を概観する。

　1980年に勅令によって公布・施行された国家遺産保護法（80/6）は、50条からなる。第1条では、同法の対象となる国家遺産を、(a) あらゆる種類の遺跡、(b) 考古学的発掘の成果物、およびもともと古代遺跡または考古学的遺跡の一部であった断片を含む、動産文化財、(c) そして古代の建物群、としている。続く第2条では、第1条で出てきた用語の説明がなされるが、このうち動産文化財として、大きく

1　動物界や植物界上の、および鉱物や古生物学に関連する重要な断片を含む、希少な収集物と標本
2　歴史に関する諸財産
3　（登録の有無を問わず）考古学的発掘および考古学的発見の産物
4　切断された芸術的または歴史的遺物もしくは考古学的遺跡の一部であった作品
5　碑文、コイン、刻印などの古物
6　民俗学的価値のあるもの
7　写真、絵画、線画、勅令第77/70号の写本保護法の対象外の（歴史的、芸術的、科学的、または文学的に）特別な価値のある貴重な写本など、芸術的価値を有する諸財産

を挙げている。

　文化遺産保護のために、同法では許可なく古物の解体、全部または一部の移動、断片化、変形、修正または損傷、いかなる方法による古物の形状の変更、発掘、遺跡近くの土地の改変が禁じられることが明記される（第4条）。あわせて同法は、文化遺産保護のための諸手続きを、国家遺産・文化省が実施する内容とともに提示する。

　一方、2019年に公布・施行された現行の文化遺産法は、国家遺産保護法に比べて、より体系的で詳細な内容となっている。全82条からなる同法律は、定義と総則、文化遺産の取り扱いに関する章、記録についての章、測量と考古学的発掘についての章、文化遺産の保護についての章、違反の取り締まりと行政処分についての章、そして罰則についての章の7章に区分されている。文化遺産保護法内では都度条文中で示された罰則が、文化遺産法では第7章でまとめて列挙されている。

　法律の内容を概観すると、定義に関する第1条では、文化遺産は国有か非国有かという観点だけでなく、有形か無形か、不動的なものか動的なものか、という観点からも説明される。またオマーンの文化遺産の一部とみなされるものとして、国内に存在する文化遺産だけでなく、オマーン人が国外で発明・製作した文化遺産の相当物や、国内で発見され国外に移転された動的文化遺産などを挙げている（第7条）。このほか登録された文化財は、1級から3級に区分されること（第35条）[18]、文化遺産に関する行為は、書面によってのみ法的効力を有すること（第14条）が記述される。また国内に存在する、あるいは持ち込もうとする、オマーンの文化遺産ではない文化財についても、その所有者の権利が保護されている（第27-29条）。加えて、測量や考古学的発掘に関して、緊急の場合には大臣は、公共の利益のために動産の文化遺産を一時的に専有する決定を下すことができると定められている（第48条）。また文化遺産の保護に関しては、何らかの方法で文化遺産に損害を与えることや、オマーンの文化遺産の尊重を損なう行為または声明をおこなうこと、さらに無形文化遺産の名誉毀損、嘲笑、虐待、違法な搾取などが、禁止行為として挙げられる（第53章）。無形文化遺産には、慣行、慣習、伝統、表現形式、知識や技術などが含まれている（第1条）。

　現行の文化遺産法は、先行する国家遺産保護法に比べると、保護の対象を現在にまで広げている（もしくは現代も重視している）点において、より包括的な内容になっている。同法は、文化遺産を管理・保護する、成熟した国家としてのオマーンを国内外に示すために十分な形式と内容を備えていると評価することができよう。

4　観光資源としての遺産[19]

さて、今世紀に入り、オマーン政府は文化遺産の観光業への活用を本格的に模索してきた。本章の最後に、文化遺産の観光業への活用の例として、遺跡の修復・復元の現場に目を向けることにしよう。オマーン政府は、自前の人材の育成に努めるとともに、国外の研究機関の協力・支援も受けて、文化遺産の修復や保存事業を進めてきた。その対象は多岐にわたるが、その中には前述した、オマーンに暮らした人びとの生活の場であった、街区の修復と活用も含まれている。

（旧）遺産文化省は、英国の研究プロジェクト（the Centre for the Study of Architecture and Cultural Heritage of India, Arabia and the Maghreb, ArCHIAM）との協働により、国内の遺跡について、文書化と遺産管理計画の観点から調査を行い、その成果を公刊している[20]。それらの刊行物の中には、街区を扱った計画書も含まれている。

ノッティンガム・トレント大学が担当した街区の計画書では、現在のオマーンにおける文化遺産（建築）の保存が抱える問題が記述される。すなわち、農村部から大規模な都市部へという人口動態の変化、また大きな社会的変化と近代化の結果、伝統的な環境の中で生活することへの一般的な関心が失われているとする。都市の過密状態よりもむしろ地方の過疎化と放棄の方が問題であり、日常的な維持・保全の継続的な欠如は、重大な脅威であると続ける。加えて、地域住民、特に若い世代には、かつてのような当事者意識がなく、このことは、ある種の近代化による社会文化の変化によって、新しい世代がその土地固有の環境を深く、継続的に理解することから遠ざかっていることが原因であると指摘する。

また、文化遺産の管理については UNESCO の遺産管理計画も存在する。これについて計画書は、それは世界遺産に焦点が向けられ、主としてヨーロッパ中心的であり、その方法は途上国にある地域的そして国家的重要性を持つ遺跡には不十分であると主張する。その上で報告書は、UNESCOのガイドラインと方法を、詳細な文書化、（管理の）重要性の確立、開発と遺産管理の統合、持続可能な研究環境開発ガイドラインの策定という点に

ついて再編、洗練したとする。

そして遺産は単なる保存対象ではなく、生きた存在として捉えられるべきであるとして、街区の修復における哲学が提示される。すなわちそれは、

1 最小限の介入
2 可逆性
3 建物、集落、コンテクストの保持：景色、景観、空間および囲い込まれた区域を保全し、必要に応じて慎重に解釈する
4 遺産管理と再利用への人類学的（人間中心的）アプローチ
5 場所の再利用と解釈を通じた若い世代の統合
6 官民部門の関わり。組織の、個人の利害関係者の協力
7 ボトムアップ、トップダウンの両アプローチの組み合わせ
8 機能的多様性の導入。革新的思考を通じた既存の建物の可能な／互換性のある使用
9 持続可能な管理と保護
10 複写や複製、模倣ではなく、その当時の建物という解釈としての新しい建物

という 10 の考え方である。

そしてこの哲学に基づきつつ、オマーンが抱える問題を解決する方策として、計画書は、遺跡を観光資源として活用する案を提示する。いわく、観光活動が妨げられているのは、主にアクセスが困難であることと、比較的匿名性の高い場所であることによる。少人数の観光客であれば、食堂や喫茶店、短期滞在用の宿泊施設などの適切な施設を提供することで、現地の日常生活に支障をきたすことなく、容易に街区に溶け込むことができるだろう。そうすれば、地元住民の収入源が増え、若い世代が先祖代々の土地に戻るきっかけにもなる。このように記述し、計画書は、観光施設の例としてパブリックオープンスペース、短期滞在型の宿泊施設、文化体験エリア、公共機能・展示スペース、ケータリング施設、子供用アメニティを備えたセミプライベート住宅エリアを提案している。

街区の建物の修復と復元にあたり、プロジェクトは世界各地の遺跡を参

図3　ArCHIAM が関わった遺跡の民営化プロジェクトの一つ、マナフ
のハーラ・ビラード。筆者撮影

　考にすることを提案する。前述したように、オマーンの伝統的な建築物は、
木材と泥レンガ、石材などを主とするが、このうち土製の建造物遺産の再
建については、UNESCO の世界文化遺産である、シワ・オアシス（エジ
プト）、ジャンナの旧市街（マリ）、ガダーミスの旧市街（リビア）、アーイ
ト・ベン・ハドゥ要塞（モロッコ）を例にする。あわせて、既存の建築物
を文化センターとして利用すること、現在の建築資材を利用することの模
索について、紙面が割かれている。石材建築の例、また現代的な建築との
融合の例として、ヨーロッパ各地の UNESCO 世界文化遺産の例が提示さ
れる。
　報告書における一連の記述の中で興味深いことは、観光資源としての文
化遺産の活用において、その対象が国外からの訪問者だけではなく、国内
の、特に若い世代にも向けられていることであろう。近代化によって急速
に進んだ社会変容の中にあって、生じた問題を直視し、その土地が育んで
きた伝統的な生活を軽視するのではなく、それを大切に考える国民を育て
ようと、オマーン政府が努めていることがわかる。

おわりに

　本章は現代オマーンにおける文化遺産政策の展開を、前国王のカーブースの演説、省庁の組織と再編、法律の整備、そして観光業への活用例から読み解いた。前国王のカーブースは、即位後早い段階からオマーンの遺産の保護に関心を有していた。この遺産には、単に遺跡をはじめとする有形の文化遺産だけではなく、慣行や知識、技術などの無形の文化遺産も含まれていた。カーブースは国内の近代化を進めたが、それに伴う社会変容について、国民に自国の歴史に目を向け、誇りを持つように訴えた。彼および政府が進めてきた一連の政策は、国民国家を確立させるための文化ナショナリズムの一部として理解でき、またその重要な要素であったと結論づけることができる。文化遺産を所管する省庁は何度も再編されたが、遺産を観光と結びつけたことは、カーブースが目指した国づくりの一つの到達点と言える。そして 2019 年の文化遺産法の条文を見る限り、1970 年から 2020 年の間に、オマーンは文化遺産を保護できる国家であることを、世界に示すことに成功したと評価できる。

　新型コロナウイルス感染症の世界的拡大は、オマーンにも例外なく影響を及ぼした。現在、人の移動は再び活発になっている。そうした中、石油をはじめとする天然資源収入への依存を脱却するために、オマーンが進めてきた遺産の観光資源としての活用は、同国経済の多角化において今後も鍵となる政策である。隣国のアラブ首長国連邦、特にドバイ首長国は、観光分野で成功を収めている。文化的特徴を多く共有する近隣諸国との協力そして差異化は、特に国外からの訪問客呼び込みにおいて、十分に検討する必要がある課題であるようにみえる。国の持続的な発展のために、オマーン政府は遺産をどのように活用し、そしてそれを国内外の人びとに提示していくか。これは、翻って自分たちの暮らす地や文化について考える機会も与える、意義深い問いである。

本研究は JSPS 科研費 JP20KK0020 および JP21H00605 の助成を受けたものである。

【注】

1) 建築物について、ある特定の地域の建築物には、自然の要素（立地、気候、材料）と、人が関連する要素（伝統と歴史、社会と経済、価値観とイデオロギー）の影響を指摘することができる。フリードリヒ・ラゲット（著）、深見奈緒子（訳）『アラブの住居——間取りや図解でわかるアラブ地域の住まいの仕組み』マール社、2016 年、9-10 頁。オマーンの文化・習慣については、例えば al-'Ansī, Su'ūd b. Sālim, *al-Ādāt al-'umāniyya*, Muscat: Wizārat al-turāth al-qawmī wa al-thaqāfa, 1991 に詳しい。

2) 近藤康久「オマーン——ナショナル・アイデンティティの形成と文化遺産」野口淳・安倍雅史（編著）『イスラームと文化財』新泉社、2015 年、135 頁。

3) 世界銀行ウェブサイト（https://data.worldbank.org/indicator/SP.POP.TOTL?locations=OM&view=chart）から。2024 年 3 月 7 日閲覧。国内開発が進む以前の 1960 年の人口は、55 万人ほどであったと推計されている。

4) オマーンの地理と気候については、以下を参照した。佐藤一郎・香川邦雄「オマーンにおける作物生産の現状と問題点」『熱帯農業』21(1)、1977 年、45-52 頁；JICA（独立行政法人国際協力機構）中東・欧州部『オマーン・スルターン国水資源分野プロジェクト形成調査報告書』東京：独立行政法人国際協力機構、2005 年；JICA 産業開発部『オマーン国電力省エネルギーマスタープラン策定プロジェクト詳細計画策定調査報告書』東京：独立行政法人国際協力機構、2010 年。

5) Damluji, Salma Samar, *The Architecture of Oman*, Reading: Garnet Publishing, 1998, pp. 18-23.

6) Damluji, Salma Samar, *The Architecture of Oman*, pp. 13-16.

7) Al-Kindī, Abū Bakr Aḥmad b. 'Abd Allāh, *al-Muṣannaf*, ed. M. Ṣ. Bājū, Muscat: Wizārat al-Awqāf wa al-Shu'ūn al-Dīniyya, 2016, vol. 15, p. 299.

8) 以下は、ベシーム・S・ハキーム（著）、佐藤次高（監訳）『イスラーム都市——アラブのまちづくりの原理』東京：第三書館、1990 年、7-14 頁。

9) ベシーム、前掲書、11 頁。

10) Al-'Awtabī, Abū al-Mundhir Salama b. Muslim, *al-Ḍiyā'*, S. al-Wārijalānī, and D. al-Wārijalānī (eds.), 23 vols., Muscat: Wizārat al-awqāf wa al-shu'ūn al-dīniyya, 2015, vol. 20, p. 295.

11) Al-'Awtabī, *al-Ḍiyā'*, vol. 20, p. 298.

12) 同様にモスクについて、伝統的な建材を用いたモスクは質素なものである。これに関して、イバード派の理想は、モスクのシンプルで静かな威厳を通して、ハーラの構造に反映されているとの評価がなされている。Ministry of Heritage and Culture, *Bidbid: Harat al-Fanja* (Documentation and Heritage Management Plan 5), Muscat: Ministry of Heritage and Culture, 2014, p. 34. 前近代のオマーンのイバード派における建築の哲学についても、法の諸規則から帰納的に導き出すことができるかもしれない。

13)　オマーンにおける国籍法の整備については、大川真由子「オマーンにおける国籍法と国民概念——アフリカ系帰還移民の事例から」『現代の中東』45、2008年、22-35頁に詳しい。

14)　Ministry of Information, *Kalimāt wa Khiṭab Jalālat al-Sulṭān al-Muʿaẓẓam 1970–2010* (https://www.omaninfo.om/images/library/file/Book372311.pdf) 2022年9月7日閲覧・ダウンロード。以下、本文の頁数は同資料のものである。

15)　例えば1993年の演説では、オマーンは、独自の個性と社会生活における独自の哲学を備えた長い歴史を持つ国であるため、無意識の模倣がその進歩を妨げたり、その不朽の遺産に悪影響を及ぼしたりすることを許してはならないと述べられている（313頁）。また翌年には、遺産の概念には、城、要塞、古代の家屋、その他の物質的なものだけでなく、主に慣習や伝統、科学、文学、芸術などの「道徳的遺産」も含まれていることを明言している（328-329頁）。なお、1994年は国内における「遺産の年」と定められた。

16)　イスラームへの言及は、議会にあたる諮問評議会をオマーンの遺産として表現する中においても登場する（1997年、391頁）。イスラームにおける文化遺産の保護については、Gharib, Remah Y. "Preservation of Built Heritage: An Islamic Perspective (1)," *Journal of Cultural Heritage Management and Sustainable Development*, 2017 (doi/10.1108/JCHMSD-04-2016-0026) 2022年9月7日閲覧・ダウンロード。

17)　Khalil, Mohamed and Eman Nasr, "The Development of Legal Framework for the management of World Heritage Sites in Oman: A Case Study on Bahla Oasis," *Journal of Cultural Heritage Management and Sustainable Development*, 2021 (doi/10.1108/JCHMSD-07-2020-0106)

18)　個人が所有する文化遺産は、一級ではなく希少なものでもなければ、委員会の勧告に基づいて、大臣の正当な書面による承認を得て、国外への持ち出しや売買が可能となる。

19)　Hegazy, Soheir Mohamed, "Conservation of Omani Archaeological Sites, Harat al-Bilad: A Case Study," *International Journal of Arts & Sciences* 7(4), 2014, pp. 435-448; Gugolz, Alessandro, "The Protection of Cultural Heritage in the Sultanate of Oman," *International Journal of Cultural Property* 5(2), 1996, pp. 291-309; Chatty, Dawn, "Heritage Politics, Tourism and Pastoral Groups in the Sultanate of Oman," *Nomadic Peoples* 20(2), 2016, pp. 200-215.

20)　2011年から始まったプロジェクトは、ノッティンガム・トレント大学が担い、内陸部のハーラを中心に調査をした。2014年以降は同じく英国のリバプール大学が中心となり、内陸部だけでなく、東部や南部も対象としている。個々の地域の文書化については報告書それぞれで独自の記述がなされるが、修復の哲学などについての記述は、共通した内容が記録されている。研究は、地域の文化的発展のための学際的な研

究プラットフォームを提供することを目的としており、その成果は、ArCHIAM のウェブサイト（https://www.archiam.co.uk/）にて閲覧できる。

IV　引き継ぎ、広げる

アラビア語圏における国際法受容の初期段階

——アラビア語国際法関連書籍の出版と私人による国際法知識の利用

沖　祐太郎

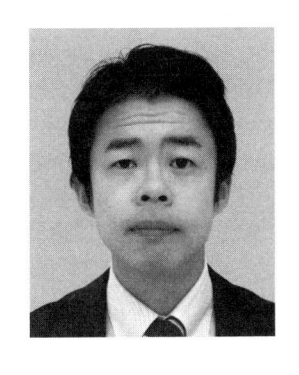

沖 祐太郎（おき　ゆうたろう）
2009 年に九州大学法学部卒業後、九州大学法学府修士課程・博士後期課程に進学、2014 年単位取得退学。同年より九州大学助教、講師を務め、2020 年より九州大学国際部国際戦略企画室（日本留学海外拠点連携推進事業・中東北アフリカ拠点）に所属、2021 年より特任准教授。専門は中東・イスラーム世界における国際法。
おもな著書に「一九世紀エジプトの知識人による国際法の使用——ムスタファ・カーミルのスーダン協定批判を題材に」明石欽司・韓相熙（編）『近代国際秩序形成と法』（慶應義塾大学出版会、2023）、「ダール・イスラーム／ダール・ハルブをめぐる議論の国際法学における意義」『世界法年報』40 号（2021 年 3 月）などがある。

はじめに

　本章は、19世紀後半のヨーロッパにおいて完成され現在まで基本的には妥当し続けている「国際法」についての知識が、いつ・どのようにして「アラビア語圏」にもたらされたのかを検討するものである。なお、本章においてアラビア語圏とは、具体的にはエジプトやシリア・レバノンなど、19世紀後半当時、アラビア語での出版文化の拠点であった地域を念頭においている。

　本章が念頭におく国際法とは、主権国家の法的平等・自由を基礎とし、その相互関係を規律する近代ヨーロッパに起源を有する法である。ヨーロッパ諸国間での適用を念頭においていた国際法は「ヨーロッパの世界化」によってその適用範囲を広げていく。この法は、特に19世紀の段階では、法典のように明文で内容が定まるものではなく、法学者たちが16世紀以来の法理論の展開を引き継ぎつつ、ヨーロッパ諸国の外交実践を体系化することで形成されてきた知識の体系として存在するものであった。本章の関心は、こうしたヨーロッパの知的遺産ともよべる国際法が中東・イスラーム世界にどのように受容され（あるいは受容されず）、現在に至っているのかという点にある。

　非ヨーロッパ世界における国際法の受容過程については、東アジアを対象とした研究は盛んであるが、アラビア語圏を含む中東・イスラーム世界を対象としたものは限定的である。近年、オスマン帝国を対象とした研究に関しては著しい進展が見られるものの、その他の地域を対象としたものは未だほとんど存在していない。エジプトを対象とするウィル・ハンリーの研究は存在するが、国際法というよりも国際私法的な事例の分析に関心を有するものであり、そのためもあってか、アラビア語での国際法関連著作の検討にも誤りがある[1]。

　こうした国際法の受容過程に関する研究方法には、大雑把にいって二通りのものがある。まずは、国際法学説の継受、すなわち欧米の国際法関連書籍の翻訳、現地語での独自著作の執筆、国際法教育や研究の展開等に注目し、知識あるいは情報として国際法がどのように受容されていったかを

検討するものである。国際法が知識の体系である以上、この方法は極めて重要なものである。もう一つの有力な研究方法は、国際法の使用に着目するものである。例えば、ある国家を検討対象とし、同国が国際法に関わるどのような作為・不作為（国家実行）を行っているかを検討することで、国際法をどのように認識しているかを検討するものである。国際法が単なる規範理論ではなく、実効性を伴う規範であるためにこの方法も不可欠のものである。

　本章においては、こうした二つの研究方法それぞれを、中東・イスラーム世界へと適用した検討を行う。そもそも、中東・イスラーム世界においては「イスラーム国際法」などとも称されるイスラーム法上の規範理論も存在しており、こうした理論とヨーロッパ的な国際法理論とがどのように関係づけられていったかを把握するためにも、書籍に注目した国際法学説の継受過程の検討は重要である[2]。一方、国際法の使用に着目した研究方法に関しては、中東・イスラーム世界において国際法上の国家とみなされうる主体を19世紀末の時点でとりあげることは、オスマン帝国を除いて困難である。そこで、本章では代替的な方法として、私人がその言論活動において行う、国際法の知識を用いた議論を対象にした検討を試みる。こうした言論活動は、国際法の知識の使用が現地において有意義であったことを示すものであり、国際法の一つの受容形態とみなしうるものである。

　以上のような問題意識から、以下ではまず、知識としての国際法の受容過程を検討するため19世紀から20世紀初頭にかけてのアラビア語の国際法関連著作の出版状況を確認する。その後、国際法の知識の使用実践を検討するため19世紀末から20世紀初頭のエジプトを代表する私人・知識人であるアフマド・ルトフィー・サイイドの執筆記事を分析する。

1　19世紀のアラビア語圏における国際法学説の受容状況

(1) 関連書籍の出版状況

　国際法という外来の知識を体系的に受容するにあたって最も根本的な役割を果たすものが国際法の教科書・体系書などといった書籍である。まずは、こうした書籍に注目した検討を行う。19世紀初頭にアラビア語圏に活

表1 19世紀から20世紀初頭にかけてのアラビア語国際法関連書籍

年度	著作
1872	(1)『戦争法』(ストーン(著)、ムハンマド・エフェンディー・オスマーン(訳)、カイロ、出版社不明)
1873	(2)『国際法の書』(オットカル(著)、ヌーヴァル・ヌーヴァル・アル・タラーブルス(訳)、ベイルート、出版社不明)
1891	(3)『立法の基礎』(ベンサム(著)、アフマド・ファトヒー・ザグルール(訳)、カイロ、ブラーク出版) (4)『至高なる国家とエジプトと諸国の間の諸条約』(アイユーブ・アウン、カイロ、ウムーミーヤ出版) (5)『至高なる国家とヨーロッパ諸国の間で締結された諸条約』(ユースフ・ハマーム・アースアーフ、カイロ、ウムーミーヤ出版)
1894	(6)『国際法についての書』(ハサン・フェフミー(著)、ヤヒヤー・カドリー、ナヒラ・キルファート(訳)、カイロ、出版社不明)
1896	(7)『エジプトと至高なる国家とにおける国際私法の書』(バストーロース・ビシャーラ、アリー・ジャマールッディーン、カイロ、ヒラール出版) (8)『至高なる国家が締結した諸条約』(ユースフ・ハマーム・アースアーフ、カイロ、ウムーミーヤ出版)
1900	(9)『国際法と諸国の条約についての書』(アミーン・アルスラーン、カイロ、ヒラール出版)
1907	(10)『国際法の書』(オットカル(著)、ヌーヴァル・ヌーヴァル・アル・タラーブルス(訳)、カイロ、出版社不明)

　版印刷の技術が導入されて以降、印刷文化の中心はベイルート、そしてカイロであった。19世紀から20世紀初頭のエジプトにおけるアラビア語での書籍の出版に関しては、網羅的な先行研究が存在する[3]。こうしたリストに基づき19世紀初頭から第一次大戦以前までの国際法に関連するアラビア語「書籍」の翻訳・出版状況をまとめると上の表1のようになる。

　なお表1にあげる書籍において「国際法」に対応するアラビア語は、Qānūn al-Duwalī、Ḥuqūq al-Duwal、Ḥuqūq al-Milal、Ḥuqūq al-Umamなど多様であるが、本章においては全て「国際法」と訳出する。

　これらの書籍のうち、国際法の知識を、一定程度以上、体系的に伝達できる構成を持ったものは、(1)(2)(6)(9)(10)である。その他のもののうち、(3)は当時のエジプトを代表する法律家であったアフマド・ファトヒー・ザグルールによるジェレミー・ベンサムの大部の主著[4]の翻訳書であり、国際法についての記述も若干は行われているものの、原著がそも

そもベンサムの法思想に基づく独特のものであり、国際法の知識を体系的に提示するものではない。(4)(5)(8)は条約集である。(7)は、1891年から1902年までヘディーブ法学校校長を務めたシャルル・テストー（Charles Testoud）の国際私法の講義の講義録であり、国際法には若干言及する程度である。それでは、この他の書籍は、何を典拠にして、どのように作成されたのであろうか。個々のテキストを確認するとオスマン語で既に出版されていた書籍の翻訳と、ヨーロッパ諸語のものを直接典拠とした書籍とが存在することがわかる。以下では、まずオスマン語からの翻訳書を、続いてヨーロッパ諸語の書籍を典拠に作成された書籍を検討する。その検討にあたっては、国際法の知識がどのように伝達されたかを考察するために、基礎的情報を整理した後に、翻訳・執筆の目的、各書籍の構成、そしてその典拠に着目した分析を行う。

(2) オスマン語からアラビア語へ

19世紀から20世紀初頭にかけてオスマン語からアラビア語に翻訳された書籍は3冊存在する。ただし、(2)と(10)の書籍（『国際法の書』）は実質的に同一の著作である。(6)の『国際法についての書』のオスマン語原典[5]については、既に先行研究が存在する[6]。一方『国際法の書』については実質的な研究は存在しない。そこで本項では、同書の原典、原典著者、原典の典拠、訳者、翻訳の理由について、概括的に確認する。

原典たる書籍は1848年にウィーンでオスマン語で出版された『諸国民の法の書』である[7]。1878年に同名で続編（本章では「第二巻」と呼ぶ）がイスタンブルにおいて出版されている[8]。1848年のものが、基本的には平時国際法を対象としたものであるのに対し、第二巻は戦時国際法を対象とする。これは当時の国際法学において一般的な区分である。

原著者オトカル・シュレクタ（Baron Ottokar Maria Schlechta von Wschehrd）(1825-1894年)は[9]、1825年にウィーンに生まれ、ウィーン大学、ウィーン東洋学院にてオスマン語、ペルシャ語、アラビア語、ペルシャ文学等を学び、1847年に同校を卒業、オーストリア外務省に入省すると1848年から通訳官としてイスタンブルに赴任し1860年まで同地に駐在している。その後はウィーン東洋学院長や在ブカレスト・オーストリア総領事な

どを務めている。

　このようにオトカル・シュレクタは国際法を専門的に学んだ人物ではない。外交官として国際法実務にも関わった可能性があるが、原著出版時はウィーン東洋学院卒業前である。元々国際法ではなくオスマン語等を専門としていた人物であるため、同書の執筆理由について先行研究の中には、オスマン帝国政府の依頼や指示があったとまでは確認できないものの、同政府と何らかの連絡を取りつつ書かれたものではないかと推測するものもある[10]。さらに、同書の内容面についても、当時ドイツ語で出版されていた複数の国際法の著作を編集、翻訳したものだとの評価もなされている[11]。

　さて同書のアラビア語訳であるが、表1に示したように2度出版されている。最初のものがベイルートで1873年に、2冊目が1907年にカイロでの出版である。両書には、版組の他、後述のような差異があるが本文は基本的に同一であり、1908年版は1873年版の再版とみなしうる。そして、いずれの版も原典は1848年のオスマン語の著作のみであり、第二巻、すなわち戦時国際法部分は訳出されていない。

　訳者は「アラブの文芸復興を担った一人[12]」とみなされることもあるヌーヴァル・タラーブルス（Nūbar al-Ṭarābulus）（1812-1887年）である[13]。彼は1812年、オスマン政府によるシリア支配に積極的な役割を果たしてきたトリポリの有力な家系であるヌーヴァル家に生まれる。しかし1820年には父とともにムハンマド・アリー統治期のエジプトへ移り、そこでアラビア語、オスマン語、フランス語、イタリア語を学び、同地に開設されたばかりの近代的教育機関の一つでありリファーア・タフターウィーが校長を務めていた時期の翻訳学校にも学んでいる。その後は、エジプトの行政機関において職を得ていた父の補佐を経て、1828年にシリアに戻るとトリポリやラタキアなどで公職につく。シリアがエジプトの統治下に置かれた間は、シリア方面軍総司令官兼シリア総督となっていたイブラヒームの下で様々な要職を務め、同地域が再度オスマン帝国の統治下へ戻った後も通訳官など（オスマン語・アラビア語）として様々な公務に携わる。しかし1864年頃以降は執筆活動に注力するようになり、オトカルの書籍のアラビア語訳もこの時期に行われたものである。このように、ヌーヴァルは文芸復興の一端を担うほどの語学力や見識、さらには行政に関わる多様な経験

も有しているものの、国際法についての専門的な知識を得る機会があった
かどうかは明確にはわからない。

　翻訳の目的については、ヌーヴァルは訳者序文において、当時のオスマ
ン帝国スルタン・アブデュルアズィズに対する献辞に続けて以下のように
述べている。

　　[スルタン陛下の] 威光によって輝く諸科学の一つであったものが、
　政治学である。賢慮の産物であり、最も重要なものである。そして、
　これについて最初に書かれたものが、オーストリアのシュレクター・
　オトーカール男爵による「キターブ・フクーク・アル＝ウマム」と題
　されたこの小冊子であり、重要な価値を有する。[同書は] 彼自身に
　よってトルコ語で著され、ウィーンの帝国出版において出版されたの
　ち、スルタン陛下に献上されたものである。その後、同書は名を知ら
　れるようになったが、それにもかかわらず、現在までアラビア語への
　翻訳はなされていない。私はこの高貴な言語の子であり、その素晴ら
　しい諸祖国を愛する者であるため [本書のアラビア語訳をなした][14]。

ここからは、原著がオスマン帝国内で一定程度の認知を得ていること、そ
してこの情報はアラビア語においても紹介されるべきであると訳者が考え
たことが、翻訳が試みられた理由として読み取れる。なお、この訳者序文
は 1907 年のアラビア語版からは削除されている。

　それでは、同書は国際法の知識をアラビア語圏にどの程度伝達しうるも
のであったであろうか。訳者序文において同書が「政治学」の著作と位置
付けられていることに示唆されているが、必ずしも当時の一般的な国際法
の教科書とみなせるようなものではない。同書は全 3 章 63 節で構成され
る 80 頁程度のものである。第一章は「種々の国家と一般的な政治的原理」
(5-17 頁)、第二章は「人々の所有権について」(18-45 頁)、第三章は「諸
国家間の協調に関して不可欠な種々の措置について」(46-86 頁) との構成
をとっている。第三章が同書の半分を占めているが、その内容は大使の派
遣・受け入れの意義とそのための手続、その任務、そして条約の形成方法
について、欧米の若干の歴史的先例に触れつつ概観するものである。次い

で多くの頁が割かれている第二章は、通常の国際法の体系書を念頭におくと想定される国家による領域や海洋に対する権限についてではなく、国内外に所在する個人の所有権について概観するものである。そして、国際法の最も一般的・根本的な部分を扱うことが想定される第一章においては、例えば国際法の存在形式や国際法の拘束力の根拠などには触れられず、諸国家間の勢力均衡の重要性とその展開に多くの叙述が当てられている。

さらに、同書が典拠とした欧米の国際法学の書籍や著者名への言及も見出すことはできない。この点はオスマン語原典でも同様である。そのため同書を端緒として国際法の知識へとアプローチしていくということも困難であるように思われる。

そのため、同書はアラビア語圏で「国際法」の名を冠する初の書籍であるにもかかわらず、国際法の知識は断片的に伝達するに留まっており、同書のみで国際法についての体系的な知識や基本的な考え方を得るということは極めて困難であると考えられる。むしろ外交実務に資するような論点について覚書的に情報を提示するといった性格のものであったのではないかとも推測される。

ただ、こうした書籍が2度もアラビア語で出版されている点は興味深い。オスマン語においてもアラビア語においても、同書出版以降、国際法の観点からはより優れた著作が出版されている。それにもかかわらず、同書が1908年に再版されているのは何らかの理由があったものと考えられるが、同書中にはそれを示す理由は示されていない。国際法の知識の伝達よりも、同書の覚書的性格が評価されたためかもしれないが、この点については更なる検討が必要である。

(3) ヨーロッパ諸語からアラビア語へ

オスマン語からの翻訳と並行して、ヨーロッパ諸語の国際法の書籍を直接の典拠としたアラビア語の書籍も二冊出版されている（表1の (1)、(9)）。両書ともに、オスマン語からの翻訳書とは違い、単一の書籍の翻訳ではなく複数の典拠から取捨選択し作成されたものである。(1) の書籍（『戦争法[15]』）については既に別稿で論じたため[16]、ここでは (9) の書籍について検討する。

『国際法と諸国の条約についての書』は、1900 年[17]にカイロのヒラール出版から出版された、おそらくアラビア語圏における国際法関連書籍としては翻訳書ではない初の単著である。

著者アミーン・アルスラーンは、1868 年、オスマン帝国のレバノン山地特別県のシューフ郡、その郡庁所在地シュウェイファートに生まれる[18]。アルスラーン家はドゥルーズ派の旧家であり、当時はシューフ郡長職も務めている[19]。アルスラーンは、その後南部の都市サイダーへと移住し、アラビア語とフランス語、オスマン語等を学んだ後、1892 年頃には公職につく。しかし、1897 年頃には職を辞し、フランスにわたり、ジャーナリストとして当時のオスマン帝国政府に対し批判的な言論活動を行う。その後、政府と和解すると、オスマン帝国のパリ、ボルドー、ブリュッセル、ブエノスアイレス総領事等を歴任する。オスマン帝国の第一次大戦参戦に対する意見の対立からブエノスアイレス総領事を退官した後もアルゼンチンに留まり、現地でアラビア語新聞「独立（Istiqlāl）」の発刊、スペイン語での執筆活動も行い、同地に没する。

『国際法と諸国の条約についての書』は、アルスラーンがブリュッセル総領事を務めた時期に書かれたものである。ブリュッセルで執筆したものをカイロで出版したということになる。なお同書はその内容の一部がカイロで発行されていた『ヒラール』誌に分割掲載（1900 年 3 月 15 日号-1901年 4 月 1 日号、但し未完）されている。

同書の執筆目的について著者はその序文において、「文明化」のために国際法の知識が必要であると、以下のように論じている。

> 私はアラビア語には政治に関する著作、すなわち国際法と国際条約について検討する著作が必要であると考えた。このような著作は近代文明が生み出したものである。そして文明化された人々にとって、このような著作を無視することは相応しくない。よって私はこのテーマにつき著作を著すことに決め、著述にあたっては傑出した哲学者たちと政治学者のうち最良の人々に依拠した[20]。

さらに続けて、同書の構成・内容について以下のように示している。

　そして、私はこの著作を以下の四部に分けた。第一部は国家の誕生とその権利・義務の本質に関しての基本原則について、第二部は所有、賠償、海、河川について、第三部は諸国家間の政治的諸関係について、そして君主、大使、大臣、領事の職務について、第四部は紛争、紛争解決の方法、陸戦、海戦について［扱う］[21]。

　ここからは同書は、四部構成で平時から戦時まで国際法の全体を扱う体系的な著作として構想されていることがわかる。しかし、実際には同書は、第四部すなわち戦時国際法のみの出版となっている。その理由として、著者は序論において、執筆過程でボーア戦争が発生し、新聞等がその理由について強く関心を抱いているため「アラビア語読者の理解のために」戦争の諸法や諸条件等について説明している第四部のみを一刻も早く出版すべきだと考えたと述べ、残りの三部については後に出版の機会があるだろうと記している[22]。もっとも管見の限り、これらの三部をも含む完全版は出版されていないようである。戦時国際法のみを対象とすることになった同書は、全4章27節127頁の書籍である。第一章は「国家間の紛争とその解決方法」、第二章は表題を欠くが戦時国際法の基本原則について論じ、第三章が「陸戦」、第四章は「海戦」という構成をとっている。

　同書は当初構想されていた四部構成中の前三部が出版されなかったため、国際法の知識を体系的・網羅的に伝達するものではなくなっている。しかしながら、戦時国際法については、関連する条約、国家実行、学説等に触れつつ、当時の主要な論点を概ね網羅しており、前項で扱った書籍と比較して、明らかに国際法の体系書としての体裁を有している。さらに、第一章や第二章では、主権、国家の類別、国際法の拘束力の根拠等についても断片的にではあるが論じており、国際法についての全体的な理解のもとに、同書が執筆されたことがうかがわれる。

　そして同書には、執筆時に典拠とされたあるいは参照された、様々な国際法学者の名前が言及されている。例えば、当時の代表的な国際法学者であるブルンチュリ、カルボー、フィオレ、リヴィエ、フォーシーユ、リーバー、アーネスト・ネイス、ブレンターノ、ソレル、オルトランなどは複数回言及されている。同書の読者は、こうした情報を通じ欧米の国際法学

自体へとたどることが一定程度可能である。しかし、同書の具体的な記述を検討していくと、著者はこれらのうちの誰か一人に依拠したというよりも、論点に応じて取捨選択して執筆を行っていたことが推測される。また本文中での言及は、国際法学者たちの名前のみであり、具体的な著作を示してはいない。よって、具体的に参照されたと思われるテクスト群を明らかにし、著者による取捨選択の過程をより正確に跡付け、その意義を検討することが、今後に残された課題である。

2 アラビア語圏における国際法の使用

前節で検討した二書籍を含め、国際法の知識が一定程度はアラビア語圏にもたらされていた。それでは、こうした知識は、どのように使用されていたのであろうか。本節においては、私人が国際法の知識をどのように使用していたのかという点を検討する。具体的には、当時を代表する知識人であるアフマド・ルトフィー・サイイド（Aḥmad Luṭfi al-Sayyid）（1872-1963 年）によるオスマン帝国議会へのエジプト人議員派遣問題についての 1908 年 8 月 23 日ジャリーダ紙に掲載された論説に注目する[23]。

この論説の背景には 1908 年 7 月のいわゆる青年トルコ革命、それに伴うオスマン帝国憲法の復活と帝国議会の再開とがあり、サイイドの議論の目的はエジプト初の民族主義政党であるワタン党がこの事態を受けて行った主張への反駁である。ワタン党は、エジプトの利益のため「オスマン議会に議員を派遣する」べきであると主張していた[24]。ここで言う議員の派遣とは、一時的な派遣ではなく、エジプト州選出議員としての派遣である。

この点につき、サイイドはワタン党員の見解を次のように評価している。

　　［彼らはオスマン帝国議会への議員の派遣が］我々から我々の独立の権利と国内政治上の権利とを失わせるものではないとほとんど信じ切っているようである。あるいは、我々の政府が専制的である限り、我々はその対内主権の諸成果を享受していないと主張しているようである。彼らの主張は、帰結を伴わない主権に意味はなくウンマ［国民］にとっての意味もない。ウンマ［国民］にとって望ましいのは、その対内

主権を放棄し、憲法が存在する限りオスマン帝国に参加することである［と主張しているのである］25)。（中略）この考えはもとより誤っている。その帰結においても不毛である。すなわち、エジプトの国際的地位に適合するものではなく、またエジプト人の利益にもならない。そして、王族の利益にもかなわないのである26)。

オスマン帝国議会に議員を派遣するべきであるとのワタン党の主張に対するサイイドの拒絶は、はっきりしている。この立場表明に続いて、サイイドは次のように述べている。

　我々は好むと好まざるとに関わらず、オスマン帝国の主権的権利を認めている。しかしながら、それは対外的主権についてである。［その対外主権は］国際的な諸条約と諸フェルマーンとに制限された主権である。もし、我々がこれ以上認めるならば、ただ［帝国議会に］参加するためだけに参加を追求しているということであり、独立からの逃走である。それは我々が望むことではない27)。

　国際法学者たちは以下のことに合意している。すなわち、エジプトとブルガリアとは対内主権の諸権利について同等であり、対外主権のいくらかの諸権利についてもそうである。我々にはエジプトからその権利を奪い、それをオスマン議会に与えることが許されているであろうか。オスマン帝国自体が我々の独立を尊重し、我々にそれ以上求めていないにもかかわらず28)。

以上の議論からは、サイイドがオスマン帝国・エジプトの関係を対外主権、対内主権、独立といった国際法上の観念を用い整理した上で、オスマン帝国議会への議員の派遣はエジプトが既に有している対内主権を放棄することであり認められない、との主張を構成していることがわかる。さらに、「国際法学者は合意している」などと言及することで自らの主張の妥当性を外在的に強化しようとの試みも見られる。サイイドが国際法の知識を使用し、論理的に妥当な議論を行っていることが確認できる。

しかし、19 世紀以来エジプトの国際法上の地位をどのように捉えるか
という点は、国際法学者やヨーロッパ列強の間でも議論が分かれており、
1882 年のイギリス占領後は、いっそう不鮮明な状態にあった。そもそも
オスマン帝国憲法上、ワタン党の主張がどのように捉えられるかという問
題もある。こうした状況にあって上のようなサイードの議論の当否や説得
性については、紙幅の関係上本章において検討する余裕はない。さらに、
サイードがこうした議論を行うにあたって、具体的にはいかなる典拠を参
照していたかは、上記論考やサイードの自伝[29]においても示されていない。
こうした点を明らかにしていくことが、国際法の知識がアラビア語圏にお
いて、どのような意義を有するものとみなされ、受容されていったのかを
知ることにつながると考えられる。

おわりに

　本章は、ヨーロッパの知的遺産としての「国際法」がアラビア語圏にい
つ・どのように受容されていったのかとの問題意識から検討を行ってきた。
　まず書籍レベルでは、1870 年以降 1914 年までに、オスマン語からアラ
ビア語、欧州諸語からアラビア語という二つの経路で、関連書籍の出版が
行われてきていたことが確認された。本章で若干の検討を行った二つの著
作は、いずれも体系的・網羅的なものではなかったが、特にアミーン・ア
ルスラーンの著作は複数の欧米の国際法の書籍から多様な知見を取捨選択
しつつ「国際法」の知識を伝達するものであった。こうした特徴は、東ア
ジアにおける国際法の受容が、『万国公法』など欧米の単一の著作の翻訳
からはじまったことを思い返すと、顕著な特徴であると言えよう。
　さらに国際法の知識は、私人の言論活動の中でも使用されるようになっ
ていたことも確認された。こうした私人による国際法知識の使用は、この
他にも多く存在する。こうした事例を拾い上げ、またそこで使用される国
際法の知識がどこからもたらされたものであるかを分析していくことで、
アラビア語圏における国際法の受容過程を明らかにしていくことが可能に
なるであろう。

【注】

1) Hanley, W., "International Lawyers without Public International Law: The Case of Late Ottoman Egypt", *Journal of the History of International Law*, vol. 18 (2016) pp. 98-119. 同稿においてはアブー・ハイフの 1924-1925 年の著作（『ヨーロッパとエジプトにおける国際私法（*al-Qānūn al-Duwalī al-Khāṣṣa fī Urupa wa Miṣr*)』）が「国際法に関するアラビア語での最初の長編著作（the first lengthy Arabic-languages study of international law)」であるとの認識から検討が行われているが、本章が示すように同書以前にも多数の国際法関連著作は出版されている。さらに、より「長編」的なものとしても 1923 年にはアリー・マーヒルの体系書 (Māhir, A., *al-Qānūn al-duwalī al-'āmm*, Cairo, 1923) が出版されている。

2) イスラーム国際法に関わる議論を国際法学上どのように理解すべきかという点については、拙稿「ダール・イスラーム／ダール・ハルブをめぐる議論の国際法学における意義」『世界法年報』第 40 号 (2021 年) 77-102 頁を参照せよ。

3) 19 世紀の出版物に関しては、Nuṣayr, 'Ā. I., *al-Kutub al-'arabīya allatī nushirat fī Miṣr fī al-qarn al-tāsi' 'ashar*, (AUC Press, 1990) を参照せよ。その後の時期については以下のものがある。Id., *al-Kutub al-'arabīya allatī nushirat fī Miṣr bayna 1900-1925*, (AUC Press, 1983), id., *al-Kutub al-'arabīya allatī nushirat fī Miṣr bayna 1926-1940*, (AUC Press, 1980).

4) Bentham, J. (publié en français par Dumont E., d'après les manuscrits confiés par l'auteur), *Traités de législation civile et pénale* (Paris, 1802).

5) Fehmi, H., *Telhis-i Hukuk-i Düvel* (Istanbul, 1883).

6) 藤波信嘉「ハサン・フェフミ・パシャとオスマン国際法学の形成」『東洋史研究』第 74 巻第 1 号 (2015 年) 1-42 頁。

7) Schlechta, O., *Kitab-ı Hukuk-u Milel* (Vienna: Darü't-Tibātü'l-imparatoriye, 1848).

8) Schlechta, O., *Kitab-ı Hukuk-u Milel* (Istanbul: El Cevā'ib Matba'āsı, 1878).

9) オトカル・シュレクタについては、以下の文献を参照せよ。Petritsch, E., "Schlechta von Wschehrd," in *Österreichisches Biographisches Lexikon 1815-1950, Bd. 10* (Wien: Österreichischen Akademie der Wissenschaften, 1991), S. 175., Pietsch, R., "Ottokar Maria Freiherr von Schlechta-Wssehrd und seine Deutung persischer Dichtkunst," *SPEKTRUM IRAN: Zeitschrift für islamisch-iranische Kultur*, Jg. 25, Nr. 4 (2012), S. 46-65.

10) Palabıyık, M. S., "The Emergence of the Idea of 'International Law' in the Ottoman Empire before the Treaty of Paris (1856)," *Middle Eastern Studies* vol. 50, no. 2, (2014), pp. 245-246.

11) Bilsel, C., *Devletler Hukuku: Giriş* (Istanbul: Istanbul Üniversitesi Hukuk Fakültesi Yayınları, 1940), pp. 123-124.

12) Zaidān, J., *Tarājim Mashāhīr al-Sharq fī al-Qarn al-Tāsi' 'Ashar, vol. 2*, (Cairo: Maṭba' Hilāl, 1922), p. 152.

13) *Ibid.*, pp. 152-155.

14) Schlechta, O. al-Ṭarābulus, N. (trans.), *Kitāb Ḥuqūq al-Umam* (Beirut, 1873)., pp. 2-3.

15) Stone, C. P., 'Uthmān, M. (trans.), *Qanūn al-Ḥarb* (Cairo, 1872).

16) 拙稿「エジプトにおける国際法受容の一側面――フランス語版『戦争法』（カイロ、1872 年）のテキスト分析を中心に――」『法政研究』第 83 巻 3 号 (2016 年) 505-534 頁。

17) なお同書の表紙には 1900 年出版と記されているが、同書本文の末尾にはアミーン・アルスラーンの署名つきで「草稿の引渡は 1901 年 5 月 9 日の夜、ベルギーの首都ブリュッセルにて行われた」とある。ただ、先行研究においては一般的に 1900 年出版として扱われているため、本章でもそれに従っている。

18) アミーン・アルスラーンについては以下の文献を参照せよ。Nuwayhiḍ, 'A. and Nuwayhiḍ, K., *al-Amīr Amīn Arslān*, Dār al-Istiqlāl, 2010, Klich, I., "*Criollos and Arabic Speakers in Argentina: an Uneasy Pas de Deux*, 1888-1914," in Hourani, A./Shehadi, N. (eds.), *The Lebanese in the World: A Century of Emigration* (I. B. Tauris & Company, 1992), pp. 243-284: Valverde, E., "Integration and Identity in Argentina: The Lebanese of Tucuman," in Hourani/Shehadi (eds.), *ibid*, pp. 313-337.

19) 当時のアルスラーン家については次の文献を参照せよ。田中雅人「ドルーズ有力者のオスマン官界進出」『日本中東学会年報』第 38-1 号 (2022 年) 31-60 頁。

20) Arslān, A., *Ḥuqūq al-Milal wa al-Mu'āhadāt al-Duwal* (Cairo, 1900), p. 2.

21) *Ibid.*

22) *Ibid.*

23) 本章においては次のサイイドの著作集の一つに再録されたものを史料として用いる。al-Sayyid, A.L., *Ṣafaḥāt Maṭwīya min Tārīkh al-Ḥaraka al-Istiqlālīya fī Miṣr* (Cairo, 1946).

24) *Ibid.*, p. 37.

25) *Ibid.*

26) *Ibid.*

27) *Ibid.*

28) *Ibid.*, p. 38.

29) al-Sayyid, A.L., *Qiṣṣa Ḥayātī* (M'ausasa Hindāwīya li-l t'alīm wa al-thaqāfa, 2013).

第11講

アメリカでイスラームの伝統を学ぶ
——スンナ派伝統主義の新たな展開

高橋　圭

高橋　圭（たかはし　けい）

慶應義塾大学文学部史学科東洋史学専攻卒業。上智大学大学院外国語学研究科地域研究専攻単位取得満期退学。人間文化研究機構地域研究推進センター PD 研究員、日本学術振興会特別研究員 RPD（上智大学）、東洋大学文学部助教を経て、2024 年 4 月より同教授。博士（地域研究）。専門は近現代イスラーム史、特にタリーカ（スーフィー教団）の歴史。著書に『スーフィー教団：民衆イスラームの伝統と再生』（山川出版社、2014 年）、共編著に『マイノリティとして生きる：アメリカのムスリムとアイデンティティ』（東京外国語大学出版会、2022 年）。

はじめに

　アメリカのムスリムの間では歴史的に様々なイスラーム潮流の展開が見られた。中でも 1980 年代以降は、他の地域と同様に、政治的な性格を強く備え、また教義的には聖典の字義通りの解釈を重視するグローバルなイスラーム運動――以下、本章では「イスラーム主義」と呼ぶ――が影響力を拡大させてきたことが知られている[1]。一方 1990 年代半ばごろからは、スンナ派の伝統的な教義を重視する新たな動きがアメリカのムスリムの間で高まりを見せている。イスラーム主義を、聖典からイスラームの規範的な理解を直接的に導き出す立場とするならば、スンナ派伝統主義では、イスラーム法学、イスラーム神学、そしてスーフィズムの枠組みに沿った古典的な解釈をイスラームの正統教義とみなす点に特徴が見られる。

　ここで興味深いのは、この動きが特に若い世代のムスリムたちから絶大な支持を集めているという点である。すなわち、この潮流では、改宗者や移民第二世代からなるアメリカ生まれのムスリムが中心的な役割を担ってきたのである。なおこの潮流自体はアメリカだけでなく、イギリスとカナダを含む欧米の英語圏に暮らすムスリムの間で広く盛り上がりを見せてきたものである。そして、その立役者となったムスリム知識人たちの多くも欧米人の改宗ムスリムであった。1970 年代に改宗した彼らはその後中東やアフリカで宗教諸学を学び、1990 年代半ばの時期から教師として若い世代のムスリムたちを惹きつける形でこの潮流が盛り上がりを見せていくことになったのである。

　このスンナ派伝統主義潮流の立役者としてまず名前が挙がるのが、ハムザ・ユースフ（Hamza Yusuf、1958 年生）、ヌー・ハー・ミーム・ケラー（Nuh Ha Mim Keller、1954 年生）、アブダルハキーム・ムラード（Abdal Hakim Murad、1960 年生）の 3 人である。また特にアメリカでは、ザイド・シャーキル（Zaid Shakir、1956 年生）とウマル・ファールーク・アブダッラー（Umar Faruq Abd-Allah、1948 年生）もこの潮流を牽引する代表的な知識人として知られている。ここに挙げた人物全員が改宗者であることに加え、最後のアブダッラー以外はほぼ同世代に属している。これらの改宗

ムスリム知識人たちを中心として、改宗者だけでなく移民第二世代の若者ムスリムも惹きつけながら、この潮流は現在まで盛り上がりを見せているのである。なおこの潮流を指す用語は定まっていないが、支持者たちはスンナ派の古典的な解釈をしばしば「伝統イスラーム（Traditional Islam）」という言葉で表現しており、本章ではこの表現を用いて「伝統イスラーム潮流」と呼ぶことにしたい。

　それでは、アメリカに生まれ育った若い世代のムスリムが、スンナ派の伝統に惹きつけられてきた要因はどこにあるのだろうか。本章はこの問いを軸としながら、伝統イスラーム潮流の特徴を考察してみたい。以下では、まずアメリカにおけるイスラームの展開の歴史を簡単に概観したうえで、そうした歴史的な流れの中に伝統イスラーム潮流を位置付ける。次に、伝統イスラーム潮流がどのように形成され、展開してきたのか、その指導的な人物であるユースフの経歴を追いながら見ていく。その後、この潮流で掲げられる「伝統イスラーム」とは何か、その教えの内容を検討する。そして最後に、具体的にそこでどのような活動が展開されているのか、特に教育活動に焦点を絞って見ていきたい。

1　現代アメリカにおけるイスラームの展開

　アメリカにおけるイスラームの歴史は長く、古くは奴隷貿易を通じてアフリカから連れて来られた奴隷に多くのムスリムが含まれていたことが明らかになっている。また 19 世紀末ごろからはシリアからの移民を中心とするムスリム移民のコミュニティ形成の動きが見られたほか、20 世紀前半からはアフリカ系アメリカ人を主体としたいわゆるブラック・モスレム運動が盛り上がりを見せたことも有名である[2]。

　ただし、アメリカへのムスリムの流入が本格化し、各地にムスリム・コミュニティが形成されるのは、1965 年に移民法が改正され、ヨーロッパ以外からの移民の制限が緩和されてからとなる。1966 年から 97 年までの間に 278 万人のムスリムが渡米したという報告もあり [Curtis 2009: 73]、現在のアメリカに暮らすムスリムの多数派を占めるのは、1965 年以降の移民とその子供たちである。

　アメリカに暮らすムスリムの正確な数を算出するのは困難であるが、少なく見積もっても 350 万人、調査によっては 700 万人というデータも示されている [3]。いずれにせよ移民の流入が続き、また今や第二、第三世代の成長も見られるほか、改宗の動きも一貫して継続していることから、アメリカにおけるムスリム人口が増加の一途にあることはどの調査でも共通して指摘されている。

　米国ムスリムの出身国やエスニック構成は極めて多様であり、例えば2017 年の調査では外国生まれのムスリムの出身国は 75 か国に及ぶ一方で、半数弱（42%）がアメリカ生まれで占められていることが報告されている [Pew Research Center 2017]。南アジア系と中東系の割合が高いものの、特定のエスニック集団が突出した多数派を占めていないことも、米国ムスリム社会の大きな特徴と言えるだろう。またイスラームの教義理解も極めて多様であり、しばしば宗派や教義的立場ごとに異なるコミュニティが形成されてきた。

　他方で、1980 年代ごろからは、イスラーム主義が米国ムスリムのイスラーム理解や実践に大きな影響を与えてきたことも指摘されている。この動きの背景には、主に留学生や専門職の従事者としてアメリカにやって来た若者たちの多くが本国でこの運動の洗礼を受けており、彼ら／彼女たちが主体となって、全米のムスリムをまとめ上げる組織づくりを積極的に推進してきたことを挙げることができる。例えば全米を代表するイスラーム団体である北米イスラーム協会（Islamic Society of North America、以後 ISNA）はもともとムスリム同胞団に関わっていたムスリムたちがリーダー層をなし、少なくとも 90 年代初頭まではサウジアラビアなど国外からの資金援助も受けていたとされている [GhaneaBassiri 2010: 335; Leonard 2013: 181]。

　とはいえ、この時期のアメリカのイスラームがイスラーム主義一色に染まっていたわけではない。1970 年代以降アメリカにはスーフィズムも本格的に展開し始めていった。そして、このスーフィズム拡大が同時期のニューエイジの盛り上がりに支えられていたこともよく知られている。1960年代後半以降、欧米の若者たちの間で体制や権威への反抗の動きが盛り上がるが、そこでは既存の組織化された宗教、すなわち主にキリスト教会の権威に反発し、それに代わる別の信仰や霊性伝統への関心が高まった。禅

やヨーガなどが最もよく知られるが、スーフィズムもまた東洋の神秘主義として一部の若者たちを惹きつけていったのである。

　アメリカにもたらされたスーフィズムは、こうしたニューエイジ世代の若者を受け皿にして展開していくことになる。彼ら／彼女たちの中には、例えばアメリカに渡ってきたスーフィーや、あるいはアジアやアフリカを旅して出会った現地の導師に弟子入りをするような人々が現れるようになる。むろんムスリム移民の間にもスーフィズムに傾倒する人々は一定数存在していた。そしてこの時期にアジア・アフリカからもたらされたタリーカの多くはスーフィズムをスンナ派教義の一部として位置付けており、しばしばイスラーム主義に代わる正統な信仰としての性格を強調していくことになる。例えば、1980年代末頃からアメリカで大きな勢力を誇ったナクシュバンディー系ハッカーニー教団は、スンナ派伝統主義を掲げる一方で、イスラーム主義への全面的な対決姿勢を取ってきたことで知られている [高橋 2018; Damrel 2006]。

　伝統イスラーム潮流は直接的にはこうしたスンナ派伝統主義スーフィズムの流れを受け継ぐ潮流とみなすことができる。後に述べるユースフの経歴からも示唆されるように、この潮流の立役者たちの多くも、1970年代にスーフィズムを通じてイスラームに関わった人々であった[4]。

　他方で、この潮流にはいくつかの点で、それまでの欧米スーフィズムとは一線を画す特徴がみられることも重要である。まず、伝統イスラーム潮流では、既存のスーフィズムに見られたニューエイジ的な要素が払拭されている。こうしたニューエイジ的な傾向は、実際のところ、スンナ派伝統主義を掲げる従来のタリーカにも見られた特徴であった。例えば先に紹介したハッカーニー教団を始めとするタリーカの多くが、欧米に進出した当初はしばしばスーフィズムをイスラームだけでなく他の宗教にも開かれた「ユニヴァーサルな」教えとして説き、ニューエイジ系の非ムスリムの信徒の存在感も高かったとされる[5]。対して、伝統イスラーム潮流では、こうした要素は少なくとも表立ってはほとんど見られない。

　またもう一つの大きな違いは、指導者たちの属性に認められる。既存のスーフィズムは、基本的には中東や南アジアなどムスリムが多数派の地域出身の指導者を中心に展開する運動であった。「本場」の出身であること

がいわば指導者たちの権威を支えていたと言えるだろう。一方、冒頭でも述べたように、伝統イスラーム潮流の指導的知識人たちの多くは改宗者を始めとする欧米生まれのムスリムが中心となっている点に特徴がある。これまでの調査を通じて、筆者はこの違いが既存のスーフィズムと伝統イスラーム潮流を分かつ決定的な違いの一つであり、かつ若者世代のムスリムを惹きつける重要な要因となっていると考えている。この点についてはこの後の議論でも注目していきたい。

2　伝統イスラーム潮流の形成と展開

　ここでは、アメリカにおける伝統イスラーム潮流の形成と展開について、この潮流を代表する人物であるユースフの経歴を追いながら見ていこう[6]。

　北カリフォルニアでギリシア正教徒の家庭に育ったユースフは、1977年、18歳の時にイスラームに改宗している。その少し前に交通事故に遭った経験が直接のきっかけであったとされるが、同時期にある書店でクルアーンの神秘主義解釈の本を読み、その意味は理解できなかったものの、そこにある種の確信のようなものを感じる経験があったことを後に述懐している。そして改宗後あるムスリムを介して、彼はムラービトゥーン（Murabitun）と呼ばれるスーフィー教団に入会することになった。ムラービトゥーンはモロッコのダルカーウィー教団で学んだスコットランド人イアン・ダラス（Ian Dallas、ムスリム名はアブダルカーディル・スーフィー Abdalqadir al-Sufi、1930-2021）が創設した教団である。創始者のダラスを含めて、もともとニューエイジに傾倒する欧米人の若者がスーフィズムに惹きつけられていく形で生まれた教団であるが、この教団の信徒たちはイスラームに正式に改宗し、特にマーリク派法学の実践や学習を徹底していたことが知られている。イギリスのノリッジに教団コミュニティが形成されており、間もなくユースフもイギリスに渡ってそこに参加するようになった。その後彼は、アラブ首長国連邦、モロッコ、アルジェリア、モーリタニアなどに留学をし、現地のウラマーからイスラームの伝統教育を受け、宗教諸学の主な分野でイジャーザ（免状）を与えられたという。ただしこの間にムラービトゥーンの導師との関係は悪化し、最終的に教団を離脱し

ている。

　留学生活を終えて 1988 年に帰米したユースフは、やがてムスリム知識人として各地で教育活動や講演などに従事していった。彼は伝統的な宗教諸学を修めた西洋人ムスリム学者として評判になり、特に若い世代のムスリムたちを惹きつけていった。当時の様子を知るある関係者の話によれば、ユースフの講演会には若者が殺到し、会場に入りきらない人々が建物に押し寄せるほどで、それを見た通行人から有名なロックスターのライブと間違われたこともあったという。やがて彼は ISNA の年次大会での基調講演などにも招かれるようになっていった。ISNA での活動は、彼が今や特定の信奉者たちのサークル内だけで知られる存在ではなく、アメリカを代表するムスリム知識人として頭角を現していったことを示している。

　さてユースフがこのようにアメリカを代表するムスリム知識人として知られるようになっていった 1990 年代半ばは、アメリカ各地や、イギリス、カナダで同じく「伝統イスラーム」を追求する若い世代のムスリムたちの動きが活発化していった時期であり、各地の知識人や学生たちをつなぐネットワークも形成されていった。こうしたネットワークの結節点となったのが、後述するいくつかの教育プログラムであり、教師として参加するユースフを始めとする伝統イスラーム系の知識人たちと、欧米の若者ムスリムたちの交流の場として重要な役割を果たしてきた。

　一方ユースフ自身は 1996 年にザイトゥーナ協会（Zaytuna Institute）を創設する。これは伝統的なマドラサ式の教授法を模範としたイスラーム教育団体であった。なお伝統イスラーム潮流では教育方法にも強いこだわりが見られるが、この点は後で見ていきたい。その後、この団体は 2009 年にザイトゥーナ・カレッジ（Zaytuna College）に改称されて神学校の体裁を取り、さらに 2015 年にはアメリカの教育認証機関によって、学位の授与を認められたリベラルアーツ・カレッジとして認証されることになる[7]。なおザイトゥーナ・カレッジの認証は、アメリカの大学教育システムに組み込まれた初のイスラーム大学の設立として大きな話題となった。また、ユースフ自身は 2020 年にバークレーの神学大学院連合（Graduate Theological Union）でイスラーム研究の博士号も取得している[8]。

　以上概観したユースフの経歴から、伝統イスラーム潮流形成の流れをま

とめてみよう。まずスーフィズムを介してイスラームに出会うという在り方は、1970 年代のニューエイジ世代がイスラームに触れる典型的な経路の一つであったと言えるだろう。ユースフの場合はその後留学をしてスンナ派宗教諸学を修め、帰国後に教育活動を通じてその普及に努めていくことになる。

　そして同様のパターンは、他の伝統イスラーム系の知識人たちの経歴にもある程度共通して見られる。すなわち、彼らの多くは 1970 年代にイスラームに改宗し、中東や北アフリカで現地のウラマーから宗教諸学を学んだ後、1990 年代初頭ごろから教育活動に従事していったのである。伝統イスラーム潮流は、こうした各地の「欧米人ムスリム学者」をつなぐネットワークや、その活動の場となるプラットフォームの整備を通じて形成されていったと考えることができる。

3　「伝統イスラーム」とは何か

　次に、この潮流が掲げる「伝統イスラーム」とはいったい何を指しているのか、その教えの特徴を整理してみたい。ここではその特徴を四つに分けて説明していく[9)]。

(1) 古典イスラーム解釈とウラマーの権威

　まず冒頭でも述べたように、伝統イスラームとは宗教諸学を通じて導き出された古典的なイスラーム解釈を指している。具体的には、イスラーム法学、イスラーム神学、そしてスンナ派スーフィズムによる理解を「正統なイスラーム解釈」とみなしている。またウラマーの権威を重視し、古典的イスラーム解釈が中世以来歴代のウラマーによって連綿と受け継がれてきたことも強調される。

　一方近代以降、こうした継承を経ない独自の逸脱的な解釈が提示され、それがムスリム社会で大きな影響力を持ってきたことを問題視し、これを現代の「イスラームの危機」とみなす立場を取る [Malik 2003]。中でも、そうした逸脱的な解釈を代表するのがイスラーム改革主義やイスラーム主義であり、その点で伝統イスラーム潮流は近代の革新的なイスラーム解釈

への強い批判意識に支えられた運動とみなすことができる。

　ただし、伝統イスラームの系譜は完全に途切れたわけではなく、現代においても中東やアフリカにおいて、伝統教育を受けたウラマーによって継承され続けているという。そして、ユースフを始めとする伝統イスラームの欧米人ムスリム知識人たちは、これらのウラマーから直接知を継承した、いわば彼ら自身もウラマーであると認知されており、この評価こそがこの潮流の指導者たちの権威を支えているのである。

(2) イスラームの霊性

　二つ目の特徴は、イスラーム法学とイスラーム神学に加えて、スーフィズムを正統なイスラームの枠組みに含めている点にある。この潮流ではイスラームを構成する三要素として、規範・実践である「イスラーム」、信仰の側面を担う「イーマーン」、そして霊性を担う「イフサーン」を掲げており、この三つの要素が揃って初めてイスラームが完全な宗教たり得るという立場を取る。また、この三つは宗教諸学の分野にもそれぞれ対応している。すなわちイスラームが法学、イーマーンが神学、そしてイフサーンがスーフィズムに体現されている ［Mathiesen 2013: 198; Tarsin 2015: 5-9］。

　そしてこの枠組みからは、逆にこの三要素が揃っていなければ完全なイスラームの信仰が保たれている状態ではないという理解が導き出され、これが他のイスラーム潮流を批判する際の根拠を提供することにもなる。例えばスーフィズムに対して否定的なイスラーム主義は、イスラームだけを重視してイフサーンをないがしろにしている点で完全な信仰を体現していないとみなされる。逆に、スーフィズムだけに傾倒してイスラームの規範の遵守を求めないような、特に欧米のニューエイジ系のスーフィズムの潮流と自らの立場を区別する際にも、この枠組みが根拠になるのである。

　ただしイフサーンとスーフィズムとの関係は込み入っており、両者は必ずしも同一視されていない。例えばユースフ自身はタリーカで修行した経歴を持つが、その発言の中でスーフィズムやタリーカに言及したり、それらへの参加を推奨することはない。通常イフサーンは宗教の美（beauty）や霊性（spirituality）といった言葉で表現されるが、これはいわゆる歴史

的な現象としてのスーフィズムやタリーカに即結びつけられていないという特徴が見られる [Hermansen 2019: 154][10]。言い換えれば、伝統イスラーム潮流は明示的には自らをスーフィズムの潮流とみなしているわけではない。恐らくその背景の一つには、スーフィズムに対する否定的なイメージが流布する近年の現状もあるかもしれない[11]。むろん歴史的にはイスラームの霊性伝統はスーフィズムによって概念化や理論化が図られてきたこともあり、この潮流でも実際にはスーフィズムの伝統に由来する様々な概念が用いられている。

(3) マドラサ式教育

　三つ目の特徴として、イスラームの伝統的な知識そのものだけでなく知識の伝達方法、すなわち教育方法へのこだわりを挙げることができる。ユースフを始めとする学者たちの権威は単に本場でイスラーム教育を受けたことにあるわけではない。彼らが現地のウラマーに弟子入りし、イジャーザを与えられているという点がこの潮流では強調されている。イスラーム教育と言っても、今や多くの地域では大学のような近代的な教育機関で行われるのが一般的である。一方、この潮流では、そうした近代的な教育ではなく、伝統的なマドラサ式の教育によって、教師との師弟関係を通じた知識の継承が必要であると説かれる。そして実際、この潮流を牽引する学者たちは、現地でそのような教育を受けてきたとされている。例えば、ユースフはモーリタニアの電気のない砂漠の村で数ヶ月にわたってウラマーから宗教諸学を学んだことが知られているが、これは彼が中世に行われていたそのままの形で伝統的な教育を受けたことを印象付ける逸話として信奉者たちに重視されている[12]。

　それではなぜ伝統的な教育方法にこだわるのだろうか。こうした教育方法の効果としてしばしば強調されるのが、そこで単に知識を学ぶだけでなく、同時に霊性や倫理の修練もなされることにある。すなわち学問の師は同時に導師としての役割も兼ねており、弟子は師から知識だけでなく霊的・倫理的な作法も学ぶとされているのである。ここにはスーフィズムの伝統に基づく修行という発想を見出すこともできるだろう。いずれにせよ、伝統的な教育方法によって、学生は単に知識を得るだけでなく、同時にイ

スラームの霊性・倫理性を深めていくこともできるのである。

　また伝統的な教育方法には、単なる知の継承の手段に留まらない、より重要な意義も見出されている。この点について、まずユースフは現代世界が直面する政治や経済などの諸問題の根源には知の危機があると述べている。これは単純に言えば西洋近代において知が世俗化し、霊性や倫理性を喪失している状況を指している。一方イスラームの知は本来は知識と霊的・倫理的作法の両者を兼ね備えた統合的な知であり、その継承を可能としてきたのが、学問教育と徳育が不可分の関係にある伝統的な教育方法にあったという[13]。そして、現代世界の諸問題を解決するためには、統合的な知を取り戻すことが急務であるが、そのためには霊的・倫理的な作法も継承できる伝統的な教育方法の復活が重要なカギになるとみなされるのである。

(4) 現代アメリカ社会への適応

　さてここまでの特徴を見る限りでは、伝統イスラーム潮流は、スンナ派伝統への回帰を説く単なる復古主義と理解されるかもしれない。しかし、実はこの伝統イスラームは現代のアメリカの文化とも親和性を持つものである、というのが最後に取り上げるこの潮流の重要な主張の一つとなっている。つまり伝統イスラーム潮流にはアメリカ社会への適応への強い志向性が見られるのである。

　それではこの主張はどのような論理に基づいているのだろうか。まずその前提として、アメリカの若者世代のムスリムの間で、宗教と文化とを切り離す視点が内在化されている現状を確認しておきたい。その親世代にあたる移民第一世代の主眼が本国のイスラーム実践を移住先で維持する点に置かれてきたとするならば、アメリカで生まれ育った第二世代のムスリムの間では、イスラームの実践とアメリカの生活様式との間の齟齬を経験する中で、親世代の実践を批判的に捉える視点が培われてきた。そこで彼ら／彼女たちは、親世代が「イスラーム」とみなしてきた信仰や実践の中に、宗教の教えではなく文化に基づくものがあるとみなして批判することになる。このように、イスラームの教えと文化とを区別したうえで、後者を排した「純粋なイスラーム」を模索する動きが若者世代のムスリムの間

では高まっているのである[14]。

　伝統イスラーム潮流もこうした若者世代の志向を強く反映した動きであり、そこにはやはりイスラームと文化とを区別する認識が内包されている。そして、この潮流の支持者たちにとっては、まさに伝統イスラームこそが文化と区別される純粋なイスラームとみなされることになる。すなわち、スンナ派の洗練された学問伝統は、文化的要素を排した純粋なイスラームの教えを説いていると理解されているのである。ここで伝統イスラームはまず移民の文化と切り離されることになる。そしてそのうえで、純粋なイスラームは普遍性を持つので、どの地域の文化とも親和性があるという理解から、アメリカの文化にも十分に適応できるとみなされることになる。例えばアブダッラーは、イスラームと文化との関係を次のように論じている。

　　何世紀にもわたって、イスラーム文明は土着の文化的表現と聖法の普遍的な規範とを調和させてきた。イスラーム文明は一時的な美と時代を超えた真実との間のバランスを保ち、中国の中心部から大西洋に至るまでの（文化の）多様性を、ちょうど美しい孔雀の羽を広げるように、統一性のもとに展開してきた。そしてイスラーム法学はこうした創意工夫の偉業を促してきたのである。歴史的に見れば、イスラームは文化と親和性を持っており、その点で澄み切った川にたとえることができる。その水（イスラーム）は澄んでいて甘く、生命の源であるが、それ自身に色はなく、水が流れる川床（土着の文化）の色を映し出す。イスラームは、中国では中国的なものに見えるし、マリではアフリカ的なものに見えるのである [Abd-Allah 2004: 2]。

　この発言を続ければ、アメリカではイスラームは「アメリカ的な」姿を取ることになるはずである。そして実際に、この潮流には「アメリカのイスラーム」とでも呼び得るイスラームの理解や実践の構築を目指す志向が認められる。むしろこの潮流の主眼は、単にスンナ派の伝統教義を取り戻すだけでなく、それをアメリカに暮らすムスリムの生活様式に合った形でいかに適用していくかという点にあるとみることもできるかもしれない。

その具体的な取り組みは最後の節で論じていきたい。

　以上概観した「伝統イスラーム」の主な特徴から、この潮流の性格をまとめてみよう。まずその前提にあるのは、「伝統イスラーム」すなわちスンナ派の伝統教義が、現代のムスリム、特にアメリカに暮らすムスリムの間にはもはや受け継がれていないという問題意識である。そのうえで、この「伝統」を取り戻し、それを現代アメリカ社会に適用することがその目標に掲げられていると言えるだろう。

　なおこの点に関連して、Mathiesen［2013: 193］や Quisay［2023: 37-38］は、そもそも「伝統イスラーム」という表現自体が、アラビア語でスンナ派イスラームを指す表現として一般的ではなく、その点でもこの潮流が欧米のムスリムたちの置かれた状況や問題意識と密接に結びついたものであると指摘している。スンナ派伝統への注目は、近年はアラブ地域を始めとしてムスリムが多数派を占める地域でも盛り上がりを見せる動きであり、欧米の伝統イスラーム潮流もこうしたグローバルな動きと連動する潮流であると考えられる[15]。他方で、この潮流自体はアメリカのムスリムがこの伝統から切り離されているという自覚に根差しており、そこにいかにつながっていくかがその最も重要な課題となっているのである。

4　アメリカでイスラームの伝統を学ぶ

(1) 伝統への没入体験

　最後に伝統イスラーム潮流ではどのような活動が展開されているのか、特に教育に関わる活動に焦点を絞っていくつか具体的な例を取り上げてみたい。

　まずスンナ派の学問伝統を重視する立場からすれば、やはり伝統イスラームの本場は中東やアフリカであり、アメリカのムスリムも現地でウラマーから直接学問を学ぶ必要があるということになる。そして実際、この潮流を牽引する知識人たちの大半が長期留学を通じて宗教諸学を修めた人物であったことはすでに述べたとおりである。またそうした知識人たちに倣って、中東やアフリカに留学する若者ムスリムの動きも現在まで活発に見られる[16]。

このように留学を通じて伝統イスラームを修得した教師たちがいわば再生産されている一方で、それではこれらの教師たちはアメリカ国内でどのように伝統イスラームの普及に取り組んでいるのだろうか。ここでは一般の米国ムスリムたち向けにどのような教育活動が行われているのかを見ていきたい。

まず、1990年代半ばごろからいくつかの教育プログラムが立ち上がり、現在まで運営を続けている。このプログラムにはユースフを始めとする世界各国で伝統イスラーム潮流を牽引する指導的な知識人たちが教師として参加しており、いわば伝統イスラーム・ネットワークの結節点としても機能している[17]。その一つがディーン・インテンシブ（Deen Intensive、現在は Essentials Retreat に改称）であり、これはイスラームの基本教義について一週間の集中講義を受けるプログラムである。

もう一つがリフラ（Rihla）であり、これは一ヶ月の合宿形式で開催される。イスラームの基本教義だけでなく、宗教諸学やアラビア語上級レベルも含むより総合的な学習プログラムとなっている。1996年にイギリスのノッティンガムで開催された初回をかわきりに、その後現在までアメリカ、モロッコ、スペイン、サウジアラビア、トルコ、インドネシアなど世界各国で毎年開催されてきた。

これらのプログラムの特徴は、まず短期間の集中講座の形式で開催される点にある。講座は連日朝から晩まで開かれ、参加者はその間はひたすらイスラームの学習に専念することになる。また特に合宿形式で開催されるリフラについては、教師や仲間たちと寝食を共にしながら、日常と隔絶された環境で学習に励む点に特徴が見られる。

リフラの具体的な様子については、Khan［2009: 135-137］による参加報告が参考になる。彼女が参加したのは、アメリカのニューメキシコ州にある「ダール・アル＝イスラーム（Dar al-Islam）」で開催されたプログラムである。会場となったダール・アル＝イスラームは1980年にアメリカでムスリムが暮らす理想郷を作るという意図で建設された施設の集合体であり、周囲には町などはなく、隔絶された荒野に設けられている。ただし結局住民は定着せず、ムスリムの村としては機能することはなかった。代わりにこの場所は研修施設として開放されており、現在まで、リフラを始め

として、伝統イスラーム系の団体の活動の開催場所としてしばしば利用されている。Khan によれば、合宿期間中は携帯電話などの使用が禁止され、参加者たちは外界から遮断された環境で、勉強と祈りに励み、また教師や仲間たちとの交流も楽しむ生活を一ヶ月体験するものであったという。

　以上、伝統イスラーム潮流の二つのプログラムを簡単に見てきたが、どちらも一定期間日常生活を離れて集中的に伝統イスラームを学ぶという体験的な側面が重視され、特にリフラではそのための環境づくりが会場の選定にも反映されていることがわかる[18]。なお、そのウェブサイトでも「没入（immersion）」という表現で、こうした伝統体験がうたい文句として提示されている[19]。このように、伝統への没入を体験できるこれらのプログラムでは、いわば「本場」への留学に代わる場が人工的に演出されているとみなすことができるだろう。すなわち、現地留学に模した環境でウラマーから宗教諸学を学べることが、これらのプログラムの最大の売りであると考えられる。

(2) アメリカの大学で宗教諸学を学ぶ

　さてこうした非日常の没入体験を通じて伝統イスラームに触れるプログラムとは別に、より恒常的に専門的な教育を施す学校の創設も取り組まれてきた。これを代表するのが、ユースフが創設したザイトゥーナ・カレッジである。すでに述べたように、これは 1996 年にイスラーム教育団体として創設されたザイトゥーナ協会を前身とし、2009 年に神学校として再編され、2015 年にアメリカの教育認証機関の認証を受けたリベラルアーツ・カレッジである。

　大学のカリキュラムを見ると、入学前の夏期講習でのアラビア語の初級クラスから始まり、クルアーン入門、預言者伝、法学、神学、イスラームの霊性などを順に学んでいく構成となっている[20]。加えて、学生にはこうしたイスラームに関する科目だけでなく、西洋のリベラルアーツの学習も義務付けられている点にもここでは注目したい。例えば政治学や経済学、西洋哲学、西洋法などもそのカリキュラムに組み込まれている。この背景にはアメリカのリベラルアーツ・カレッジとしての認証の条件も関係していると考えられるが、それだけでなく、むしろイスラームの学問と西洋の

学問の両方を身につけることに積極的な意味が込められているとみなすことができる。すなわち、そこでは西洋の知的伝統にも通じたムスリム知識人の養成が目指されているのである。アメリカでムスリム知識人として活躍する人材には、単にイスラームのことを知っているだけではなく、むしろそれ以上に西洋のことも熟知し、アメリカに暮らすムスリムのニーズに応えることができるような指導を行うことのできる資質が求められているのである。つまり伝統的な宗教諸学を修めただけではアメリカでウラマーとして教育を行うことができるわけではなく、自身もアメリカの教育システムで学び、アメリカのムスリムの若者たちの志向を理解できる人材でなければならない。ザイトゥーナ・カレッジのカリキュラムはこうした条件を念頭に置いたものと考えられる。実際、この大学の教授陣にも、現地で宗教諸学を修めただけでなく、アメリカの大学院で学位を取得している人物が多く含まれている。すでに述べたように、ムスリム知識人としての地位を確立しているユースフ自身も、2020 年にはイスラーム研究の博士号を取得している。

　以上、ザイトゥーナ・カレッジの取り組みをまとめるならば、まずその目標はアメリカ国内で宗教諸学を修めたウラマーを養成することにあると言えるだろう。この点について、同大学の教員の一人は、この大学の創設には、アメリカのムスリムが、外国に依存せずに自前でウラマーを養成してイスラームの知的伝統を継承していくための取り組みの第一歩としての意義があると語っている。すなわち、アメリカに伝統イスラームを根付かせるには、外国からウラマーを連れて来るだけでは十分ではなく、むしろ西洋の学問も修め、アメリカの事情にも通じたウラマーを自分たちで育てていく必要があるという問題意識が、この大学の創設と運営を支えているのである。そしてこの問題意識には、先に述べた「アメリカのイスラーム」の構築という伝統イスラーム潮流の志向を明確に読み取ることができるだろう。

おわりに

本章では、現代アメリカで展開する伝統イスラーム潮流に注目し、その
教義や活動を概観してきた。最後に冒頭で提示した問いについて考察をし
てみたい。すなわち、一見すると復古的なイスラーム解釈を説くこの潮流
が、なぜアメリカで生まれ育った若い世代のムスリムたちから支持されて
いるのだろうか。

結論から言えば、その要因は、この潮流が単に伝統を取り戻すだけでな
く、イスラームの伝統とアメリカの文化との両立を説き、また実際にその
実現を目指す活動を行っていることにあると考えられる。こうした志向は、
アメリカに生まれ、その文化を内在化しながら育ちつつも、同時にムスリ
ムとして「正しい」イスラームの実践も求める若い世代のムスリムのニー
ズに合ったものであると言えるだろう。

スンナ派の伝統的な教義自体は、伝統イスラーム潮流以前から、スンナ
派スーフィズムの拡大などを通じてアメリカのムスリムにも認知されてき
たものである。ただしそれがあくまでも「外来のもの」として、またしば
しばアメリカの文化と相容れないものとして提示される限り、アメリカに
生まれ育った若者ムスリムがこれを自らの伝統として内在化するのは容易
ではない。すなわち、彼ら／彼女たちは、ムスリムであることとアメリカ
人であることのどちらかを選ばなければならないという葛藤に常に直面す
ることになる。しばしばこれは移民第二世代のアイデンティティの危機と
して表現されてきた[21]。イスラームと文化との区別が、こうした葛藤を背
景として強調されてきたこともすでに触れたとおりである。

一方伝統イスラーム潮流では、アメリカ人でありかつスンナ派の伝統を
遵守するムスリムでもあることが両立可能であるというメッセージが示さ
れている。そしてそれはまず、この潮流を牽引するムスリム知識人たちの
属性に現れていると言えるだろう。すなわち、欧米人の改宗者でありなが
らも宗教諸学を修得したウラマーとして活躍する彼ら自身が、いわば両者
の両立が可能であることを示す一種のロールモデルを提供していると考え
られる[22]。また、この潮流で提供される教育活動もこうした「両立」の理

念に基づいて設計されていることが明らかである。例えばディーン・イン
テンシブやリフラは、アメリカの生活を捨てて現地に行かなくても、伝統
的なイスラーム教育を体験できる点に、若者ムスリムを惹きつける最大の
魅力があると考えられる。そしてザイトゥーナ・カレッジは、イスラーム
の知と西洋の知を両立した「アメリカのウラマー」の養成に向けた取り組
みとして注目を集めていると言えるだろう。

【注】

1) なお厳密に言えば、聖典の字義通りの解釈を説く潮流はサラフ主義、政治的志向
を備えたイスラーム運動はイスラーム主義に区別される。しかし両者は互いに影響を
与えあっており、現実の運動としては区別が困難な場合も多く、また二つの用語を併
記する煩雑さを避けるためにも、本章では「イスラーム主義」の用語で統一する。サ
ラフ主義の分類やイスラーム主義との関係については［西野 2017: 121-126］を参照。

2) アメリカにおけるイスラームの展開を概観した通史としては、［大類 2006;
Bowen 2015; idem 2017; Curtis 2009; GhaneaBassiri 2010］を参照。

3) 米国ムスリムの人口データについては［Bagby 2012; Pew Research Center
2017］を、また人口データから米国ムスリム社会の特徴を論じた論考としては［大類
2006; 高橋 2021; 同 2022］を参照。

4) 加えて Quisay は、伝統イスラーム潮流の興隆の背景として、1990 年代半ばまで
にイスラーム主義運動内部での対立や分裂が激化し、これに幻滅した若者たちがこの
運動を離れていったことも指摘している。彼女によれば、イスラーム主義に代わる正
統主義を説く伝統イスラーム潮流が、信仰の拠り所を見失ったこれらの若者たちを惹
きつけていったという［2023: 24-26］。

5) Sedgwick によれば、これらのタリーカは、その後徐々にスーフィズムをスンナ派
の伝統とする立場を明確化していったとし、これを「西洋スーフィズムのイスラーム
化」と呼んでいる。ただしその過程でいくつかのタリーカの内部では対立や分裂も生
じている［2019: 45-50］。例えばジェッラーヒー教団はスンナ派伝統主義の立場を取
る教団と、ニューエイジにより親和性の高い教団の二つに分かれている［Dressler
2009: 84］。

6) 以下、ユースフの経歴については［Grewal 2014: 159-169; Idrissi 2013: 85-88;
Quisay 2023: 26-30; Sabur 2010: 602-603; Unus 2007: 641-643］を参照。なお筆者
は 2016 年以降、サンフランシスコ・ベイエリア地域を主な調査地として、伝統イス
ラーム潮流の関係者への聞き取り調査を継続しており、本章全体を通じて、そこで得
た情報も適宜参照されている。

7) 以上ザイトゥーナ協会／カレッジの歴史については［Hammer 2010; Khan 2009; Madhaney 2007］を参照。なお、2018 年からは修士課程も設置されている。

8) https://www.gtu.edu/events/congratulations-class-2020（2023 年 8 月 26 日閲覧）。以下本章で参照したウェブサイトの閲覧日は全て 2023 年 8 月 26 日である。

9) 以下、伝統イスラーム潮流の教義・思想については、まず Malik による伝統イスラーム論［2003］と Tarsin によるイスラーム入門書［2015］を、当事者の立場から書かれた基本文献として参照した。加えて、研究文献としては［高橋 2019; Geaves 2006; Hamid 2016; Mathiesen 2013; Quisay 2023; Takahashi 2021］においてまとまった議論や分析がなされており、それらも適宜参照した。

10) 例えば Tarsin のイスラーム入門書では、「スーフィズム」の語は全く用いられず、イスラームの霊的な側面はイフサーンやその英訳として spiritual refinement といった用語で表現されている。なお同書にはユースフが序文を寄せており、その中で「スーフィー」の語が現れるが、そこではスーフィーは「イスラームの偉大な心理学者」と定義されている［2015: xiii］。

11) 伝統イスラーム系の知識人の一人であるアブダッラーは、この現状を「スーフィズムのスティグマ化」と表現している。"What is Sufism?" Session 1 of 5—Dr. Umar Faruq Abd-Allah in Cairo on May 5-9, 2017. https://vimeo.com/217436891

12) なおユースフのモーリタニア体験をめぐる言説からは、この潮流の支持者たちが、「伝統」を時間的な過去だけでなく空間的にも異郷に属するものとして捉えていることも読み取られる［Quisay 2023: 40-44］。すなわちモーリタニアは、彼ら／彼女たちの心象地理において、過去の伝統が手つかずのまま息づく理想郷とみなされているのである。Grewal が指摘するように、そこにはオリエンタリズムの眼差しを認めることができるが［2014: 165-169］、このことはこの潮流に惹きつけられる欧米人ムスリムたちが、イスラームの伝統をそれだけ異質なものとみなしていることも示しているかもしれない。

13) The Crisis of Knowledge — Shaykh Hamza Yusuf. https://www.youtube.com/watch?v=Nlc-4CdIF9U　なおここでの「学問教育」はアラビア語のタアリーム（ta'līm）、「徳育」はタルビーヤ（tarbiyya）を指す。ユースフはそれぞれ educating と nuturing の英訳を当てている。また Malik も、こうした霊的・倫理的な作法――彼はこれをアダブ（adab）と呼ぶ――が現代の知の伝達システムから喪失していることが、現代社会の最大の問題であると述べている［2003: 6-7］。

14) 現代アメリカにおけるこの問題についてのより詳細な分析としては［Hermansen 2009］を参照。また、イスラームと文化との区別はアメリカに限らず、欧米の特に第二世代ムスリムに広く共有された認識である。より理論的な視点からの分析としては、イギリスの第二世代ムスリムの事例を論じた［安達 2020］を参照。

15) アラブ地域を含むグローバルな視点からのこの潮流の分析としては［Sedgwick 2020］を参照。

16) Grewal [2014] はこうした留学の動きを追いながら、伝統イスラーム潮流の展開を論じている。

17) 以下、教育プログラムとその内容については [Hamid 2016: 79; Khan 2009: 134-139] を参照。

18) リフラについては、Quisay が参加経験者への聞き取りなどからより詳細な分析を行っている [2023: 98-122]。なお欧米以外で開催される場合は、イスラームの聖地や歴史的名所を擁する地域が選ばれることが多いが、プログラム自体は都市などからは離れた会場に参加者たちが缶詰めになって実施され、勝手な外出は認められていないという。このように、「本場」で実施される場合でも、「外界からの遮断」はこのプログラムの基本テーマとなっているようである。

19) 例えばディーン・インテシブは、4週間の合宿に参加できない人向けの「緩やかな期間の没入 (moderate period of immersion)」と表現されている。https://www.deenintensive.com/essentials-retreat

20) 学部のカリキュラムについては公式ウェブサイトを参照。https://zaytuna.edu/academics/bachelors-degree

21) アメリカを含めた欧米の移民第二世代ムスリムのアイデンティティの問題については多くの研究があるが、本章ではさしあたり [安達 2013: 357-383; Duderija and Rane 2019] の議論を参照した。

22) ただし、伝統イスラーム潮流の指導者たちの大半は男性で占められており、女性指導者の姿はほとんど見られない。他方、この潮流に関わる一般のムスリムには多くの女性が含まれている。こうしたジェンダーの不均衡が、伝統イスラームの権威や指導者層と支持者たちの関係性にどのような影響を与えているのかという問題は重要な検討課題であるが、これについては稿を改めて考察したい。

【参考文献】

安達智史 2013.『リベラル・ナショナリズムと多文化主義——イギリスの社会統合とムスリム』勁草書房.

安達智史 2020.『再帰的近代のアイデンティティ論——ポスト9・11時代におけるイギリスの移民第二世代ムスリム』晃洋書房.

大類久恵 2006.『アメリカの中のイスラーム』子どもの未来.

高橋圭 2018.「現代アメリカのムスリム社会とスーフィー聖者——ムハンマド・ナーズィム・アーディル・ハッカーニーの聖者伝の分析から」高岡豊、白谷望、溝渕正季編著『中東・イスラーム世界の歴史・宗教・政治——多様なアプローチが織りなす地域研究の現在』明石書店 148-163.

高橋圭 2019.「伝統と現実の狭間で——現代アメリカのスンナ派新伝統主義とジェンダー言説」『ジェンダー研究』21号 133-144.

高橋圭 2021.「イスラモフォビアのアメリカに生きる——分断から連帯へ」赤堀雅幸編

『ディアスポラのムスリムたち——異郷に生きて交わること』上智大学イスラーム研
究センター 29-48.

高橋圭 2022.「解説——アメリカのムスリム」高橋圭・後藤絵美監修・編著、リック・
ロカモラ写真・文『マイノリティとして生きる——アメリカのムスリムとアイデンテ
ィティ』東京外国語大学出版会 76-80.

西野正巳 2017.「サラフ主義と「イスラム国」」菊地達也編著『図説 イスラム教の歴史』
河出書房新社 115-127.

Abd-Allah, U. F. 2004. *Islam and the Cultural Imperative*. n.p.: Nawai Founda-
tion. (https://www.theoasisinitiative.org/islam-the-cultural-imperative)

Bagby, I. 2012. *The American Mosque 2011: Basic Characteristics of the Amer-
ican Mosque Attitudes of Mosque Leaders*. Report Number 1 from the US
Mosque Study 2011. Washington, D.C.: Council on American-Islamic Relations.

Bowen, P. D. 2015. *A History of Conversion to Islam in the United States,
Volume 1: White American Muslims Before 1975*. Leiden: Brill.

Bowen, P. D. 2017. *A History of Conversion to Islam in the United States,
Volume 2: The African American Islamic Renaissance, 1920-1975*. Leiden:
Brill.

Curtis, E. E., IV. 2009. *Muslims in America: A Short History*. Oxford: Oxford
University Press.

Damrel, D. W. 2006. "Aspects of Naqshbandi-Haqqani Order in North America." In
Sufism in the West. ed. J. Malik and J. R. Hinnells, 115-126. London and New
York: Routledge.

Dressler, M. 2009. "Pluralism and Authenticity: Sufi Paths in Post-9/11 New York."
In *Sufis in Western Society: Global Networking and Locality*. ed. R. Geaves,
M. Dressler, and G. M. Klinkhammer, 77-96. London and New York: Routledge.

Duderija, A. and H. Rane. 2019. "Immigration and Western Muslims' Identity." In
Islam and Muslims in the West: Major Issues and Debates. ed. A. Duderija
and H. Rane, 53-76. Cham: Springer International Publishing.

Geaves, R. 2006. "Learning the Lessons from the Neo-Revivalist and Wahhabi
Movements: The Counterattack of the New Sufi Movements in the UK." In
Sufism in the West. ed. J. Malik and J. Hinnells, 142-159. London and New
York: Routledge.

GhaneaBassiri, K. 2010. *A History of Islam in America: From the New World to
the New World Order*. Cambridge: Cambridge University Press.

Grewal, Z. 2014. *islam is a foreign country: American Muslims and the Global
Crisis of Authority*. New York and London: New York University Press.

Hamid, S. 2016. *Sufis, Salafis and Islamists: The Contested Ground of British*

Islamic Activism. London and New York: I. B. Tauris.

Hammer, J. 2010. "Zaytuna Institute." In *Encyclopedia of Muslim-American History*. ed. E. E. Curtis IV, vol. 2, 605. New York: Facts on File.

Hermansen, M. 2009. "Cultural Worlds/culture Wars: Contemporary American Muslim Perspectives on the Role of Culture." *Journal of Islamic Law and Culture* 11 (3) : 185-195.

Hermansen, M. 2019. "Beyond West Meets East: Space and Simultaneity in Post-Millennial Western Sufi Autobiographical Writings." In *Sufism East and West: Mystical Islam and Cross-Cultural Exchange in the Modern World*. ed. J. Malik and S. Zarrabi-Zadeh, 149-179. Leiden and Boston: Brill, 2019.

Idrissi, A. E. K. 2013. *Islamic Sufism in the West: Moroccan Sufi Influence in Britain: The Habibiyya Darqawiyya Order as an Example*. Norwich: Diwan Press.

Khan, N. I. 2009 ""Guide Us to the Straight Way": A Look at the Makers of "Religiously Literate" Young Muslim Americans." In *Educating the Muslims of America*. ed. Y. Y. Haddad, F. Senzai, and J. I. Smith, 123-153. Oxford and New York: Oxford University Press.

Leonard, K. 2013. "Organizing Communities: Institutions, Networks, Groups." In *The Cambridge Companion to American Islam*. ed. J. Hammer and O. Safi, 170-189. New York: Cambridge University Press.

Madhaney, A. N. 2007. "Zaytina Institute." In *Encyclopedia of Islam in the United States*. ed. J. Cesari, vol. 1, 646-647. Westport and London: Greenwood Press.

Malik, A. A. 2003. *The Broken Chain: Reflections upon the Neglect of a Tradition*. 2003 Edition. Bristol: Amal Press.

Mathiesen, K. 2013. "Anglo-American 'Traditional Islam' and Its Discourse of Orthodoxy." *Journal of Arabic and Islamic Studies* 13: 191-219.

Pew Research Center. 2017. *U.S. Muslims Concerned About Their Place in Society, but Continue to Believe in the American Dream: Findings from Pew Research Center's 2017 Survey of U.S. Muslims*. Washington, D.C.: Pew Research Center. (https://www.pewresearch.org/religion/2017/07/26/findings-from-pew-research-centers-2017-survey-of-us-muslims/)

Quisay, W. 2023. *Neo-Traditionalism in Islam in the West: Orthodoxy, Spirituality and Politics*. Edinburgh: Edinburgh University Press.

Sabur, H. A. 2010. "Yusuf, Hamza (Mark Hanson)." In *Encyclopedia of Muslim-American History*. ed. E. E. Curtis IV, vol. 2, 602-603. New York: Facts on File.

Sedgwick, M. 2019. "The Islamisation of Western Sufism after the Early New Age," In *Global Sufism: Boundaries, Structures and Politics*. eds. F. Piraino and M. Sedgwick, 35-53, London: Hurst and Company.

Sedgwick, M. 2020. "The Modernity of Neo-Traditionalist Islam." In *Muslim Subjectivities in Global Modernity: Islamic Traditions and the Construction of Modern Muslim Identities*. ed. D. Jung and K. Sinclaire, 121-146. Leiden: Brill.

Takahashi, K. 2021. "Recapturing the Sunni Tradition: "Traditional Islam" and Gender in the United States." *Orient: Journal of the Society for Near Eastern Studies in Japan* 56: 91-105.

Tarsin, A. 2015. *Being Muslim: A Practical Guide*. n. p.: Sandala.

Unus, N. 2007. "Yusuf, Hamza." In *Encyclopedia of Islam in the United States*. ed. J. Cesari, vol. 1, 641-643. Westport and London: Greenwood Press.

【ウェブサイト】

https://www.gtu.edu/events/congratulations-class-2020

https://vimeo.com/217436891

https://www.youtube.com/watch?v=NIc-4CdIF9U

https://www.deenintensive.com/essentials-retreat

https://zaytuna.edu/academics/bachelors-degree

パレスチナ人にとっての遺産とアイデンティティ
——忘却と変容の 75 年

鈴木啓之

鈴木啓之（すずき　ひろゆき）

1987 年生まれ。2010 年東京外国語大学外国語学部南・西アジア課程アラビア語専攻卒業。2015 年東京大学大学院総合文化研究科地域文化研究専攻単位取得満期退学。日本学術振興会特別研究員 PD（日本女子大学）、同海外特別研究員（ヘブライ大学ハリー・S・トルーマン平和研究所）を経て、2019 年 9 月より東京大学大学院総合文化研究科スルタン・カブース・グローバル中東研究寄付講座（中東地域研究センター）特任准教授。博士（学術）。著書に『蜂起〈インティファーダ〉：占領下のパレスチナ 1967-1993』（東京大学出版会、2020 年）、共編著に『パレスチナを知るための 60 章』（明石書店、2016 年）、共訳書にラシード・ハーリディー著『パレスチナ戦争：入植者植民地主義と抵抗の百年史』（法政大学出版局、2023 年）。

はじめに

　パレスチナ人の民族的アイデンティティは、喪失した故郷への権利と結びつく形で発展してきた。1948 年に始まった第一次中東戦争と前後して、パレスチナ人の多くが故郷を離れ、難民になった。当時 140 万人と見積もられているパレスチナのアラブ人口のうち、およそ半数に該当する 70 万人が家屋を失い、各地に離散したと言われている。この「ナクバ」と呼ばれる経験が、パレスチナ出身のアラブ人、つまりパレスチナ人にとっての「遺産」を形づくる決定的な契機になった。特に 1960 年代からパレスチナ人の民族主義運動が活発に展開し、民族的な権利を訴えるなかで、他のアラブ諸国とは異なるパレスチナ独自の文化や慣習に光が当てられていった。ロレン・レイバーガーが指摘したように、パレスチナ民族主義運動を率いるパレスチナ解放機構（PLO）議長のヤースィル・アラファート（Yāsir 'Arafāt, 1929-2004）が、パレスチナ農村部の伝統柄をあしらった頭巾（クーフィーヤ）を好んで着用していたことは、その典型だろう[1]。

　本章で論じるのは、このパレスチナ人にとっての遺産が、かつてどのようなものであったかを踏まえたうえで、いかにしてパレスチナ人の民族主義運動のなかで遺産が称揚され、現在に至っているのかという問題である。特に、民族主義運動のなかでアイコン化したものと、忘却されつつあるものを論じることで、遺産が形づくられていく過程を考えていきたい。

1　遺産と文化

　ナクバ以前のパレスチナは、ハイファーやヤーファーなどの港湾都市と、オスマン帝国の特別区になっていたエルサレムを中心として、農村部と地方都市のネットワークによって緩やかに構成される社会だった。1984 年に英語初版が発行された『離散の以前』（*Before Their Diaspora*, 1987 年にアラビア語初版発行）という書籍には、ナクバ以前の生活が写真で掲載されている[2]。戦闘の記録写真や政治指導者のポートレートの傍らで、工房（木工、素焼き壺、絨毯、オリーブ石鹸）、靴の修理工や製粉工場、ブリキ工房な

どを写した写真が目を引く。歴史学者のビシャーラ・ドゥーマーニーがパレスチナ内陸部の都市ナーブルスに残されていた家庭文書や裁判記録などをもとに明らかにしたように、織物やオリーブ石鹸などの手工芸品の生産と流通は、18世紀から19世紀にかけてすでに活発に行われていた[3]。パレスチナ各地には特産品があり、ドゥーマーニーが着目したナーブルスでは、今日までオリーブ石鹸の生産が盛んに行われている。他に、吹きガラスはアッカー、素焼き壺はヘブロン、オリーブ木工や貝細工はベツレヘム、羊毛の織物はヘブロンと近郊地域、金物細工はナザレやアッカー、革製品はヤーファーからエルサレム、ナーブルスなど広範囲で製作されていた。こうした多様な手工芸品の数々は、パレスチナの文化的豊かさを示すものであり、ベイルートやダマスカスといった近隣都市との商取引も行われていた。

　商取引を前提とした工芸品とならんで、パレスチナ人の遺産として位置づけられてきたものが家庭や地域単位で様式が引き継がれた民族衣装である。特に女性が身につける「ドレス」は、赤糸などをふんだんに用いて裾（特に背部）、袖口、胸当てを中心に刺繍が施され、あわせて用いられるアクセサリーや帽子などとともに、地域ごとに多様な様式が受け継がれている[4]。例えば、ネゲヴやガザなど、パレスチナ南部では黒地に赤糸の刺繍が多く、ヤーファーやラムレ、エルサレム、ラーマッラーなど中部では、白地や黄地のドレスが多くなると言われている[5]。形状も一様ではなく、特に袖が筒状のものと手首に向かって下に三角形に広がるものに大別される。また、地域によって、ベストやズボンをあわせることもある。こうした民族衣装は、一般的には婚礼や宗教儀礼など、晴れがましい場面で着用されてきた。

　儀礼や祝祭の作法も、パレスチナの原風景の一部をなしている。ナクバの後にイラクに逃れたあるパレスチナ人青年は、バグダードの一角にあるトブジという地区で「パレスチナのやり方」で婚礼を行った様子を次のように回顧している[6]。

　　明かりが灯され、コーラの瓶やケーキとならんで、ダブケの一団（若者とダラブッカ〔太鼓〕奏者）が手配された。婚礼の日の夕刻まで、花

婿はみすぼらしい服装を身につけ、髪や髭を伸ばしておく。婚礼の夕刻に、身支度を調えることで、喜びを表すためだ。ダブケは、出席したトブジの隣人だけではなく、車や徒歩で行き交うイラク人の注目の的になった。ついには市役所の職員までがやって来て、勝手に道路封鎖をしてはいけないと指導があった。私たちはこの場所が建設中の道路の空き地で、道路封鎖はしていないと弁解した。職員らに席とケーキをすすめ、彼らの沈黙を勝ち得てから、式は予定通りに挙げられた。

　ダブケとは、横一列にならんだ踊り手が、主に足を使って跳躍や屈伸のようなダイナミックな動きを見せるダンスである。バグダードの一角でイラク人の注目を集めたこのダンスは、パレスチナを含む東地中海沿岸地域では、祝宴の場で披露されてきた。また、婚礼では独特の抑揚をつけた詩の朗唱も行われた。こうした身体表現による伝統文化は、難民の移動とともに中東各地へと散らばり、それぞれの地域で保持が試みられるようになる。

　産業、衣服、儀礼などを横断する豊かな伝統は、商取引や巡礼、学業などを理由にパレスチナと周辺地域を移動する人々によって時に混ざり、ヨーロッパ世界との邂逅のなかで変容を遂げていった。民族衣装のなかに、ヨーロッパ製の銀貨やイギリス委任統治期の硬貨が利用された例は、その典型だろう。しかし、こうした時代の変化とともに生じる段階的な変容とは異なる形で、20世紀半ばにパレスチナ人の遺産には大きな転換が訪れた。ナクバによる地域社会の解体である。1930年代には、パレスチナで大規模な衝突がユダヤ人移民とアラブ系住民のあいだで発生するようになった。その結果、イギリスはパレスチナの将来を国際連合に委ね、1947年11月29日の総会でパレスチナをユダヤ人国家とアラブ人国家へと分割することが決定された。その後の内戦とイスラエル建国による戦争で故郷を失ったパレスチナのアラブ人たちは、次第に「パレスチナ人」としてのアイデンティティを確立し、政治運動を展開していくことになる。

2 政治運動と遺産

　1960 年代から活性化したパレスチナ人の政治活動において、遺産はアイデンティティの拠り所として高く評価された。ポスターやパンフレットでは民族衣装のイラストや写真が多用され、かつてのコミュニティの記憶や故郷の原風景が文章や演劇の形で発表された（写真1）。特に農村部で継承されてきた伝統衣装や唱歌、舞踏などは、「遺産」（turāth）や「民衆芸術」（funūn sha'bīya）といった言葉で表現され、称揚された。また、難民キャンプに作られた工房で手工業を再興し、その収入によって民族主義運動を支えようとする動きもあらわれた。これらの動きのなかには、篤志家や企業家による取り組みもあったのだが、本章では政治運動との関わりに着目して論じてみたい[7]。

　注目すべき取り組みは、何よりも「サーメド」（Ṣāmid）の活動だろう。サーメドは、1969 年にパレスチナ人の政治組織であるファタハ（パレスチナ解放運動、Ḥaraka al-Taḥarīr al-Waṭanī al-Filasṭīnī, Fataḥ）が設立した扶助団体で、その名称はアラビア語で「不屈の者」を意味する。当初は戦闘員遺族の雇用を目的として、難民キャンプで簡単な工房を運営することに注力していた[8]。1960 年代後半から 70 年代にかけて、パレスチナ人の主要な政治組織は武装闘争に従事し、イスラエルに対して軍事的な挑戦を繰り返していた。しかし、圧倒的な軍事力の差は埋めがたく、パレスチナ人戦闘員の死者は増えていった。サーメドは、この死亡戦闘員の遺族——多くの場合は女性であった——を難民キャンプに設立した工房で雇用し、現金収入の確保を目指した。最盛期には、レバノンやシリアの各難民キャンプに工房が設置されていたという。ファタハの機関誌であり、また事実上 PLO の機関誌でもあった『革命パレスチナ』誌の情報に依拠すれば、1975 年に稼働していた工房は表 1 の通りである。

　各工房には、死亡した戦闘員幹部の名前が付けられていた。サーメドの工房で働く傷病戦闘員アブー・ハディード（「鉄の男」・おそらくこの戦闘員が用いたゲリラ名であろう）は、自身の属する工房の名前が 1973 年 4 月にイスラエル軍の特殊作戦で殺害された PLO 幹部「カマール・アドワーン」

写真1　『革命パレスチナ』の記事「これぞ革命の民衆」（第118
　　　　号、1974年11月17日）

であることを挙げ、「私はミシンの前にいると、まるで戦場でデグチャレ
フ〔軽機関銃〕を構えているように感じる」とインタビューのなかで語っ
ている[9]。サーメドの活動が、原初的にはあくまで武装闘争を支えるもの
だったことがよく示された言葉だろう。

　サーメドについて最も多弁に語る者が、代表のアフマド・クライウ（後
にパレスチナ暫定自治政府首相、日本語では「アフマド・クレイ」と表記され
ることが多い）である。クライウが2007年に著した『サーメド：パレスチ
ナ革命の生産活動』は、記述の重複が多く書籍としての完成度は高くない。
しかし、サーメドの組織的起源については、比較的簡潔に述べられている
ため、一部は参照に値する。それによると、サーメドの組織的起源は、
1967年9月にダマスカスで設立された「パレスチナ戦闘員殉教者家族支
援協会」（Jam'īya Ri'āya Usar Mujāhidī wa Shuhadā' Filasṭīn）まで遡る[10]。
この団体は、戦闘員遺族に対する援助、遺族家庭の子どもへの奨学金の支

表1 サーメドの工房 (1975年時点)

製品	工房が設置された難民キャンプ（国名）
羊毛製品	ラシーディーヤ（レバノン） アイン・アル＝ヒルワ（レバノン）
刺繍製品	ラシーディーヤ アイン・アル＝ヒルワ アブー・アル＝アスワド（レバノン） カースィミーヤ（レバノン） ブルジュ・アッ＝シャマーリー（レバノン） タッル・アッ＝ザアタル（レバノン） ヤルムーク（シリア）
シャツ・パジャマ	サブラー（レバノン）
下着類・男性用ジャケット	サブラー（レバノン） シャーティーラー（レバノン）
木工製品	被占領地（ヨルダン川西岸地区）

出典　*Filasṭin al-Thawra*, 148 (22 Jun. 1975), pp. 28-29.

給、文化活動の提供、医療支援の提供を主軸に活動していた。ただ、この組織のみで戦闘員遺族のすべてに支援を与えることは当然難しく、サウジアラビアを始めとして、UAEやカタルなどで同じような目的のもとで小規模な団体が設立されていった。これら諸組織の活動に倣い、ファタハが「協会」を再編したのが、「殉教者家族支援社会機構」（Mu'assasa al-Shu'ūn al-Ijtimā'īya wa Ri'āya Usar al-Shuhadā'）である。サーメドはこの殉教者家族支援社会機構の下部団体として1969年に設立され、1970年に単独組織として独立した[11]。

　サーメドは、難民キャンプでの工房の運営に注力し、現金収入を得るためにいわゆる商品開発に類する活動も行っていた。特にレバノンやシリアのパレスチナ難民キャンプに設立した工房では、刺繍製品や木工品の生産に力を注いだ。武装戦闘員向けの軍服も作成していたとされることから、当初は決して「商品」に注力して生産活動を行っていたわけではない。実際に1975年当時に雑誌のインタビューに応じたクライウ自身も、「サーメドは根本的に言えば商業センターではなく雇用プログラムである」と述べている[12]。しかし、市場開拓を国際的に進めていくなかで、パレスチナの伝統衣装のモチーフをあしらった刺繍の小物類やオリーブを用いた木工製

品の市場価値を認め、積極的に生産を進めていった。

　国際市場を意識していた点は、販路の拡大からも窺い知ることができる。1970年代の中頃まで、サーメドの商品は社会主義国やアラブ諸国を中心に国外で販売されていた。例えば、1975年3月にはリビアで開催された入札会にサーメドが参加し、同年4月から5月にかけてはバハレーンとルーマニア、6月には東ドイツで展示会を開催している[13]。しかし、1980年代に入るとスペイン、フランスなど、いわゆる西側諸国でもサーメドは展示会を実施し、商品の販路を拡大させた。販路拡大の背景として見逃せないのが、1982年のレバノン侵攻による影響だろう。イスラエルのアリエル・シャロン国防相の指揮のもとで、イスラエル軍が当初の計画を越えてレバノン国内を北上し、首都ベイルートを包囲、攻撃するに至った出来事である。軍事的に敗北を喫したPLOの主力部隊は、9月までにチュニジアやイエメンなどへの退去を余儀なくされ、非武装の難民たちがレバノンに残されることになった。その後にサブラー・シャーティーラー虐殺事件[14]が発生するが、それでもベイルート周辺などには難民キャンプが残され、サーメドの工房は活動を続けた。

　サーメドの商品は、1980年代に日本でも紹介されている。クライウは大阪で開催された展示会に言及し、300点の「パレスチナの遺産」が出展されたと述べる。おそらくこのイベントは、1986年4月に大阪で開催された第17回大阪国際見本市を指していると推測される。アラブ連盟駐日代表部の出版物に依拠すれば、日本では遅くとも1970年代末までに、国際見本市に「パレスチナ産品」が出展されていた[15]。また、都市部の百貨店ではアラブ文化展が開催され、中東の産品が受け入れられやすい土壌が揃っていたことも、サーメドの商品出展に功を奏したのだろう[16]。1985年4月には東京晴海で開催された第16回東京国際見本市にPLOが初めて団体として参加し、この際にクライウも来日している[17]。クライウの著作末尾の写真（日付が示されていない資料だが、1985年の来日時のものであると推定される）では、日本での展示会の様子が示されていた。写真からわかる範囲での出展品は、スカーフなどの刺繍小物、人物や動物を模したオリーブ木工製品、キッチン用品や飾り盾などの貝細工である（写真2）[18]。

写真2　クライウ著『サーメド』に掲載された写真（巻末写真）

　当時のパレスチナ人にとって、日本を含めた国際市場へと「パレスチナ
の遺産」を宣伝する目的は、レバノンなどに残されたパレスチナ難民を支
援するだけに留まらなかった。軍事的に PLO がイスラエルに敗北し、パ
レスチナの民族主義運動の将来が不安視されるなか、自らのアイデンティ
ティの拠り所を示し、存在をアピールする必要に迫られていたことが考慮
されるべきだろう。つまり、民族の遺産を示す行為は、パレスチナ人とい
う民族集団の存在を証明し、ひいては国際的にパレスチナ問題の正当な解
決を訴える意味があった。一方で、この遺産が否定されることは、パレス
チナ人にとってますます受けいれがたいことになった。

3　盗用への警戒と変容の拒絶

　伝統衣装などの遺産が盗用されることを、パレスチナ人はことのほか強
く警戒してきた。この背景には、ナクバによって故郷を失い、自らのアイ
デンティティの拠り所として遺産に頼らざるを得ないパレスチナ人ならで
はの事情もあるだろう。特にイスラエルでの流通については、占領者、ま
たは敵対者による盗用であると、厳しい目が向けられてきた。
　パレスチナの伝統衣装と民族的アイデンティティを扱った論集『カナー
ンの星：パレスチナの市民的・文化的抵抗』では、そうした盗用の事例が

いくつか列挙されている。そのなかでも、イスラエルのモシェ・ダヤン国防相夫妻の写真で夫人が刺繍ドレスを身につけていたこと、さらにイスラエルのエル・アル航空が刺繍を「コスチューム」に採用したことには大きな批判が向けられていた[19]。この2つの出来事は、先ほどから参照しているクライウの著作でも言及されている。また、2021年にはフランスのファッションブランドであるルイ・ヴィトンが自社ロゴをあしらった高価な「クーフィーヤ・ストール」を発表したことに対して、やはり文化の盗用であるとの批判の声がパレスチナ人からあがった[20]。

　イスラエルによる遺産の盗用は、パレスチナ人にとっては民族的な存在を否定される行為に他ならない。しかし、その根源には、ユダヤ人による民族的アイデンティティの模索という側面が指摘されている。ユダヤ研究を専門とするヤエル・ゼルバヴェルは、アラブの衣装を初期シオニストが真似ていたことを論考で取り上げた[21]。ゼルバヴェルの論考の緻密な点は、ヨーロッパ系シオニストが新たな民族的アイデンティティを求める動きのなかで、中東に暮らす人びとの衣装が採用された過去を論じた点にある。20世紀初頭のキシニョフ・ポグロムによるユダヤ人の遺児がパレスチナに送られ、アラブのベドウィンのような姿で写真に収められた出来事が、その一例として取り上げられた。また、第一次中東戦争を経てミズラヒーム（中東系ユダヤ人）の流入があった後には、中東の文化が変容した形でより広く流布するに至った。ミズラヒームは、ファーティマの手（指を伸ばした掌の形をした護符）のようなシンボルにくわえて、食文化も中東各地からイスラエルに運んだ。

　イスラエル国内におけるパレスチナの食文化については、社会学者のリオラ・グヴィオンが論じている。ここでも指摘されるのは、変容である。つまり、イスラエル社会に取り入れられたパレスチナの料理は、提供のされ方や意味合いが改変されているのだという。具体的には、必ず肉類か米とともに食されてきたモロヘイヤがシチューのように単品で提供されたり、数多く並ぶ前菜の一つであったホンモスがサンドイッチの具材にされたりといった具合である[22]。時にはこうしてイスラエル社会で変化・受容された料理を中心に置き、他の中東諸国の料理が言及されることも起きている。例えば1980年に発行された『エルサレム・ポスト』紙の週末版マガジン

では、ソラマメを用いた「エジプト風ファラーフェル」がテルアビブのレストランで提供され、人気を博しているとの紹介があった[23]。イスラエルでは、ファラーフェルはサンドイッチの具材として広く食されている。

　文化の変容に対しても、パレスチナ社会から意識的に応答が行われている。最近の例を挙げると、料理研究家のアブドゥルファッターフ・アブー・スルールとマナール・アウダは、『ベツレヘム：美しき抵抗のレシピ』と題したレシピ本を出版し、食事の提供のされ方や調理法に至るまでを詳細に記述した[24]。この書籍は、あくまでレシピ本の形式をとりながら、一方で「前菜」や「メイン」、「甘味類」といった順序で各料理を紹介し、パレスチナの食文化を一体のものとして示し、社会とのつながりを論じる点に特徴がある。また、コラムも充実し、ベツレヘム（これがタイトルの由来）のアイーダ難民キャンプに暮らす女性たちの証言が掲載されている。副題に示される通り、料理の提供を「抵抗」の文脈で捉えている点も見逃せないだろう。ここには、変容に抗うパレスチナ人の取り組みを見て取ることができる。

4　継承の課題

　オリジナルの文化（と少なくともパレスチナ人が捉えているもの）を占領者、または敵対者が形を変えて受容し、それを自らのものとして流通させる行為は、究極的な意味では文化の破壊を意味する。しかし、そのオリジナルの継承にも、近年では課題が浮かび上がっている。1993年にイスラエル政府とPLOのあいだでオスロ合意が結ばれると、翌年の1994年には東エルサレムを除く西岸地区の一部とガザ地区でパレスチナ人による暫定自治が始められた。しかし、難民の帰還権の取り扱いについては交渉が難航し、ナクバから続くパレスチナ社会の離散状態は継続することになった。その結果、パレスチナ人アイデンティティの拠り所とされてきた遺産の継承は、いまだに難民が離散した先の各地で行われているというのが実情である。

　衣服を例とすると、アメリカのニュージャージー州では、1992年からパレスチナ遺産基金（Palestinian Heritage Foundation）がパレスチナ系アメリカ人の有志によって立ち上げられた。この団体では、1930年代にパレス

チナの学校で教鞭を執ったアメリカ人教師ロッラ・フォーリー（Rolla Foley）によって収集されていた刺繍ドレスのコレクションが保管・展示されている。また、1990年にはベツレヘムで篤志家マハー・サッカーがパレスチナ遺産センター（Markaz al-Turāth al-Filasṭīnī）を開所し、刺繍製品の販売とドレスの展示を行っている。他にもエルサレムを拠点とするフェアトレード団体スンブラが、2019年にクロスステッチ以外の伝統的な刺繍技法を重点的に取り上げた図録を刊行するなど[25]、さまざまな継承の取り組みが行われている。これらの取り組みの背景には、商品化した刺繍製品が土産物などで流通する一方で、本来は衣服として継承されてきたモチーフのパターンや技法が十分に次代に継承されていないことへの危機感がある。

舞踏や唱歌など、身体表現による遺産の継承にも、パレスチナ社会は継続的に取り組んでいる。1960年代末には、すでに唱歌の歌詞を文字化して書籍にする取り組みが行われていたことも見逃せない。特に先駆的な取り組みとして、1968年に刊行された『パレスチナの民衆芸術』がある。この著作はユスラー・アルニータによるもので、楽譜による音程やリズムの提示が試みられた（図1）[26]。この著作は、最近になってパレスチナ暫定自治政府の文化省が編纂した2013年の「パレスチナ伝統遺産研究シリーズ」（5巻）に再収録されている。また、同様のシリーズとして、やはり文化省が編纂した「ダブケ歌唱シリーズ」（4巻）がある。こちらでは、デジタル技術の発展によりQRコードを用いた動画提示の試みが行われた。

楽譜やデジタル・データの公開は、継承の課題を象徴するものだと言えるだろう。本来はコミュニティ内で口伝によって継承されてきた身体表現は、今やほとんど保存や記録の対象になりつつある。1960年代から70年代頃にかけては、政治運動のなかで伝統的な朗唱法が取り入れられ、伝統の維持と政治運動の昂揚が模索されたこともあった。しかし、それらの文言も書籍のなかに記録されるに至り、やはり保存の対象に変化している。唱歌のなかには婚礼のみならず集団で行われる農作業のあいまに歌われた「労働歌」も多くあった。しかし、難民化にともない農村からキャンプや都市郊外への移住や離散が起こり、歌唱の場面が失われたことで一部の歌の継承が難しくなっている。第1節に挙げた「ダブケの一団」のように、

図1　楽譜で示された唱歌の一例「われらアラブの娘たち」

技術を継承するプロ集団が生まれる一方で、人びとのあいだにあった遺産は、ナクバから 75 年の時の流れのなかで否応なく変化を続けている。

おわりに

　パレスチナ人の「遺産」を巡る取り組みは、ごく最近にも新たな展開を見せた。2021 年 12 月にはユネスコによってパレスチナの伝統刺繡が無形文化遺産リストに登録され、パレスチナ社会から歓迎の声が聞かれた。一方でアイコン化した衣装や食文化は、安易な模倣によって社会問題化する事例も見られる。特に政治運動のなかでの称揚や民族的アイデンティティとの強い繋がりを踏まえない限り、ルイ・ヴィトンによる「盗用」のような事例は続くことになるだろう。また、パレスチナ人自身による商品化のなかで、総体としての形が失われたり、生産性の問題から継承や教育が十分に行われていない技法も出ている。パレスチナ人にとって、遺産の継承は単に喪失と戦うのみならず、盗用や変容に絶えず晒された日々の取り組みであった。素朴さや「民衆の」という性格によって称揚されてきたパレスチナ人の遺産は、一部にはプロフェッショナリズムへと収斂し、一方では商品化へと進むことによって変化している。これが 75 年近くにわたって続く離散の結果生じている事態であることは言うまでもない。

【注】

1) Loren D. Lybarger, *Identity and Religion in Palestine: The Struggle between Islamism and Secularism in the Occupied Territories* (New Jersey: Princeton University Press, 2007), p. 22.

2) Walid Khalidi, *Before Their Diaspora: A Photographic History of the Palestinians 1876-1948* (Washington D. C.: Institute for Palestine Studies, 1984).

3) Beshara Doumani, *Rediscovering Palestine: Merchants and Peasants in Jabal Nabulus, 1700-1900* (California: University of California Press, 1995).

4) 優れた図版として、Hanan Karaman Munayyer, *Traditional Palestinian Costume: Origins and Evolution* (Northamption: Olive Branch Press, 2020) を参照.

5) ガザやヘブロン地域のものとして伝わっている民族衣装の一部については、1948年のナクバを受けて離散した難民が古物商に売り払ったものがあり、出所のわからないものも決して少なくない。Munayyer, *Traditional Palestinian Costume*, pp. 291, 421.

6) Nawwāf Abū al-Hījā', *Filasṭīnī jiddan: al-Ḍaḥiya fī Sīra Dhātīya* (Beirut: al-Dār al-ʿArabīya li-l-ʿUlūm Nāshirūn, 2005), p. 91.

7) ヨルダンの首都アンマーンを拠点に伝統衣装の収集と保全に取り組んでいるウィダード・カウワールの活動や、ヨルダン川西岸地区の都市アル＝ビーレで1965年に女性団体を立ち上げて刺繍ドレスの生産に注力したサミーハ・ハリールの取り組みは、篤志家による活動として特筆すべきものである。特にカウワールの収集したコレクション（日本では「カワール・コレクション」と表記されることが多い）は、1982年に写真家の並河萬里による撮影を経て、文化出版局から『太陽に染まる紋様』という大型図版によって日本に紹介された。また、一部が国立民族学博物館と文化学園服飾博物館に譲られ、展示が行われている。

8) Hay'a al-Mawsūʿa al-Filasṭīnīya, ed., *al-Mawsūʿa al-Filasṭīnīya*, vol. 3 (Damascus: n. p., 1984), p. 3.

9) *Filasṭīn al-Thawra*, Special Edition (1 Jan. 1976), p. 65.

10) Aḥmad Qurayʿ, *Sāmid: al-Tajriba al-Intājīya li-l-Thawra al-Filasṭīnīya* (Beirut: al-Muʾassasa al-ʿArabīya li-l-Dirāsāt wa al-Nashr, 2007), p. 17.

11) Hay'a al-Mawsūʿa al-Filasṭīnīya, ed., *al-Mawsūʿa al-Filasṭīnīya*, vol. 3, pp. 3-4.

12) *Filasṭīn al-Thawra*, Special Edition (1 Jan. 1976), p. 133.

13) *Filasṭīn al-Thawra*, No. 132 (2 Mar. 1975), p. 14; No. 141 (3 May 1975), p. 7; No. 143 (17 May 1975), p. 10; No. 147 (15 Jun. 1975), p. 51.

14) 1982年9月にレバノンの首都ベイルートにあった2つの難民キャンプ（サブラーとシャーティーラー）がイスラエル軍によって包囲されるなか、キャンプ内に侵入したレバノン人武装集団によって多数の難民が殺害された。

15) アラブ連盟駐日代表部編『アラブ・トピックス』(1979 年 5 月号), p. 18.

16) 例えば、1979 年 8 月には名古屋市の百貨店で「アラブの文化展」が開催されている。アラブ連盟駐日代表部編『アラブ・トピックス』(1979 年 8 月号), pp. 20-21.

17) 『朝日新聞』1985 年 4 月 20 日（夕刊）。新聞記事では「アハメド・アブ・アラ」と、本名のアフマド・クライウと PLO 内での通名である「アブー・アラーウ」が混同されて記載されている。他に同見本市に言及した資料として、バカル・アブデル・モネム『わが心のパレスチナ：PLO 駐日代表が語る受難の歴史』（関場理一訳、社会批評社、1991 年）244 頁を参照。

18) 同上書、40-41、128 頁。

19) Aḥmad Jamīl ʿAzm, ed., *Najma Kanʿān: al-Muqāwama al-Madanīya wa al-Thaqāfīya al-Filasṭīnīya, Maʿraka al-Huwīya* (Amman: Dār Faḍāʾāt li-l-Nashr wa al-Tawzīʿ, 2011), p. 181.

20) David K. Li, and Caroline Radnofsky, "Louis Vuitton slammed for selling keffiyeh-style scarf," NBC News, 5 June. 2021 ‹https://www.nbcnews.com/news/us-news/louis-vuitton-slammed-selling-keffiyeh-style-scarf-n1269629› (Accessed: 2 Aug. 2023).

21) Yael Zerubavel, "Memory, the Rebirth of the Native, and the "Hebrew Bedouin" Identity." *Social Research* 75(1): 315-352, 2008.

22) Liora Gvion, *Beyond Hummus and Falafel: Social and Political Aspects of Palestinian Food in Israel* (Berkeley, Los Angeles and London: University of California Press, 2012, trans. David Wesley and Elena Wesley), pp. 144-145.

23) The Jerusalem Post, 18 April 1980, p. 18.

24) Abdelfattah Abusrour, and Manal Odeh, *Bethlehem: Beautiful Resistance Recipes* (London: Gilgamesh, 2017).

25) Shirabe Yamada et al., *Seventeen Embroidery Techniques from Palestine: An Introduction Manual* (Jerusalem: Sunbula, 2019).

26) 本章の執筆段階で初刷の入手は叶わなかったが、2013 年刊行の 4 刷を参照した。Yusrā Jawharīya ʿArnīṭa, *al-Funūn al-Shaʿbī fī Filasṭīn* (Ramallah: Dār al-Shurūq, 2013).

あとがき

　本書の端緒となったのは、2021 年度、東京大学中東地域研究センター（UTCMES）が主宰する連続企画「駒場中東セミナー」の全 13 回の講演である。月に 2 回のペースで開催されたセミナーの基幹テーマ「遺産と中東：文化・歴史・信仰の展開」が、本書にも継承されている。諸般の事情から本書での公開が実現しなかった論考もあるが、セミナー内容をここに掲載することをお許しいただきたい（肩書は発表当時）。コロナ禍只中のZoom 開催という時宜を得て、「駒場」の名を冠するセミナーに関西圏や九州からも講演者や聴講者を得ることができたのは幸いであった。Zoomという当時前例のない新たな場で、一年間かけて徐々に「駒場中東セミナー」ならではの議論の雰囲気が醸成されていったことも、今となれば懐かしく思い出される。

1．パレスチナ人にとっての遺産とアイデンティティ・鈴木啓之（UTCMES）
2．中世イスラーム的人類史観における巨人族・山中由里子（国立民族学博物館）
3．「アレッポ人」と「ダマスカス人」のアルゼンチン：中東からラテンアメリカへ渡ったユダヤ人の遺産・宇田川彩（UTCMES）
4．「飛び去ったもの」の記憶：2011 年以降のシリア・柳谷あゆみ（東洋文庫）
5．アレヴィーと遺産・若松大樹（メルスィン大学）
6．前近代エジプトにおけるコプト聖人：古代エジプトとイスラームのはざまで・辻明日香（川村学園女子大学）
7．イスラーム哲学史再考・小林春夫（東京学芸大学）
8．アメリカでイスラームの伝統を学ぶ：スンナ派伝統主義の新たな展

本書の執筆に当たり、12人の執筆者たちは「中東」と「遺産」というキーワードの厳密な定義を確認し合ったわけではない。本書は、内容、方法論、地域の多様性を持ちながら、各人が一つの的を目掛けて自由に矢を放った産物と言ってよいだろう。しかしながら、これらのキーワードはたしかにすべての章に通底し、新たな中東像を浮かび上がらせている。

「中東」といえば、あの紛争の絶えない、複雑そうな、宗教上の諍いを続ける・・・という印象をお持ちの読者も多かったかもしれない。その「中東」という呼称自体、けっして中立的なものではない。20世紀初頭、アメリカの軍事戦略家アルフレッド・マハンは、イギリスからインドを結ぶ交易路の中途にあるこの地域を、ヨーロッパから見た戦略的観点から「中東（Middle East）」と呼んだ。多様な言語や文化、社会が息づく地域を、地政学的な観点で統一して呼称することの課題は、現在まで続いている。だからこそ——、と逆に問いかけてみたい。中東の各地に息づいてきた多様性を示すことで、中東理解に新しい光を当てることができるのではないか。この本が目指すのは、これまでとは異なる角度から中東社会を眺めることで、より豊かな地域像を浮かび上がらせることにある。

日本語で「遺産」と述べた場合、まず思い浮かぶのは個人や家族の資産

である。住居や貴金属、資産の類いは、確かに想像しやすい。一方で「世界遺産」や「文化遺産」といった用法に代表されるように、伝統や文化、生活、信仰といった、ある物事の「在り方」が、遺産として位置づけられることがある。2021年12月に、パレスチナの伝統刺繍がユネスコの無形文化遺産に認定された。刺繍は、単にその美しい文様や色遣いが評価されるばかりではない。刺繍を「縫う」という実践が、家庭や共同の作業場で行われること。そしてその技法やパターンが母から娘に、また女性同士の集いの中で引き継がれていることが、認定を伝える文言に掲載されている。

　ここには、過去から現在に引き継がれる「遺産」の理念的なモデルが提示されていると言えるだろう。それらは、民族や国家、地域に共有された価値あるものとして受け継がれてゆく。一例としては、食事作法や婚礼の手順、季節の行事や宗教儀礼、物語などを挙げることができるだろう。ただし、これらは「引き継がれる」なかで、多少の変化を受けることを免れない。変化だけではなく、時には喪失や再生といった強い作用が、遺産においては認められる。国民国家の形成や近代科学との接触、他（多）文化との邂逅、民族集団に襲いかかった悲劇などを経て、遺産にはその社会が経験した歴史が刻まれていく。また、国家権力によって社会的営為の一部が「民族の遺産」として称揚されたり、また反対に伝統からの逸脱として退けられたりもする。忘却された遺産や、敢えて語られてこなかった遺産もまた、歴史を物語るものだろう。

　以上のような目論見に基づき、本書の各部を特徴づけるタイトルも命名されている。「つなぎ、紡ぐ」（第一部）では点と点を結ぶものとしての遺産に着目し、地理的な広がりや、過去から現代への飛躍を論じた。「過去の地層を巡る」（第二部）では、様々な時代を断層のように切り取り、人びとの折々の考えや生活が目の前に見えるような姿に描く。「形づくる」（第三部）では、建築や文化遺産を中心に、形として今も残る遺産を論じる。最後に「引き継ぎ、広げる」（第四部）は、接触しながら変化する文化について論じている。

　セミナーが開催された3年前に猛威を振るっていたコロナ禍を「生き残った」我々は今、2023年10月以降に生じたガザ地区を中心とする中東で

の新たな激震を目の当たりにしている。中東は――いずれの地域でも本来的には同様だが――目に見える変化の絶えない地域である。本書が、揺れ動く中東の日々のニュースに心を痛め、あるいは時事問題をきっかけとして中東地域に関心を抱いた読者にとって、一面的ではない、そして一時に過ぎ去ることのない思考の礎の一部を成すことを願っている。

　本書の編集作業においては、野口舞子さん（信州大学）にお世話になった。また、本書の刊行にあたっては、スルタン・カブース・グローバル中東研究寄附講座から助成を得た。記して感謝申し上げたい。

宇田川彩・鈴木啓之

編者紹介
高橋英海
東京大学大学院総合文化研究科教授

鈴木啓之
東京大学大学院総合文化研究科スルタン・カブース・グローバル中東研究寄付講座（中東地域研究センター）特任准教授

宇田川彩
東京理科大学教養教育研究院講師

中東を読み解く　東大駒場連続セミナー
——思想・文化・信仰の遺産

2024 年 9 月 20 日　初　版

［検印廃止］

編　者　高橋英海・鈴木啓之・宇田川彩

発行所　一般財団法人　東京大学出版会

代表者　吉見俊哉

153-0041　東京都目黒区駒場4-5-29
https://www.utp.or.jp/
電話　03-6407-1069　Fax 03-6407-1991
振替　00160-6-59964

装　幀　水戸部功
組　版　有限会社プログレス
印刷所　株式会社ヒライ
製本所　牧製本印刷株式会社